プリント形式のリアル過去問で本番の臨場感！

東京都 都立

# 武蔵高等学校附属中学校

2025年春 受験用

# 解答集

本書は，実物をなるべくそのままに，プリント形式で年度ごとに収録しています。
問題用紙を教科別に分けて使うことができるので，本番さながらの演習ができます。

## ■ 収録内容

・解答集(この冊子です)

書籍ＩＤ番号，この問題集の使い方，最新年度実物データ，リアル過去問の活用，
解答例と解説，ご使用にあたってのお願い・ご注意，お問い合わせ

・2024(令和６)年度 ～ 2019(平成31)年度　学力検査問題

JN132001

| Oは収録あり | 年度 | '24 | '23 | '22 | '21 | '20 | '19 |
|---|---|---|---|---|---|---|---|
| ■ 問題(適性検査Ⅰ～Ⅲ) | | O | O | O | O | O | O |
| ■ 解答用紙 | | O | O | O | O | O | O |
| ■ 配点 | | O | O | O | O | O | O |

全分野に解説があります

注)問題文等非掲載:2023年度適性検査Ⅰの1,2020年度適性検査Ⅲの2,2019年度適性検査Ⅰの1

**問題文などの非掲載につきまして**

著作権上の都合により，本書に収録している過去入試問題の本文や図表の一部を掲載しておりません。ご不便をおかけし，誠に申し訳ございません。

教英出版

## ■　書籍ＩＤ番号

入試に役立つダウンロード付録や学校情報などを随時更新して掲載しています。
教英出版ウェブサイトの「ご購入者様のページ」画面で，書籍ＩＤ番号を入力してご利用ください。

書籍ＩＤ番号　107213

（有効期限：2025年9月30日まで）

**【入試に役立つダウンロード付録】**
「要点のまとめ(国語／算数)」
「課題作文演習」ほか

## ■　この問題集の使い方

年度ごとにプリント形式で収録しています。針を外して教科ごとに分けて使用します。①片側，②中央のどちらかでとじてありますので，下図を参考に，問題用紙と解答用紙に分けて準備をしましょう（解答用紙がない場合もあります）。

針を外すときは，けがをしないように十分注意してください。また，針を外すと紛失しやすくなりますので気をつけましょう。

① 片側でとじてあるもの

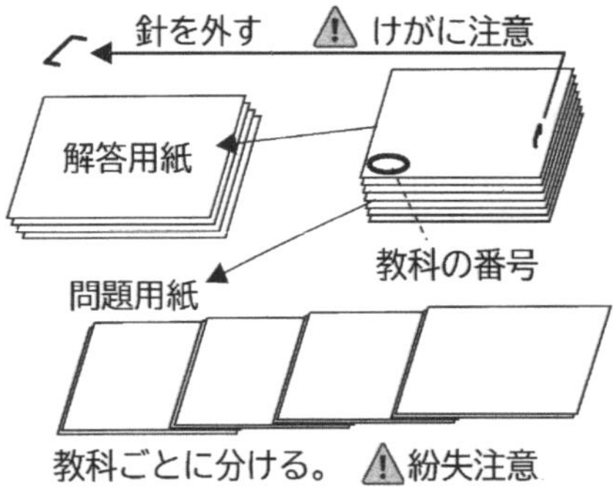


② 中央でとじてあるもの

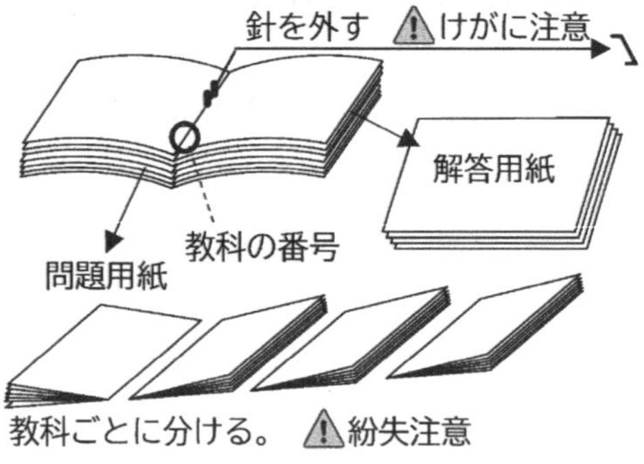


※教科数が上図と異なる場合があります。
　解答用紙がない場合や，問題と一体になっている場合があります。
　教科の番号は，教科ごとに分けるときの参考にしてください。

## ■　最新年度　実物データ

実物をなるべくそのままに編集していますが，収録の都合上，実際の試験問題とは異なる場合があります。実物のサイズ，様式は右表で確認してください。

| | |
|---|---|
| 問題用紙 | Ａ４冊子(二つ折り) |
| 解答用紙 | Ａ３プリント |

# リアル過去問の活用

～リアル過去問なら入試本番で力を発揮することができる～

## ✿ 本番を体験しよう！

問題用紙の形式（縦向き / 横向き），問題の配置や余白など，実物に近い紙面構成なので本番の臨場感が味わえます。まずはパラパラとめくって眺めてみてください。「これが志望校の入試問題なんだ！」と思えば入試に向けて気持ちが高まることでしょう。

## ✿ 入試を知ろう！

同じ教科の過去数年分の問題紙面を並べて，見比べてみましょう。

**① 問題の量**

毎年同じ大問数か，年によって違うのか，また全体の問題量はどのくらいか知っておきましょう。どのくらいのスピードで解けば時間内に終わるのか，大問ひとつにかけられる時間を計算してみましょう。

**② 出題分野**

よく出題されている分野とそうでない分野を見つけましょう。同じような問題が過去にも出題されていることに気がつくはずです。

**③ 出題順序**

得意な分野が毎年同じ大問番号で出題されていると分かれば，本番で取りこぼさないように先回りして解答することができるでしょう。

**④ 解答方法**

記述式か選択式か（マークシートか），見ておきましょう。記述式なら，単位まで書く必要があるかどうか，文字数はどのくらいかなど，細かいところまでチェックしておきましょう。計算過程を書く必要があるかどうかも重要です。

**⑤ 問題の難易度**

必ず正解したい基本問題，条件や指示の読み間違いといったケアレスミスに気をつけたい問題，後回しにしたほうがいい問題などをチェックしておきましょう。

## ✿ 問題を解こう！

志望校の入試傾向をつかんだら，問題を何度も解いていきましょう。ほかにも問題文の独特な言いまわしや，その学校独自の答え方を発見できることもあるでしょう。オリンピックや環境問題など，話題になった出来事を毎年出題する学校だと分かれば，日頃のニュースの見かたも変わってきます。

こうして志望校の入試傾向を知り対策を立てることこそが，過去問を解く最大の理由なのです。

## ✿ 実力を知ろう！

過去問を解くにあたって，得点はそれほど重要ではありません。大切なのは，志望校の過去問演習を通して，苦手な教科，苦手な分野を知ることです。苦手な教科，分野が分かったら，教科書や参考書に戻って重点的に学習する時間をつくりましょう。今の自分の実力を知れば，入試本番までの勉強の道すじが見えてきます。

## ✿ 試験に慣れよう！

入試では時間配分も重要です。本番で時間が足りなくなってあわてないように，リアル過去問で実戦演習をして，時間配分や出題パターンに慣れておきましょう。教科ごとに気持ちを切り替える練習もしておきましょう。

## ✿ 心を整えよう！

入試は誰でも緊張するものです。入試前日になったら，演習をやり尽くしたリアル過去問の表紙を眺めてみましょう。問題の内容を見る必要はもうありません。どんな形式だったかな？受験番号や氏名はどこに書くのかな？…ほんの少し見ておくだけでも，志望校の入試に向けて心の準備が整うことでしょう。

そして入試本番では，見慣れた問題紙面が緊張した心を落ち着かせてくれるはずです。

※まれに入試形式を変更する学校もありますが，条件はほかの受験生も同じです。心を整えてあせらずに問題に取りかかりましょう。

# 武蔵高等学校附属中学校　2024年度（令和6年度）　適性検査Ⅰ

## 《解答例》

1 〔問題1〕文章1 自分の気持ちを保つ　文章2 わずかなくふうでうまくいくことに気づく

〔問題2〕あのきれ～ように。

〔問題3〕（1字あける）私は、小学校の時、友達とけんかをしてしまうことが何度かあった。友達が言ったことを深く考えずにすぐに否定したり、自分の思ったことをそのまま口にしたりして、友達をおこらせてしまうことがあったのだ。（改行）芭蕉の「謂応せて何か有」について、筆者は、ことばの裏側に余韻や想像力といった考えを置いてはどうか、詩という文芸は、表面的な理解だけでわかった気になってはつまらないと述べている。また、「舌頭に千転せよ」については、わずかな工夫でうまくいく、そこに気づくまで「千転せよ」というわけですと説明している。こうしたことは、俳句だけではなく、言葉を使う全ての場面で言えることだと思う。相手の言葉を表面的に理解してわかったつもりになったり、思ったことをそのまま言葉にしたりするのはよくない。言葉を受け取る人がどう思うか想像力を働かせ、言い方を工夫するように心がけたい。特に、ＳＮＳなどで、文字で言葉を伝える場合には、声や表情で感情を伝えられないので、より一層ていねいに言葉を使っていきたい。

## 《解　説》

1 〔問題1〕文章1で，筆者が「くり返し唱えたり，思いうかべたりする」歌が，「こよひ逢ふ人みなうつくしき」で，この言葉を唱えることで，筆者は「前向きになり，好意的に人と会える気持ちになれて勇気がわく」のである。そして，短歌を思いうかべることで，このような効果があることを一般化して，「短歌を知る，覚えていくということは，自分の気持ちを保つための言葉を確保していくことでもあるのだと思う」とまとめている。文章2では，芭蕉の「舌頭に千転せよ」という言葉をあげ，言葉を千回もくり返し唱えることで，「ほんのわずかの工夫でうまくいく」ことに気づくことができると述べている。

〔問題2〕筆者は「てのひらをくぼめて待てば青空の見えぬ傷より花こぼれ来る」という短歌から，「あのきれいな青い空にも傷がある。自分の中の見えない場所にあるもののように」という情景を想像している。倒置を用いた連続する二文になっている。「清水へ～こよひ逢ふひとみなうつくしき」の歌から想像した「桜の咲くころの祇園を訪ねたことはないのだが，脳内には花灯りの下を，浮かれたような～人々の，うつくしい顔がくっきりと浮かぶ」も短歌から想像した情景だが，「連続する二文」になっていないので，誤り。この直後の「夜桜見物を一度だけしたことがあるが～ロマンチックではない」は，筆者の実体験を述べたもの。

## 《解答例》

1　〔問題１〕太郎さんの作業…かく→切る→切る→切る→切る→切る→切る

花子さんの作業…かく→かく→かく→かく→かく

６枚のマグネットシートを切り終えるのにかかる時間…40

〔問題２〕右表

| (得点板の数字を456から987にするのにかかる最短の時間) ( 16 )秒 | |
|---|---|
| ( 4 )→( 6 ) | 一の位と百の位のボードを入れかえる。 |
| ( 6 )→( 9 ) | 6のボードを180度回す。 |
| ( 5 )→( 8 ) | 5にマグネットを2個つける。 |
| ( 4 )→( 7 ) | 4にマグネットを1個つけて2個取る。 |
| (　)→(　) | |

2　〔問題１〕山城／やましろでは，1185年から1202年と1221年から1235年で比べると，米や布などの表し方が23件から５件へと減り，ぜにでの表し方が７件から60件に増えており，ぜにで土地の価ちを表すやり方が増えている。

〔問題２〕慶長小判と元禄小判／けい長小判は，金が約 3.9 もんめふくまれていたが，元ろく小判では約 2.7 もんめに減っている。しかし，小判全体の重さは変わらないことから小判の価ちが下がったと考えられる。

〔問題３〕1890 年ごろから産業かく命が本格的に日本でも始まり，工場や会社が多く生まれ，これらの工場や会社が機械を取り入れたり，新しい工場を建設したりすることでお金が多く必要となったため，1893 年に銀行の設立を容易にする銀行条例が出され，新しい銀行が急げきに増えた。

3　〔問題１〕750ｇの金属をのせて調べたときも 1000ｇの金属をのせて調べたときも，おもりの数は手順６の板のときが最大であった。そして，手順６の板のみぞの方向に対して糸の引く方向はすい直であり，キャップのみぞの方向に対して手で回す方向もすい直であるから。　〔問題２〕組み合わせ…２号と５号　理由…実験２では同じでなかった条件のうち実験３では同じにした条件は，重さである。１号と３号のすべり下りる時間が同じなのに，１号と６号のすべり下りる時間は同じではなかった。だから，すべり下りる時間が同じになるのは，一番下の板の素材が同じ場合だと考えられるから。

## 《解　説》

1　**〔問題１〕**　太郎さんは「かく」作業に10分，「切る」作業に５分かかり，花子さんは「かく」「切る」作業のどちらも７分かかる。よって，「かく」作業は花子さん，「切る」作業は太郎さんができる限りするように考える。

最初の作業はどちらも「かく」作業になり，かいた枚数よりも切った枚数の方が多くならないように，２人の作業をまとめると，右図のようになる。このとき，太郎さんの作業時間は10＋５×６＝40(分間)，花子さんの作業時間は７×５＝35(分間)だから，45分未満で終わらせることができる。解答例以外にも，条件に合えば他の手順，時間となってもよい。

| | | | | | | |
|---|---|---|---|---|---|---|
| 太郎 | ⑩ | 5 | 5 | 5 | 5 | 5 | 5 |
| 花子 | ⑦ | ⑦ | ⑦ | ⑦ | ⑦ | | |

※単位は「分」であり，「かく」作業は○印，「切る」作業は□印で表す。

**〔問題２〕**　２枚のボードを入れかえること(操作４)を行うかどうかで，場合を分けて考える。

操作４を行わない場合，〔４〕→〔９〕はマグネットを２個つける，〔５〕→〔８〕はマグネットを２個つける，

〔6〕→〔7〕は180°回してマグネットを3個とるのが最短の方法で，2×2＋2×2＋(3＋2×3)＝17(秒)かかる。

操作4を行う場合，〔6〕→〔7〕に時間がかかることを考えると，6を他の数字と入れかえたい。〔6〕→〔9〕は180°回転させるだけでよいので，最初に4と6を入れかえる。〔6〕→〔9〕は180°回す，〔5〕→〔8〕はマグネットを2個つける，〔4〕→〔7〕はマグネットを1個つけて2個とるのが最短の方法で，

3＋3＋2×2＋2×3＝16(秒)かかり，こちらの方法が最短となる。

**2** **〔問題1〕** どの地域においても，1185年から1202年と1221年から1235年で比べると，土地の価値を銭で表した件数は増えている。奈良時代に朝廷が置かれた奈良，平安時代以降朝廷が置かれた京都は，鎌倉幕府が置かれた鎌倉とともに中心都市として栄えていた。このような都市では，定期市のほかに常設の小売店(見世棚(みせだな))も見られるようになり，売買の手段としては，米や布などの現物にかわって輸入された宋銭が多く用いられるようになっていた。

**〔問題2〕** 慶長小判は 4.7×0.84＝3.948(匁)，元禄小判は 4.7×0.574＝2.6978(匁)の金が含まれている。先生の4つめの会話文に「金が含まれている量が減ると貨幣としての価値が下がった」とあることから，小判の価値は下がったと判断する。江戸幕府の第5代将軍徳川綱吉は，金の含有率の低い元禄小判をつくって悪化した財政を立ち直らせようとしたが，貨幣の価値が下がり，物価の上昇を招いたことで，人々を苦しめる結果となった。

**〔問題3〕** 先生の6つめの会話文に「産業革命が本格的にはじまり～お金を多く必要としたため，これに対応して，1893年に銀行条例を出し」とある。

**3** **〔問題1〕** 手でつかむ力が大きいときを1000gの金属をのせたとき，手でつかむ力が小さいときを750gの金属をのせたときとして考える。また，結果では，プラスチックの板が動いたときのおもりの数が多いほど，すべりにくいと考えればよい。なお，実験でプラスチックの板が動くときが，キャップが開くときではない。

**〔問題2〕** 組み合わせについては，解答例の他に「4号と6号」でもよい。このときの理由は，「2号と5号」のときと同じで，実験3では重さを同じにしたこと，一番下の板の素材が同じであればすべり下りる時間が同じになると考えられることについてまとめてあればよい。

《解答例》

1 〔問題１〕(Ｂを選んだ場合)

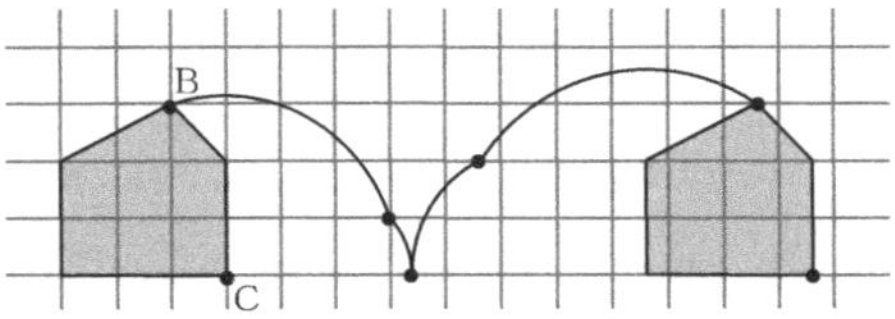


(Ｃを選んだ場合)

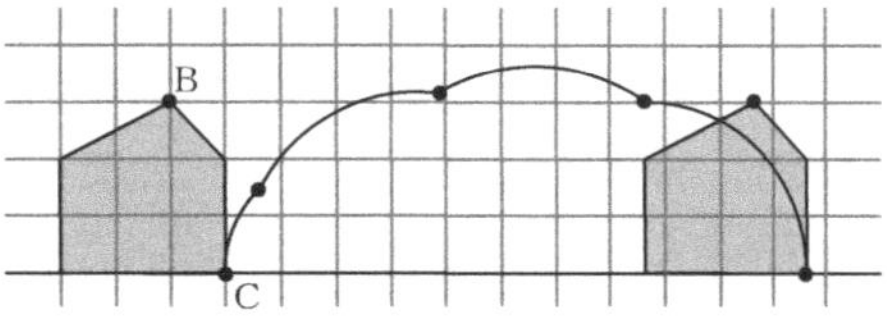


〔問題２〕人数に注目すると，１，２，４，…と増えていくので，１つ前の数字の２倍になることをルールとする。128番目の人のかさ…閉じる

〔問題３〕図10の小さい円の半径を12㎝として，小さい円の中心をつないでできる正五角形の一辺の長さは，12×２＝24㎝。五つの小さい円のそれぞれの中心をすべて通る円の半径は，30－12＝18㎝。
また，その円周の長さは，18×２×3.14＝113.04㎝。円周を５等分すると，113.04÷５＝22.608㎝。
これは正五角形の一辺の長さ24㎝より小さくなってしまっているので，つじつまが合わない。

2 〔問題１〕濃縮還元果汁の製造方法ですぐれている点…果実のままより水を少なくした分，軽くて運びやすい。
ストレート果汁の製造方法ですぐれている点…果実をしぼるだけなので，製造の手順が少ない。

〔問題２〕さとう水の表面には，水のつぶと，さとうのつぶがならぶことになる。水は水面からじょう発できるが，さとう水はさとうのつぶが水面にならんでいる場所では，水がじょう発するのをじゃまするから，水だけよりじょう発しにくくなる。

〔問題３〕実験１より，こおるのは水は速く，水に混ざりものがあるジュースはおそい。冷とう庫の冷気は容器の外側から伝わるので，実験２の食べにを入れた水は，水の部分だけが先にこおり始めて，容器内の外側の近くに水の氷ができる。食べにがとけている部分はこおるまで時間がかかるので，真ん中付近に集まってこおることになり，色が分かれる。

《解　説》

1 **〔問題１〕** 転がした図形に右の図Ⅰのように記号をおく。

図Ⅰ

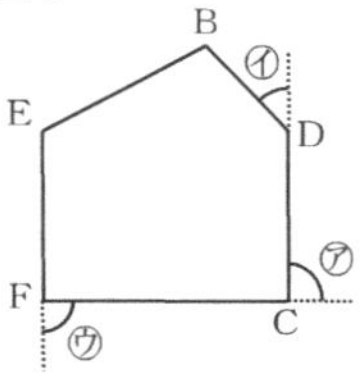


図Ⅱ

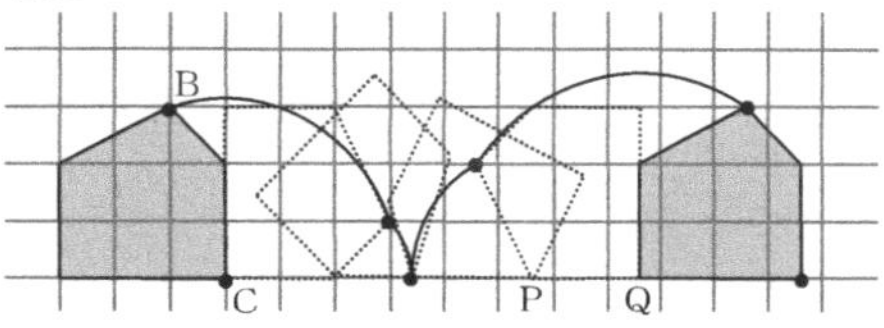


Ｂを選んだ場合は次のようになる。
１回目の回転はＣを中心に㋐＝90°回転する。２回目の回転はＤを中心に㋑＝45°回転する。３回目の回転ではＢを中心に回転するので，Ｂは移動しない。４回目の回転ではＥを中心に移動するが，このときのＥの位置(図ⅡのＰの位置)はコンパスでとらなければならない。このときの回転の角度はわからないので，Ｐを中心に半径がＥＢの円の一部をある程度引いておく。５回目の回転は図ⅡのＱを中心に行われるので，Ｑを中心に半径がＦＢの円の一部をある程度引き，先ほど引いた曲線と交わる点を，３つ目の●としてとらなければならない。

Cを選んだ場合は次のようになる。

図Ⅲ

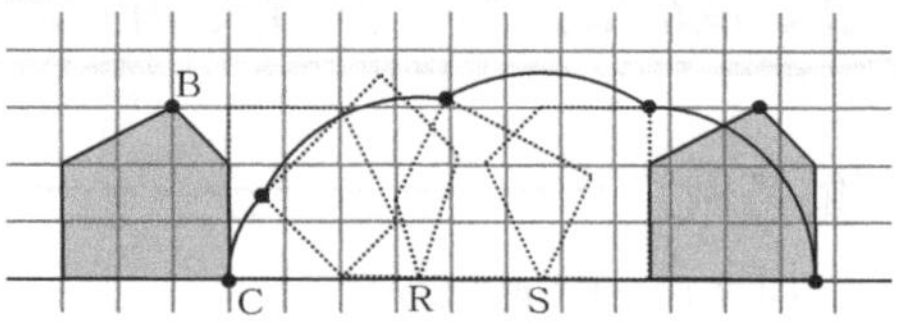


1回目の回転ではCは移動しない。２回目の回転はDを中心に㋑＝45°回転する。また，５回目の回転ではFを中心に㋒＝90°回転する。ここまでで，１つ目と３つ目の●はとれる。

２つ目の●は，図ⅢのＲとＳをとった後，Ｒを中心とする半径ＢＣの円の一部と，Ｓを中心とする半径ＥＣの円の一部が交わる点としてとる。

〔問題２〕　解答例のように，人数が２倍ずつ増えていくルールの場合，人数は１，２，４，８，16，32，64，……と変化する。64人までの人数の合計は，１＋２＋４＋８＋16＋32＋64＝127(人)だから，128番目は次のまとまりにふくまれる。128番目がふくまれるのが偶数番目のまとまりだから，128番目の人のかさは閉じている。

解答例以外に考えられるルールとして，例えば，「同じポーズのまとまりの人数の増え方が連続する整数になっている」ことが考えられる。つまり，最初は１人増え，次は２人増え，次は３人増え，……となるので，人数は，

１，１＋１＝２，２＋２＝４，４＋３＝７，７＋４＝11，11＋５＝16，16＋６＝22，22＋７＝29，29＋８＝37，……となる。29人までの人数の合計は，

１＋２＋４＋７＋11＋16＋22＋29＝92(人)，37人までの人数の合計は，92＋37＝129(人)だから，128番目は37人のまとまりにふくまれる。このルールの場合，128番目がふくまれるのが奇数番目のまとまりだから，128番目の人のかさは開いている。

〔問題３〕　解答例のように，右図の太い直線の長さと太い曲線の長さを比べればよい。

2　〔問題１〕　濃縮還元果汁(のうしゅくかんげんかじゅう)では，運搬(うんぱん)時のメリット以外に，同じ量のジュースをつくるための貯蔵時のスペースが小さくてすむ(同じスペースでより大量に貯蔵できる)などのメリットがある。また，資料１より，ストレート果汁では，濃縮還元果汁と比べて手順が３つも少ないことがわかる。

〔問題２〕　資料３より，水に油をうかべたものでは６時間たっても重さが変化していない。これは，図２のように，油がふたのような役割をすることで，水が蒸発しなかったためだと考えられる。よって，砂糖水の場合でも，ところどころに砂糖のつぶのふたができることで，水が蒸発しにくくなったと考えられる。

〔問題３〕　水は０℃でこおり始めるが，水に砂糖や食紅などの物質がとけると，こおり始める温度が０℃よりも低くなる。食紅をふくんだ部分はこおりにくいため，実験２のように食紅を加えた水を冷やすと，容器の外側から食紅をふくんでいない水がこおっていき，食紅をふくんだ部分が中心に集まってくる。このように，水に何かをとかしてこおり始める温度を低くことは，道路に積もった雪に塩化ナトリウムをまいて雪をとかすことなどに利用されている。なお，食紅で色をつけた水をこおらせたものがとけるときには，食紅をふくんだ部分が先にとけるため，はじめに出てくる液体ほど濃(こ)くなる。

《解答例》

1 〔問題1〕何世代にもわたって伝えながらつくり出されてきた

〔問題2〕書き手の主観の入っている真実を読んで、書かれていない事実を考えること。

〔問題3〕

文章1と2に共通しているのは、現在と未来は過去の蓄積で成り立っていて、過去を未来につなげ、それを生かすことが大切だという考え方だと思う。文章1では、ものをつくり出すためには、知識や技術や経験だけではなく、アイデアが必要で、アイデアが浮かぶのは一瞬だが、その背後には長い時間が横たわっているということを述べている。また、何世代にもわたって伝えながらつくり出されてきたものの、時間を超えた価値について説明している。文章2では、過去の蓄積の少ない私達には、それを補うものとして、読書が役に立つということを述べている。

私は、これからの学校生活で「温故知新」という言葉を心がけて学んでいこうと思う。文章1を読んで改めて過去の人々の歴史や考え方を学ぶことの大切さに気づいたからだ。過去の蓄積の少ない私がそれを補い、過去というものに触れる機会を設けるためには、文章2に書かれているように、読書が必要だと思う。これから、読書をすることで、未来の自分をつくりあげる基礎を築きたいと思う。

《解　説》

1 **〔問題1〕** 古くさく感じない理由は、直後にあるように「古くないから」である。これをもう少しくわしく説明しているのが、次の一文の「それを人びとが受けつぎ、『もの』が新しい命、新しい生活をもらう」である。つまり、人びとに長く受けつがれてきていて、新しい命を感じさせるから古くさく感じないのである。筆者がこのような「隙間(すきま)や傷(きず)のある家具」を見て、どのようなことを思うのかを読み取る。ぼう線部の前の段落に、「古い道具やすり減った家具を見て、きれいだなと思うことがある～何世代にもわたって伝えながらつくり出されてきたものは」とある。

**〔問題2〕** 行間を読むということについては、直前に、「本を読むということは～書かれていることを読み、そこに書かれていないことを考える作業とも言えます」と説明されている。少し後に「書かれていることが真実だとすれば、行間には事実があると言えるかもしれませんね」とある。本に「書かれていること」は、「真実」であり、書き手が込(こ)めた想(おも)いや考え、つまり主観が入っている。一方、行間には「事実」があって、それは読み手が本に書かれていないことを考えることで見つけるものである。

《解答例》

1 〔問題1〕道順…(エ)→キ→オ→イ→カ　式と文章…5＋7×1.4＋7＋10×1.4＋13＝48.8　ロボットの分速は 12m なので，1m進むには，5秒かかる。ブロックを1個運んでいるときは7秒，ブロックを2個運んでいるときは10秒，ブロックを3個運んでいるときは13秒かかる。また，1.4m進むためには，1m進むときよりも時間は1.4倍かかる。わたしが考えた道順に合わせて，かかる時間をそれぞれたし合わせると，48.8秒になる。

〔問題2〕A，B，D／右表

表5　太郎さんと花子さんがさらに書きこんだ表

| | ①の電球 | ②の電球 | ③の電球 | ④の電球 |
|---|---|---|---|---|
| Aのスイッチ | × | ○ | ○ | × |
| Bのスイッチ | ○ | × | ○ | ○ |
| Cのスイッチ | × | ○ | ○ | ○ |
| Dのスイッチ | × | × | × | ○ |
| Eのスイッチ | ○ | ○ | ○ | × |

2 〔問題1〕え戸の城下町は海をうめ立てた土地が多く飲み水を得るのに苦労したので，え戸の町の周辺の水げんから上水を通して水を引きこみ，石や木でできた水路を使ってえ戸の町中にあみの目のように行きわたらせた。

〔問題2〕時代区分…ア　説明…明治時代になると，河せんなどの水をきれいにするために，多ま川の水を玉川上水を通して，よど橋じょう水場に導いて，鉄管で給水する近代水道が整備された。

時代区分…ウ　説明…昭和時代後半の高度経ざい成長期になると大変な水不足となったため，と根川とあら川を武さし水路で結んで，東京都の外から水を得るようになった。

〔問題3〕安全でおいしい水をつくるためにはじょう水場や高度じょう水しょ理の費用が必要である。しかし，これらの水道水をつくる費用は，全体の 202 円のうちでも 31 円と少ないので，水道管をじょうぶで安い金属にするなど，じゃ口に水をとどける費用を減らすくふうをして，その分水道水をつくる費用にすればよい。

3 〔問題1〕(1)ウ　(2)葉の面積を同じにしたときの葉についたままの水の量が多いか少ないかを比べ，水てきが葉とくっついている部分の大きさが大きいか小さいかを比べることによって判断した。

〔問題2〕(1)図3から黒色のインクがついた部分がより少ないので，すき間がより広いと考えられ，図4からおもりをのせるとよりちぢむので，厚みがある方向にもすき間がより広いと考えられる。つまり，あらゆる方向に，水が入ることができるすき間がより多いから。　(2)じょう発した水の量は，箱とシャツの合計の重さが軽くなった量からTシャツの重さが重くなった量を引くことによって求められる。キは，Tシャツによってきゅうしゅうされた水の量とじょう発した水の量のどちらも最も多いから。

《解　説》

1 **〔問題1〕**　ロボットの移動する速さは何も運んでいないとき分速 12mだから，1m進むのに 60÷12＝5(秒)，1.4m進むのに5×1.4＝7(秒)かかる。同様にして，ブロックを運んでいるときの個数と時間をまとめると，右表のようになる。

| 運んでいるブロックの数 | 1m進むのにかかる時間 | 1.4m進むのにかかる時間 |
|---|---|---|
| 0個 | 5秒 | 7秒 |
| 1個 | 7秒 | 9.8秒 |
| 2個 | 10秒 | 14秒 |
| 3個 | 13秒 | 18.2秒 |

時間の合計の小数第一位を8にするためには，9.8秒かかる進み方を1回だけ行い，あとはかかる時間が整数になるようにしたい。

まずは時間が最短となるような道順を考えてみる。時間を最短にする方法として，倉庫に行くのを1回ですませたいので①「3つのブロックをまとめて倉庫まで運ぶ場合」と，ブロックを3つ運ぶことでロボットがおそくなることをさけたいので②「途中(とちゅう)で倉庫にブロックをおろす場合」の2パターンが考えられる。

①の場合，ブロックを２つまたは３つ運んでいる状態をなるべく短くしたいので，ブロックの位置をまわる順番はキ→イ→カとしたい。この場合最短の道のりを通るには，エまたはクをスタートして，キ→オ→イ→カ→ケとまわればよい。このときかかる時間は，５＋9.8＋７＋14＋13＝48.8(秒)となる。よって，これが求める道順である。
②の場合，ブロックの位置をイ→カとまわってから倉庫に２つおろしたいので，ア，ウ，オのいずれかからスタートして，イ→カ→ケ→ク→キ→ク→ケとまわればよい。このときかかる時間は，５＋9.8＋10＋５＋５＋７＋７＝48.8(秒)となる。よって，これも求める道順である。
解答例のように適切に式と文章で説明してあれば，いずれの道順でもよい。

〔問題２〕　まずはそれぞれの電球について，対応するスイッチを確定させていく。②の電球について，ヒント(あ)から，ＢとＣの一方が○でもう一方が×とわかる。よって，ヒント(い)から，Ｄは×で確定する。したがって，ヒント(う)から，Ｅは○で確定する。
③の電球について，表４よりＢとＣはともに○か×だから，ヒント(い)から，Ｄは×で確定する。また，ヒント(う)から，Ｅは○で確定する。
④の電球について，ヒント(あ)から，ＢとＣはともに○か×だから，ヒント(い)から，Ｄは○で確定する。
また，ヒント(う)から，Ｅは×で確定する。
以上より，ＤとＥはすべて確定するので，下の表のようになる。

| | ①の電球 | | ②の電球 | | ③の電球 | | ④の電球 | |
|---|---|---|---|---|---|---|---|---|
| Ａのスイッチ | × | | ○ | | ○ | | × | |
| Ｂのスイッチ | ○ | × | ○ | × | ○ | × | ○ | × |
| Ｃのスイッチ | × | ○ | × | ○ | ○ | × | ○ | × |
| Ｄのスイッチ | × | | × | | × | | ○ | |
| Ｅのスイッチ | ○ | | ○ | | ○ | | × | |

| ヒント(あ) | ②の電球 |
|---|---|
| Ａのスイッチ | ○ |
| Ｂのスイッチ | ○ |
| Ｃのスイッチ | × |

または

| ヒント(あ) | ②の電球 |
|---|---|
| Ａのスイッチ | ○ |
| Ｂのスイッチ | × |
| Ｃのスイッチ | ○ |

| ヒント(い) | ②の電球 |
|---|---|
| Ｂのスイッチ | ○ |
| Ｃのスイッチ | × |
| Ｄのスイッチ | × |

または

| ヒント(い) | ②の電球 |
|---|---|
| Ｂのスイッチ | × |
| Ｃのスイッチ | ○ |
| Ｄのスイッチ | × |

| ヒント(う) | ②の電球 |
|---|---|
| Ａのスイッチ | ○ |
| Ｄのスイッチ | × |
| Ｅのスイッチ | ○ |

| ヒント(あ) | ④の電球 |
|---|---|
| Ａのスイッチ | × |
| Ｂのスイッチ | ○ |
| Ｃのスイッチ | ○ |

または

| ヒント(あ) | ④の電球 |
|---|---|
| Ａのスイッチ | × |
| Ｂのスイッチ | × |
| Ｃのスイッチ | × |

| ヒント(い) | ④の電球 |
|---|---|
| Ｂのスイッチ | ○ |
| Ｃのスイッチ | ○ |
| Ｄのスイッチ | ○ |

または

| ヒント(い) | ④の電球 |
|---|---|
| Ｂのスイッチ | × |
| Ｃのスイッチ | × |
| Ｄのスイッチ | ○ |

| ヒント(う) | ④の電球 |
|---|---|
| Ａのスイッチ | × |
| Ｄのスイッチ | ○ |
| Ｅのスイッチ | × |

よって，ＢかＣはどちらか一方が確定すればもう一方も確定する。したがって，例えばＡ，Ｂ，Ｄを押した後に明かりがついていたのは①と②の電球だとすると，Ｂを押したとき①から④の電球はそれぞれ○，×，○，○と確定し，これによってＣを押したとき①から④の電球はそれぞれ×，○，○，○と確定するので，Ａ，Ｂ，Ｄは解答の１つである。同様に，Ｂ，Ｃの中から１つ，Ａ，Ｄ，Ｅの中から２つを選んだ組み合わせであればどのような組み合わせでもよいが，組み合わせによってＢとＣに反応する電球は変化する。

２　〔問題１〕　先生の１回目の発言に上水を引く前の江戸の人々の生活の様子が書かれている。先生の２回目の発言に上水の説明が書かれている。図１から上水(水路)が網の目のようにめぐらされていることを読み取り，上水の特長を書き，上水が必要だった理由と合わせて解答例のようにまとめる。

〔問題２〕　アの内容は，〔問題１〕の後の３人の会話において，３回目の先生の発言に書かれている。浄水場を建設し，鉄の管で市内に給水する近代水道が整備されたことをまとめる。イの内容は，４回目の先生の発言の前半に書かれている。イを選ぶ場合，「大正時代から昭和時代前半にかけて東京の人口が増え，水をためておくための貯水池や浄水場などのしせつが次々に建設された。」のようにまとめる。ウの内容は，４回目の先生の発言の中頃から５回目・６回目の先生の発言に書かれている。人口と工場の増加によって使用する水の量が増え，水不足が問題となり，武蔵水路の建設が必要になったことが書かれている。

〔問題３〕　安全でおいしい水の話は，〔問題１〕の後の３人の会話において，３回目の先生の発言に「浄水場が整備されたことで，人々は清潔で安全な水を水道の蛇口を開くだけで飲めるようになりました」とある。また，〔問題２〕の後の３人の会話において，２回目の先生の発言に「高度浄水処理をすることにより，かびのにおいのもととなる原因を取りのぞくことができます」とある。このことから，これからも安全でおいしい水を得られるようにするためには，浄水場の維持と高度浄水処理が必要であると考える。浄水場の費用と高度浄水処理の費用は，どちらも水道水を作る費用に割り当てられ，その金額は全体の15％程度と低いことを読み取り，解答例のような解決策と結びつける。

**3**　〔問題１〕　太郎さんと花子さんの会話より，水滴（すいてき）が転がりやすいかどうかを判断するときには，表２の結果だけに着目するのではなく，表１でそれぞれの葉の面積が異なることにも着目しなければならないことがわかる。表２の10枚の葉についたままの水の量を表１の葉の面積で割った値が小さいものほど，同じ面積についたままの水の量が少ない，つまり水滴が転がりやすいと考えればよい。よって，その値が約0.1のアとイとエは水滴が転がりにくい葉，約0.02のウとオは水滴が転がりやすい葉と判断できる。

〔問題２〕(1)　水を多く吸収できるということは，吸収した水をたくわえておくことができるすき間が多くあるということである。粒（つぶ）が小さいどろがたい積した層ではすき間がほとんどないため水を通しにくいのに対し，粒が大きい砂がたい積した層ではすき間が大きいため水を通しやすいことと同様に考えればよい。　(2)　カでは，箱とシャツの合計の重さが1648.3−1611＝37.3(ｇ)軽くなっているが，これがすべて蒸発した水の量ではない。Ｔシャツの重さに着目すると，189.8−177.4＝12.4(ｇ)重くなっている。つまり，Ｔシャツが吸収した37.3ｇのうち，12.4ｇはＴシャツに残っているから，蒸発した水の量は37.3−12.4＝24.9(ｇ)と求められる。キについても同様に考えると，Ｔシャツが吸収した水が45.9ｇ，Ｔシャツに残っている水が18.8ｇ，蒸発した水が45.9−18.8＝27.1(ｇ)である。また，クについては変化した23.1ｇが蒸発した水の量である。以上のことから，蒸発した水の量が多い順に，キ＞カ＞クとなる。よって，ポリエステルは木綿よりも水を吸収しやすく，かわきやすい素材だと考えられる。

## 《解答例》

1 〔問題1〕説明…○をつけられる場合の数が多い順番は，6→5→4→7と8→3→2→1である。このことから，6を中央に入れる。次に6が並んだ列の四すみの一つと，残っている四すみの一つに5を入れる。残った四すみと，空いているマスに4を入れる。残りの空いているマスに7か8を入れるとカードが完成する。　図…右図

〔問題2〕右図　　〔問題3〕右図

| | | |
|---|---|---|
| 5 | 7 | 6 |
| 4 | 6 | 8 |
| 5 | 7 | 4 |

1〔問題1〕の図

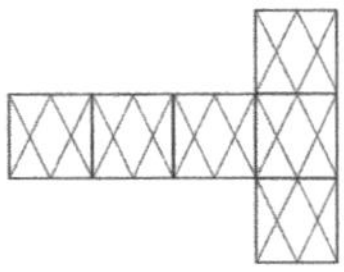

1〔問題2〕の図

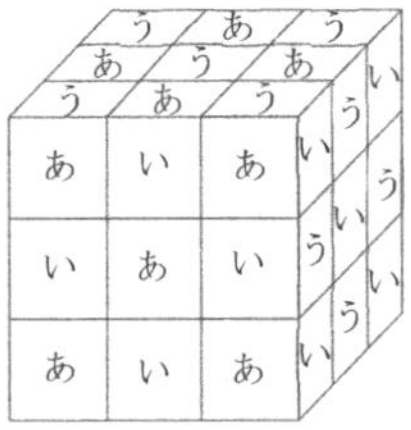


1〔問題3〕の図

2 〔問題1〕右図　理由…11，12，13回目以降は8，9，10回目と同じ配置がくり返され，それは14，15，16回目，17，18，19回目と3回ずつセットで続いていく。これは，その数を3でわるとあまりが2，0，1のくり返しである。1328を3でわるとあまりが2なので，8回目と同じ配置になると考えられるから。

2〔問題1〕の図

〔問題2〕右図　理由…3回目と9回目の図から4回目の中心だけ読み取れない。4回目の中心に置かない場合だと最初から3回目で一つのセットとなり，それは4回目から6回目の二つ目のセットと同じにならない。したがって4回目に入るこまは白か黒かのどちらかになる。

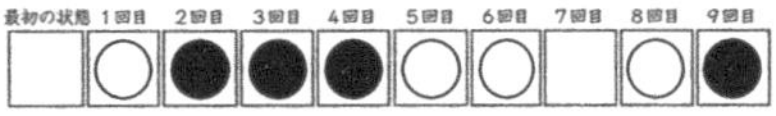


2〔問題2〕の図

〔問題3〕①それぞれの金属板のかたほうから同じ長さの位置をものさしで測り，その位置に温度計をつける。②反対側のはしから同じ長さをものさしで測りお湯につける。③②の状態のままスタンドで固定して，温度計の値が50℃になるまでの時間を時計で計る。

## 《解　説》

1 **〔問題1〕**　すべてのサイコロの出方と○をつける数字をまとめると，右表のようになる。○をつけられる場合の数が多い順に，6（11通り），5（9通り），4（7通り），7と8（6通り），3（5通り），2（3通り），1（1通り）だから，6→5→4→7または8，の順に数字を入れればよい。また，ビンゴのマスのうち中央のマスは，縦，横，ななめの列のうち4列にかかっていて，四すみのマスは3列に，その他のマスは2列にかかっているから，場合の数が多い数字から順に，中央→四すみ→その他のマス，の順に数字を入れていく。

| | | 1〜8のサイコロ | | | | | | | |
|---|---|---|---|---|---|---|---|---|---|
| | | 1 | 2 | 3 | 4 | 5 | 6 | 7 | 8 |
| 1〜6のサイコロ | 1 | 1 | 2 | 3 | 4 | 5 | 6 | 7 | 8 |
| | 2 | 2 | 2 | 3 | 4 | 5 | 6 | 7 | 8 |
| | 3 | 3 | 3 | 3 | 4 | 5 | 6 | 7 | 8 |
| | 4 | 4 | 4 | 4 | 4 | 5 | 6 | 7 | 8 |
| | 5 | 5 | 5 | 5 | 5 | 5 | 6 | 7 | 8 |
| | 6 | 6 | 6 | 6 | 6 | 6 | 6 | 7 | 8 |

**〔問題2〕**　直線に囲まれた図形同士が接する辺をなるべく少なくしたいので，直線をななめに引く。また，立方体として見たとき，1つの頂点に3つの面が集まり，その各面に1つずつ図形があってたがいに接していると必ず3色必要になる。したがって，そうならないように，面の頂点にくっつく図形は片方の辺にだけ接するようにすると，解答例のような模様が考えられる。

〔問題３〕　まず，３つの面が見えているブロック(図の手前の面の右上のブロック)に３つの色をかきこむ。複雑にならないように，大きな立方体の１つの面においては２色だけ使うようにすると，例えば解答例のようになる。この例では，右図の２種類の向きのブロックをたがいちがいに積み上げて立方体ができているので，接している面もちがう色になる。

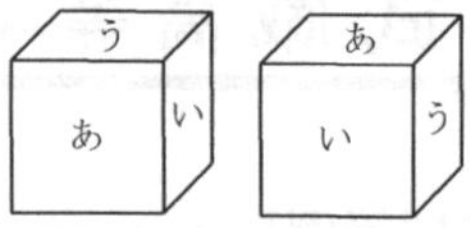


2　〔問題１〕　８回目以降をかくと右図のようになり，８回目と11回目の並びが同じになる。したがって，８回目以降は３回を１つの周期とするくり返しになるとわかるから，解答例のように求められる。

| | A | B | C | D | E | F | G | H | I |
|---|---|---|---|---|---|---|---|---|---|
| 8回目 | ● | ② | ● | ● | ② | ● | ● | ② | ● |
| 9回目 | ○ | ❷ | ○ | ○ | ❷ | ○ | ○ | ❷ | ○ |
| 10回目 | | | | | | | | | |
| 11回目 | ● | ② | ● | ● | ② | ● | ● | ② | ● |

〔問題２〕　３回目の図では，外側から順に○→●→●となっているから，中心にあったコマは１回目から順に○→●→●である。９回目の図で中心のコマは●で，その外側が○，次が何もなし，次が○，次が○だから，中心にあったコマは９回目から逆に見ていくと，●→○→置かない→○→○となる。したがって，５回目と６回目は○である。あとは，解答例のように考えることができる。

〔問題３〕　熱は金属のあたためられた部分に近いところから順に伝わっていく。このような熱の伝わり方を伝導という。金属の種類による熱の伝わりやすさのちがいを調べるには，金属の種類以外の条件をすべて同じにして実験を行う必要がある。解答例のように実験を行った場合，温度計の値が50℃になるまでの時間が短い金属ほど，熱が伝わりやすいと判断できる。

## 《解答例》

1 〔問題１〕思わぬ世界

〔問題２〕大人になる前に興味や関心をもったことを研究の対象にし、大人になってもなおぎ問をもち続け、問い直している点。

〔問題３〕(例文)

文章２の筆者は、三〇年前にカラスの鳴き方に興味を持ち、動物学者になった今でもカラスについて疑問を持ち続け、研究を続けています。また、文章の中で、「予断をもった判断をしてはいけない」「状況を説明しうる仮説を公平に捉え、自分に都合の良い結果さえも疑わなくてはならない」という、科学者としての姿勢を示しています。

文章２の筆者の研究や学問への向き合い方をふまえて、私は、これからの六年間をどのように過ごしたいか考えました。学校の理科の授業や、家庭生活の中で、直接自然にふれる体験を増やして、自然に興味や関心をもつことを今よりもっと大切にしたいです。それによって、自然の中で様々な疑問を見つけ、そのことについて、自分なりの見通しや目的をもって観察や実験を行い、結果を客観的に考察できるようにします。このような過程を通して、科学的な思考を身につけ、自然についての知識や理解を深めていきたいと考えます。

## 《解　説》

1 **〔問題１〕** 文章２の筆者は，少年時代にカラスが自分に対して返事をしたのだと解釈していたことについて，研究者になった後に「重大な錯誤を含んでいる可能性」があると気づき，「普段からカアカア鳴き続けている相手がたまたまその時も鳴いたからって，自分に返事したとなぜ言えるの？」という疑問を持つべきだったことに思い至り，「私の鳴き真似に返事をしたと考える積極的な根拠はない」としていた。しかし，カラスの分布を調査していたときに，「鳴き真似の後，数分以内の音声が多い」「こちらの鳴き真似の特徴と高い確率で一致する」ということに気づき，「カラスはこちらの音声を認識した上で，その音声に反応している～私の鳴き真似に対して返事をしているのではないか」「カラスは人間に対して鳴き返してくることが確かにあるのだ，とは言えそうである」という見解に至った。筆者のこの経験は，「科学者は～公平に捉え～疑わなくてはならない。しかし，そうやって疑った先に，思いがけず心躍る景色が広がることもある」ということの例である。それは，文章１で言う，思わぬ「異世界への扉」が開いたということにあたる。よって，「心躍る景色」は，「思わぬ世界」(文章１の９～10行目)と同じような意味だと言える。

**〔問題２〕** 文章１の筆者は，編集者のひとことをきっかけに「貝殻拾いにはまだ，あらたなおもしろさがあるかもしれない」と思って再開を決め，少年時代に拾ったときは注目せずに放置していた貝殻が，「縄文時代には館山近辺にも生息していた。そのころの貝殻が，地層から洗い出されて海岸に打ち上がっていた」ものだと分かったことがヒントとなり，「人間の影響によって，地域で見られる貝が変わっていく。その移り変わりの歴史が，足元に転がる貝殻から見える」というあらたな視点で貝殻拾いをしている。そして，「少年時代の～コレクションに，ハマグリが含まれていない」こと(「なぜその貝がそこに落ちていないのか」ということ)の理由をさぐるというテーマを得ている。文章２の筆者は，少年時代にカラスが自分に対して返事をしたのだと思っていたことについて，研究者になって「重大な錯誤を含んでいる可能性」があると気づき，「普段からカアカア鳴き続けている～自分に返事したとなぜ言えるの？」という疑問を持つべきだったことに思い至った。そのような疑問を経て，調査中の結果から「カラスは人間に対して鳴き返してくることが確かにあるのだ，とは言えそうである」という見解に至った。両者に共通するのは，少年時代の興味関心と現在の研究がつながっていること，科学者としての視点で，かつての自分のとらえ方を問い直していることだと言える。

## 《解答例》

1　〔問題1〕(1)4.06　(2)直角三角形…20　正三角形…10　円…7

説明…1本のモールは，直角三角形を6個，正三角形を3個作るように切る。

1本のモールは，直角三角形を6個，正三角形を2個，円を1個作るように切る。

1本のモールは，直角三角形を6個，正三角形を1個，円を2個作るように切る。

1本のモールは，直角三角形を2個，正三角形を4個，円を4個作るように切る。

〔問題2〕(1)右図のうち1つ

(2)2，3，4

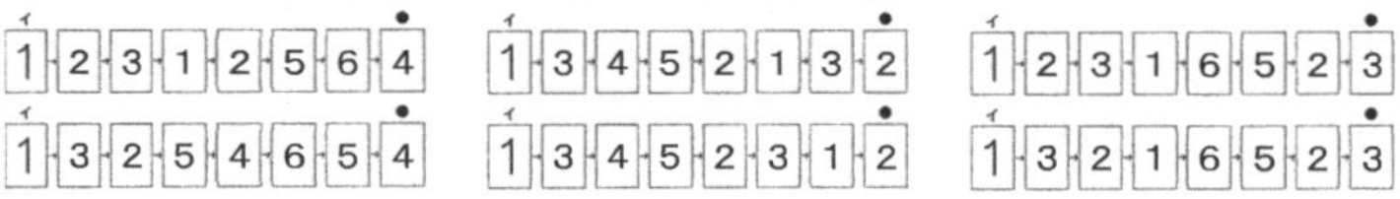


2　〔問題1〕1891 年より後に生産量が増えているが，その理由は，ガラ紡という人の手を使った仕組みで生産されていたものが，1890 年ごろになると海外から輸入した蒸気を活用した紡績機が主流となっていたためである。

〔問題2〕A．京浜工業地帯　B．中京工業地帯　C．阪神工業地帯　D．瀬戸内工業地域

(共通点の例文) AとBは，共に機械工業の割合が高い。その理由としては，機械工業に関連する工場が多く，原料を輸入するための大きな港がそばにあったからである。

〔問題3〕河川と海を比べると，2019 年度の環境基準達成率は河川が 94.1%だったのに対して，海は 80.5%にとどまっていることが分かる。また，資料6より産業排水や生活排水が海へ流れている排水の割合の内多くをしめていることが分かる。よって工場で一度使った水や，家庭の浴そうで使った水を再利用するなど，海への排水を減らす努力をすべきと考える。

3　〔問題1〕(1)選んだもの…ウ　理由…実験1から，色がついているよごれを最もよく落とすのは，アとウであることが分かる。そして，実験2から，アとウを比べると，ウの方がより多くでんぷんのつぶを減少させることが分かるから。　(2)5分後のつぶの数をもとにした，減少したつぶの数のわり合は，水だけの場合よりも液体ウの場合の方が大きいから。

〔問題2〕(1)せんざいの量を 28 てきより多くしても，かんそうさせた後のふきんの重さは減少しないので，落とすことができる油の量は増加していないと分かるから。

(2)サラダ油が見えなくなるもの…A，B，C，D　洗剤…4

## 《解　説》

1　**〔問題1〕(1)(2)**　図2の周りの長さは，直角三角形が3＋4＋5＝12(cm)，正三角形が3×3＝9(cm)，円が3×3.14＝9.42(cm)である。1m＝100 cmだから，100÷12＝8余り4，100÷9＝11 余り1より，すでに切ってある2本のモールからは，直角三角形が8個，正三角形が 11 個できる。また，2本のモールの余りの長さの合計は4＋1＝5(cm)である。

図3のカード1枚には，直角三角形が4個，正三角形が3個，円が1個あるので，図3のカードを1枚作るのに，モールは 12×4＋9×3＋9.42＝84.42(cm)必要である。モールは全部で6m＝600 cmあるから，無駄なく使うと考えると，600÷84.42＝7余り 9.06 より，図3のカードは最大で7枚できる。よって，モール6本で図2の直角三角形が4×7＝28(個)，正三角形が3×7＝21(個)，円が1×7＝7(個)できるかを考える。残り4本のモー

ルで直角三角形が 28－８＝20(個)，正三角形が 21－11＝10(個)，円が７個できればよい。また，このときの６本のモールの余りの長さの合計は 9.06 cmだから，図３のカードが７枚できるのであれば，４本のモールの余りの長さの合計は 9.06－５＝4.06(cm)となる。

４本のモールについて，１本あたりの余りの長さが約１cmになればよいので，これを基準に，余りの長さに注目して考える。また，必要な直角三角形と正三角形の個数の比は 20：10＝２：１だから，この比となるようにできるだけ多く直角三角形と正三角形を１本のモールから作ろうとすると，直角三角形を６個，正三角形を３個作ることができ，このときの余りは 100－12×６－９×３＝１(cm)となる。ここから，正三角形を１個減らして円を１個増やすと，余りは 9.42－９＝0.42(cm)減るから，この操作を全部で２回できる。よって，３本のモールからそれぞれ，「直角三角形６個と正三角形３個」，「直角三角形６個と正三角形２個と円１個」，「直角三角形６個と正三角形１個と円２個」を作ることができるので，あと１本のモールから，直角三角形が 20－６×３＝２(個)，正三角形が 10－３－２－１＝４(個)，円が７－１－２＝４(個)できればよい。12×２＋９×４＋9.42×４＝97.68 より，１本のモールから直角三角形が２個と正三角形が４個と円が４個できるので，解答例のような切り方が考えられ，カードは７枚作れる。

この考え方以外にも，モールの切り方は次のように考えることもできる。

４本のモールの余りは 4.06 cmであり，モールの余りが小数になるのは円を作ったときだから，先に円を７個作ることを考える。１本のモールから円を７個作り，さらにできるだけ余りが少なくなるように直角三角形と正三角形を作ろうとすると，「直角三角形２個と正三角形１個と円７個」を作ることができ，このときの余りは 100－12×２－９－9.42×７＝1.06(cm)となる。残り３本のモールの余りの合計は 4.06－1.06＝３(cm)だから，「直角三角形６個と正三角形３個」を作る(余りは１cm)ことを３回行うと，４本のモールの余りの合計が 4.06 cmとなり，直角三角形を 20 個，正三角形を 10 個，円を７個作ることができる。

モールの切り方は解答例やこの方法以外にもいくつかある。

**〔問題２〕(1)(2)**　図４の一番左の図で，上の頂点を□，下の頂点を■とする。□が動かないように立体を転がすと，机に接する面は「１，２，３」のいずれかになり，■が動かないように立体を転がすと，机に接する面は「４，５，６」のいずれかになる。また，□または■が動くように立体を転がすと，机に接する面は「１⇔６」「２⇔５」「３⇔４」のように変化する。このことに注意すると，■が最初に接するのは，図 i のａ～ｅのいずれかとなる。最初にｃ，ｄで接する場合は７回の移動で●のマスまで移動できないので，ａ，ｂ，ｅについて考える。

ａのときの接する面の数字は図 ii のようになり，●のマスは４で，７回の転がし方は「イ(１)→２→３→１→２→５→６→●(４)」「イ(１)→３→２→５→４→６→５→●(４)」の２通りある。

ｂのときの接する面の数字は図 iii のようになり，●のマスは２で，７回の転がし方は「イ(１)→３→４→５→２→１→３→●(２)」「イ(１)→３→４→５→２→３→１→●(２)」の２通りある。

ｅのときの接する面の数字は図 iv のようになり，●のマスは３で，７回の転がし方は「イ(１)→２→３→１→６→５→２→●(３)」「イ(１)→３→２→１→６→５→２→●(３)」の２通りある。

図 i
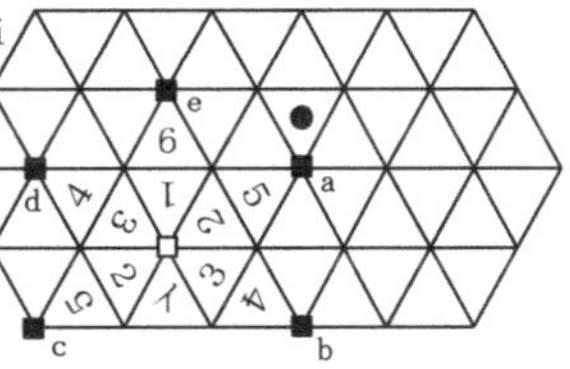


図 ii
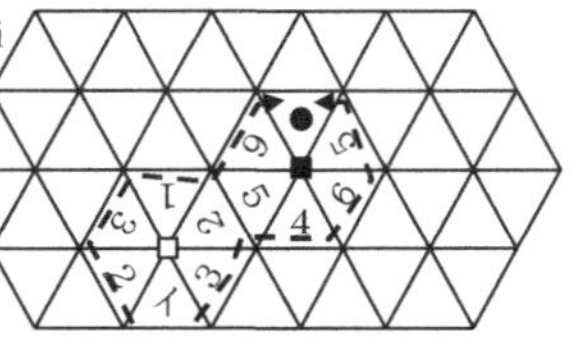

図 iii
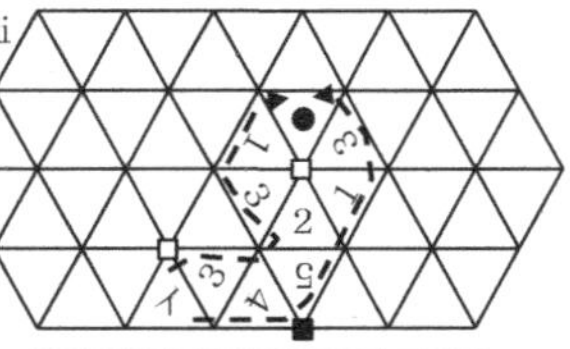

図 iv
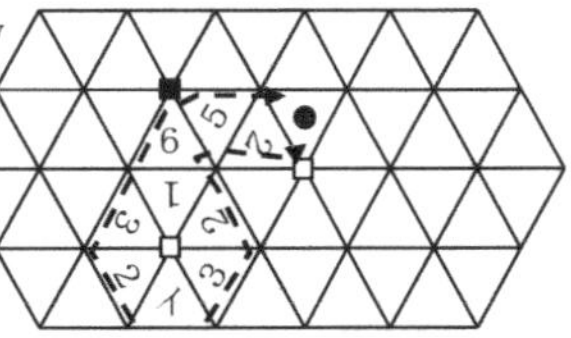

したがって，●のマスに接する面の数字は２，３，４である。

**2** 〔問題１〕　資料１より，1890 年以前の綿糸の生産量は 10 万梱以下だったが，1891 年以降は増え続けており，1899 年には 80 万梱に増えたことが分かる。以上のことを，お父さんが「明治時代のはじめに手でハンドルを回すことで，綿をねじって引き出して糸を作るガラ紡という仕組みが考えられ」たと言っていること，資料２で1890年に海外から輸入した蒸気を活用した紡績機が主流になったことと関連付ける。

〔問題２〕　武蔵くんの言葉より，京浜工業地帯は，資料３で 1960〜2018 年の生産割合が一番で，1970 年から生産割合がどんどん下がっているＡと判断する。中京工業地帯は，資料３で 1980〜1990 年に生産割合を増やしており，資料４で工業生産額にしめる機械工業の割合が高いＢと判断する。瀬戸内工業地域は，資料４で他の工業地帯よりも化学産業の割合が高いＤと判断する。阪神工業地帯は，資料４で他の工業地帯よりも金属業の割合が高いＣと判断する。生産割合の共通点について，お父さんの言葉より，京浜工業地帯と中京工業地帯の周辺には機械工業の関連工場が多くあり，原料を輸入する港が近いことが分かる。

〔問題３〕　資料５より，1999 年度と 2019 年度を比べると，河川の環境基準達成率は 12.6％上がったのに対し，海はその半分の６％しか上がっていないことが分かる。資料６より，2019 年の海における排水は，生活排水と産業排水が全体の９割をしめていることが分かる。以上のことを，お父さんが「一度使用した水を工場の中で再利用できるようにする機械を使用し，水自体を使う量を減らし」ていると言っていることと関連付ける。

**3** 〔問題１〕(1)　ここでは５分間液体につけておくときのよごれの落ち方を考える必要があるので，表１と２では，５分後の結果に着目し，表１からは色がついているよごれの落ち方，表２からはでんぷんのよごれの落ち方を読み取る。５分間では，色のついているよごれはアとウで最も落ちやすく，でんぷんのよごれはウで最も落ちやすい。よって，どちらのよごれも落ちやすいウが適切である。　(2)　表２より，水だけのときの５分後の粒(つぶ)の数は804，60分後の粒の数は484だから，55分間で804－484＝320減っている。５分後の粒の数をもとにした，減少した粒の割合は320÷804×100＝39.8…(％)である。ウについても同様にして求めると，(476－166)÷476×100＝65.1…(％)となるから，ウの方がでんぷんのよごれの程度をより変化させたといえる。

〔問題２〕(1)　表３の乾燥(かんそう)させた後のふきんの重さから最初のふきんの重さ20.6ｇを引いたものが，ふきんに残っているサラダ油の重さだと考えられる。24滴(てき)までは，洗剤(せんざい)の量を多くすると，残っている油の重さが軽くなっていくが，28滴のときには24滴のときよりも多くの油が残っていて，28滴より多くしても残っている油の重さが軽くならないから，太郎さんの予想は正しくないといえる。　(2)　サラダ油100滴の重さが2.5ｇだから，サラダ油0.4ｇは$100 \times \frac{0.4}{2.5} = 16$(滴)である。よって，表４で，加えたサラダ油の量が16滴より多いＡ～Ｄでは，液体の上部にサラダ油が見えなくなる。また，実験４から考えられる，サラダ油0.4ｇを落とすことができる最低限の洗剤の重さは，サラダ油の量が17滴のときに上部にサラダ油が見えた(16滴のサラダ油は落とすことができる)Ｄに入っている洗剤の重さと同じである。入っている洗剤の重さは，Ａが１ｇの半分，ＢがＡの半分，ＣがＢの半分，ＤがＣの半分だから，Ｄに入っている洗剤の重さは$1 \div \overset{A}{2} \div \overset{B}{2} \div \overset{C}{2} \div \overset{D}{2} = 0.0625$(ｇ)である。よって，洗剤100滴の重さが２ｇだから，洗剤0.0625ｇは$100 \times \frac{0.0625}{2} = 3.125$(滴)であり，最低４滴の洗剤が必要である。

## 《解答例》

1 〔問題1〕図のように，円の中心から正三角形の２つのちょう点に線を引いたとき，辺ABよりもちょう点A，ちょう点C，ちょう点Bの順で結んだ線の長さの合計の方が長くなる。その長さは，半径が３cmだから，３×２＝６(cm)。
よって，正三角形の１辺の長さは直径の６cmより短くなる。

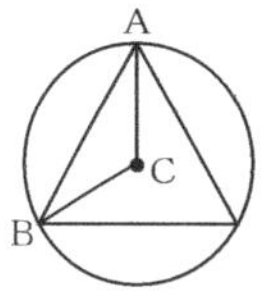


〔問題2〕

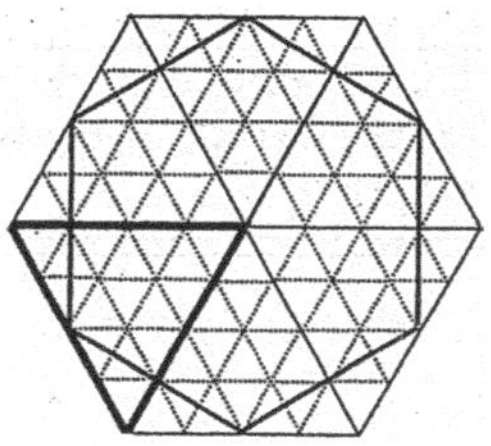

〔問題3〕

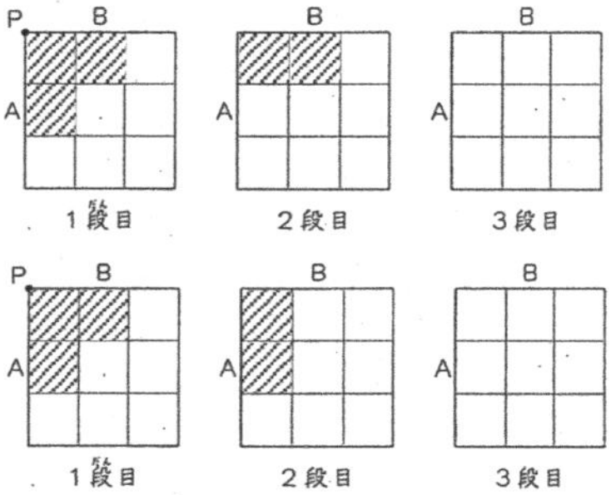


2 〔問題1〕比べ方…体長１cmあたりの１回のジャンプで移動できるきょり〔cm〕を求める。／右表

| | インパラ | オオカンガルー | トノサマバッタ |
|---|---|---|---|
| 計算結果 | 7.8 | 6.7 | 10.3 |
| 順位 | 2位 | 3位 | 1位 |

〔問題2〕読み取れること…①㋑，㋒，㋓／も様の間かくがせまくなるにつれて，わり合が高くなっている。②㋑，㋔／も様の間かくが広い方が，わり合が高くなっている。　③㋑，㋕，㋗／も様の形が本物に近いものほど，わり合が高くなっている。　考えられること…①，②／チョウはも様のちょうどよい間かくを目印に，同じ仲間のチョウを見つけている。　③／チョウはも様の面積よりも形を目印に，同じ仲間のチョウを見つけている。

〔問題3〕仮説…１　⑴３分間に食べたえさの個数が多いほど，元気がよいとする。　⑵水温 25℃と 10℃にそれぞれ設定した水そうに一ぴきずつキンギョを入れ，同じ数のエサを入れて３分間に食べた個数を記録する。

## 《解　説》

1 **〔問題1〕**　三角形の１辺の長さは，２本の半径の合計よりも短くなることを利用すると，解答例のように説明ができる。２本の半径の合計は直径と等しい。

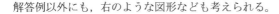

**〔問題2〕**　図５の模様の面積のうち，太線部分の内側にある図形の面積は，16 個に分けられた正三角形８個分である。よって，図４のできた模様の面積のうち，太線部分の内側にある図形の面積は，16 個に分けられた正三角形８×1.5＝12(個)分になればよい。また，ルールに合うように棒(ぼう)と鏡に映った棒で囲まれるように模様を作ると，解答例のようになる。
解答例以外にも，右のような図形なども考えられる。

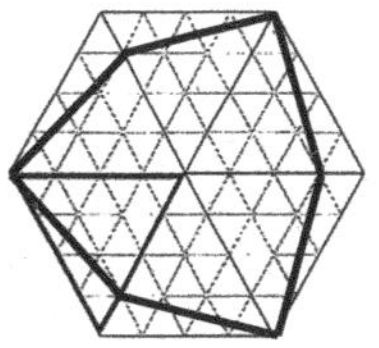

**〔問題3〕**　模型①にできた立体は，図Ⅰのようになる。図ⅠをPを中心として回転させて，鏡Aとくっついている面が底面になるような立体になるように置くと，図Ⅱのようになり，鏡Bとくっついている面が底面になるような立体になるように置くと，図Ⅲのようになる。

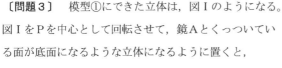

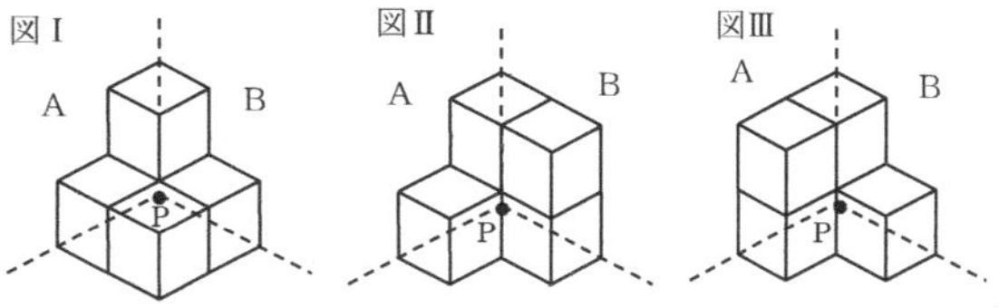

これが模型②にできた立体となるので，立方体を置いた場所は，解答例のようになる。

2 〔問題１〕　体長１㎝あたりの１回のジャンプで移動できるきょり(㎝)は，インパラの場合，12.5m→1250㎝より，1250÷160＝7.8125→7.8㎝と求めることができる。他の動物についても単位に注意して同様に求めれば，順位をつけることができる。解答例以外に，体重１㎏あたりの１回のジャンプで移動できるきょり(㎝)を求めることでも，比べることができる。インパラは1250÷80＝15.625→15.6(㎝)，オオカンガルーは1000÷60＝16.66…→16.7㎝，トノサマバッタは75÷0.0014＝53571.42…→53571.4㎝となり，解答例とはインパラとオオカンガルーの順位が入れかわる(表ｉ)。なお，「体重１㎏あたりの１回のジャンプで移動できるきょり(m)」や「体重１ｇあたりの１回のジャンプで移動できるきょり(㎝)」などでは，順位が同じになることがある。

表ｉ

| | インパラ | オオカンガルー | トノサマバッタ |
|---|---|---|---|
| 計算結果 | 15.6 | 16.7 | 53571.4 |
| 順位 | ３位 | ２位 | １位 |

〔問題２〕　解答例の他に，㋒と㋖を選び，読み取れることを「面積が本物に近いほど，わり合が高くなっている。」とし，考えられることを「チョウはも様の形よりも面積を目印に，同じ仲間のチョウを見つけている。」などとしてもよい。

〔問題３〕　仮説２を選んだ場合は，花びんに入れた水の減った量が多いほど元気がよいとし，気温25℃と10℃にそれぞれ設定した部屋で，葉の大きさや枚数，くきの長さなどが同じ切り花を同じ量の水が入った花びんに入れて数時間置いた後，減った水の量を記録する方法などが考えられる。

《解答例》

1 〔問題1〕自分らしい音　〔問題2〕もっと鳴らそうと気負いすぎたから。

〔問題3〕(例文)

私は「好む」の段階まで表されていると考える。

文章2で、村田さんは、自分らしい音とはどんな音なのかと胸を高鳴らせたり、もっと大きく響かせたいと思ったりしていて、やる気や積極性が感じられる。文章1では、「好む」者は、「やる気」をもっているので、積極性があると説明されている。

村田さんは、この日初めて小鼓を触っているので、「知る」段階まで表されていると考えられるかもしれない。しかし、何度か小鼓を打った後はどんどん積極的になり、主体的にかかわっているので、「知る」段階は通りすぎたと考えられる。また、お稽古の場面の最後の方では、全身から力を抜いて素直で大きな音を鳴らすことができた。そのため、安らぎの理想像に達した「楽しむ」の段階まで表されているとも考えられる。しかし、その直後で、もっと鳴らそうと気負いすぎて変な音を出しているので、やはりまだ「好む」の段階にあると考えられる。

《解　説》

1 〔問題1〕　個性とは，ここではその人特有の性質のこと。文章2の「自分らしい音」は，先生の言う「村田さんらしい鼓(つづみ)の音」であり，村田さん特有の音である。

〔問題2〕　直前で鳴らした音は「とても素直(すなお)な音」だった。それは，「とにかく素直に，素直に，と自分に言い聞かせて，身体の全部を先生の言葉に任せるような感覚で，全身から力を抜(ぬ)いた」ことで出た音だった。それに対して，傍線部④で鳴らした音は，「<u>もっと鳴らそう</u>と思う」ことで出た音だった。この気持ちを文章1にある表現を使って表すと，「気負いすぎ」ということになる。

〔問題3〕　「<u>知る</u>」については，文章1で「確かに『知る』ことは大切だ。しかし，そのことに心を使いすぎると，それに疲(つか)れてしまったり，情報量の多さに押(お)し潰(つぶ)されてしまって，それに主体的にかかわっていく力がなくなってしまう」と書かれている。「<u>好む</u>」については，文章1で「『やる気』をもっているので，積極性がある」「下手(へた)をすると気負いすぎになる」と書かれている。「<u>楽しむ</u>」については，文章1で「客体の中に入ってあるいはそれと一体化して安住すること」「安らぎの理想像」「それ(＝『好む』)を超(こ)え，あくまで積極性を失ってはいないが安らぎがある」と書かれている。これらを手がかりに，どの段階(だんかい)まで表されているのかを考える。

## 《解答例》

1 〔問題１〕右図　説明…ＡとＣの和はＢの２倍になっていて，ＤとＦの和はＥの２倍になっている。したがって，ＢとＥの和の３倍が，６個の数の和と同じになる。
135÷３＝45 なので，ＢとＥの和が 45 になる場所を見つければよい。

| | | |
|---|---|---|
| 14 | 21 | 28 |
| 16 | 24 | 32 |

〔別解〕

| | | |
|---|---|---|
| 16 | 20 | 24 |
| 20 | 25 | 30 |

〔問題２〕アの側面に書く４個の数…１，２，３，５　イの側面に書く４個の数…１，３，４，５
ウの側面に書く４個の数…１，２，３，７　エの側面に書く４個の数…１，３，４，７

〔アの展開図〕

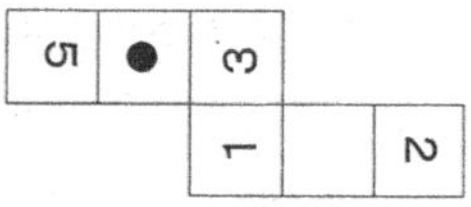


〔イの展開図〕

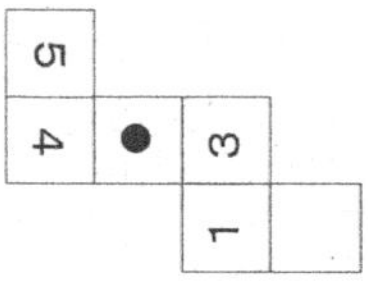


〔ウの展開図〕

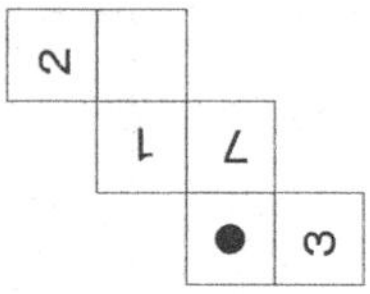


〔エの展開図〕

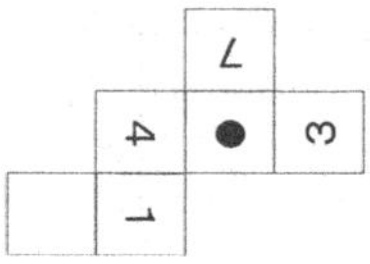


2 〔問題１〕⑴Ａ県…愛知県　Ｂ県…千葉県　Ｃ県…茨城県　Ｄ県…群馬県　Ｅ県…静岡県　Ｆ県…長野県
⑵キャベツ／4.02　⑶キャベツやレタスは，気温が高くなる７月から９月には，標高が高く気温の低い地域がある群馬県や長野県で多く生産されている。
〔問題２〕⑴安心・安全な農作物を食べたいという人が増えており，日本産の野菜を買う人が増え，農業は大きな利益をあげることができるから。／2008 年から国が，農業に関係しない会社などの団体も全国で農業ができるようにしたから。　⑵(①を選んだときの努力)別の会社を退職してまだ働きたいと思っている人たちや短時間なら働くことができる人たちを積極的に採用して，多くの人たちが生産に関わるようにしている。
(③を選んだときの努力)昔は田んぼや畑だったところで，現在は，空き地になっているところを会社が借りて，農業を大規模に行い，生産にかかる費用をおさえるようにしている。

3 〔問題１〕⑴右図　⑵右図　理由…図６から，㋓は㋐に対して，つつの右側のじ石の極は変わらないが，左側のじ石の極は反対である。図７のイより，鉄板に置く４個のじ石のうち，右側の２個のじ石の上側の極は変えずに，左側の２個のじ石の上側をＮ極からＳ極に変えるとよいから。

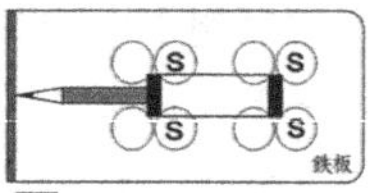


3〔問題１〕⑴の図

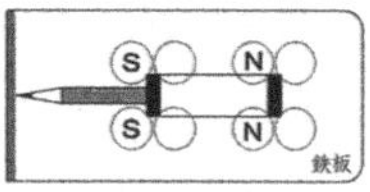


3〔問題１〕⑵の図

〔問題２〕⑴２　⑵大きい場合…②　理由…①はＡ方向がそろっていないので，Ｎ極とＳ極が引き合う部分と，Ｎ極どうしやＳ極どうしがしりぞけ合う部分がある。それに対して，②はＡ方向がそろっているので，ほとんどの部分でＮ極とＳ極が引き合う。そのため，①より②のほうが引き合う部分が大きいから。

## 《解　説》

1　〔問題１〕　表内のどこであっても，横に並んだ３つの数を見てみると，左の数と真ん中の数の差と，右の数と真ん中の数の差が等しいので，３つの数の和は真ん中の数の３倍に等しくなる。よって，解答例のように説明できる。

〔問題２〕　九九の表にある数は，すべて１～９までの２つの整数の積になるので，ア～エのうち２つの立方体の数の積で１～９までの整数をすべて表せるような組み合わせを作り，その組み合わせが２組あれば，九九の表にあるすべての数を表せる(例えば，８×９＝72 を表す場合は，２つ立方体の数の積で８，残り２つの立方体の数の積で９を表せばよい)。１から７までの数を書くから，１から９までの数を，１から７までの積で表すと，

１＝１×１，２＝１×２，３＝１×３，４＝１×４＝２×２，５＝１×５，６＝１×６＝２×３，７＝１×７，８＝２×４，９＝３×３となる。

１＝１×１，９＝３×３を表したいので，２つの立方体両方に１と３を書く。８＝２×４を表したいので，２つの立方体について，一方に２，もう一方に４を書く。５＝１×５，７＝１×７を表したいので，２つの立方体について，一方に５，もう一方に７を書く。よって，２つの立方体に書く数は，(１，２，３，５)と(１，３，４，７)になるか，(１，２，３，７)と(１，３，４，５)になる(この２つの立方体の数の積で，２，３，４，６も表せる)。このような組み合わせの立方体を２組書けばよい。解答例は，アとエ，イとウの積で，１から９までの整数を作ることができる。

また，ア～エについて，「●」の面の辺と重なる辺は，右図の太線部分になるから，この太線の辺が上の辺となるように４つの数字を書けばよい。

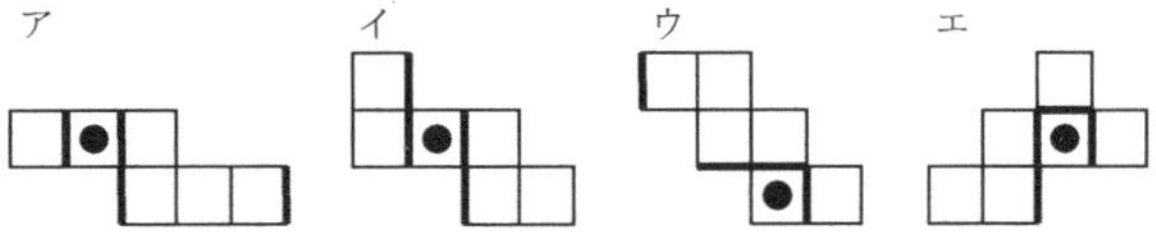


2　〔問題１〕(1)　武蔵さんの言葉に着目する。図１より，愛知県は「12 月から４月の入荷割合が他の３県に比べて高くなっている」から，Ａ県である。千葉県は「５月と６月と 11 月の入荷割合が他の３県より高い」から，Ｂ県である。茨城県は「６月に千葉県に次いで入荷割合が高くなっている」から，Ｃ県である。群馬県は「７月から 10 月の入荷割合が他の３県より高い」から，Ｄ県である。図２より，長野県は「６月から９月にかけて…入荷割合の７割以上をしめている」から，Ｆ県である。残ったＥは静岡県となる。　(2)　キャベツの平均価格は，最も低い５月が 63 円，最も高い２月が 253 円だから，253÷63＝4.015…(倍)の差になる。レタスを選んだ場合の解答は，399÷110＝3.627…(倍)の差だから，「3.63」になる。　(3)　お父さんが「群馬県の標高の高い地域では…(キャベツ栽培に)夏でもすずしい気候…という特ちょうを生かしている」「レタスもキャベツと同じように，気温が高くなる地域では入荷割合が低くなる」「長野県も，標高 1000 メートルをこえる高い地域が多い」と言っていることに着目し，図１と図２で，茨城県などでは気温が高くなる７月～９月の時期をさけて，冬から春にかけてキャベツやレタスを作っていることと関連付ける。高冷地で見られる，夏のすずしい気候をいかして，高原野菜の時期をずらして栽培する方法(高冷地農業による抑制栽培)は，長野県のはくさい栽培などでも見られる。

〔問題２〕(1)　８ページでお父さんが「2008 年から国は，農業に関係しない会社などの団体も全国で農業ができるようにした」と言っていることや，表２の「農業は大きな利益を上げられる」の説明に着目する。また，表２の「地域に貢献できる」の説明に着目すれば，「はばの広い人材を集めるため，地域の人たちを雇い，働く場をつくって地域に貢献できるから。」と答えることもできる。　(2)　９ページのお父さんの言葉に着目し，図４のそれ

ぞれの課題と関連付けてまとめよう。②を選んだときの努力として，「農作物の販売を拡大させるために，地元のレストランや小中学校の給食で活用してもらうようにしている。」としたり，④や⑤を選んだときの努力として，「地元の農家の協力を得て，だれでも簡単に同じ味を出せるような栽培の説明書を作成し，同じ品質の野菜や果物を作ることができるようにしている。」などとしたりすることもできる。

3 〔問題１〕(1) ㋐のつつの磁石のＮ極の真下の鉄板には上側がＮ極の磁石を２個，Ｓ極の真下の鉄板には上側がＳ極の磁石を２個置く。解答例の他に，右図のように磁石を置いてもよい。　(2) 解答例の他に下図のように磁石を置いてもよい。

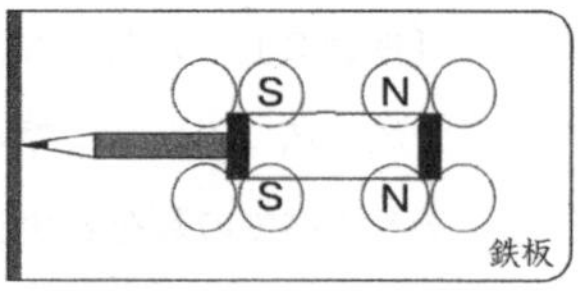


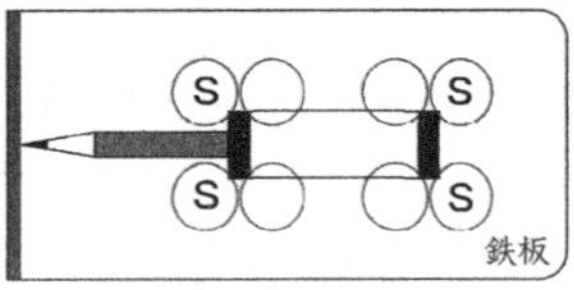


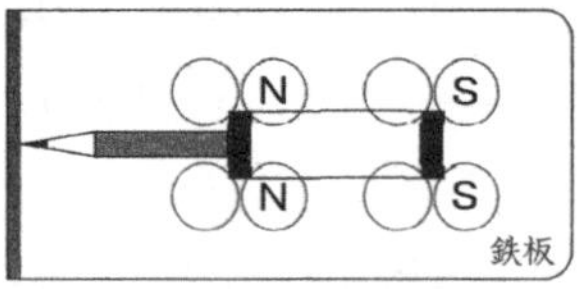


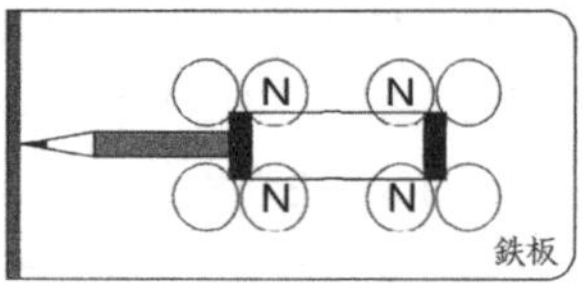


〔問題２〕(1) 表１のＡ方向が地面に平行なときの記録に着目する。１辺が１cm の正方形のシートの面積は１×１＝１(cm²)で，このときの記録は０個(０ｇ)，１辺が２cm の正方形のシートの面積は２×２＝４(cm²)で，このときの記録は２個(20ｇ)，１辺が３cm の正方形のシートの面積は３×３＝９(cm²)で，このときの記録は５個(50ｇ)である。１辺が３cm以下の正方形では，つりさげることができる最大の重さはシートの面積に比例するので，１辺が２cmの正方形のシートと比べると 20÷４＝５(ｇ)，１辺が３cm の正方形のシートと比べると 50÷９＝5.5…(ｇ)までつりさげることができる。したがって，１辺が１cm の正方形について，２ｇのおもりでの記録は２個と考えられる。
(2) ①(表２の１番下の記録)よりも②(表２の真ん中の記録)の方が記録が大きい。このように記録の大きさにちがいが出るのは，シートのＮ極とＳ極が図 10 のように並んでおり，２枚のシートのＡ方向がそろっていると，ほとんどの部分でＮ極とＳ極が引き合うが，２枚のシートのＡ方向がそろっていないと，引き合う部分としりぞけ合う部分ができるからである。なお，表２の１番上の記録よりも②の方が記録が大きいのは，②では，おもりをつけたシートが下にずれようとするとき，それぞれの極が，黒板に貼りつけたシートから上向きの引きつける力と上向きのしりぞける力を受けるためである。

# 武蔵高等学校附属中学校　2021 令和3年度　適性検査Ⅲ

## 《解答例》

[1] 〔問題１〕立体②の体積は，立体③の体積の…３　立方体①の１辺の長さ…10　立体③の底面の正方形の１辺の長さ…５

〔問題２〕面のぬり方…720　説明…まず，二つの底面は同じ色なので，ぬり方は５通りある。ルールの中の例のように，回転させていっちするぬり方は同じなので，側面の一つを固定して考えると，残り三つの側面のぬり方は，一つは残りの３色から，一つは残りの２色から，一つは残りの１色をぬるので，３×２×１＝６（通り）である。さらに，４か所の内部の面の色のぬり方は，４種類のちがう色をぬるので４×３×２×１＝24（通り）である。よって，求める色のぬり方は５×６×24＝720（通り）である。

〔問題３〕

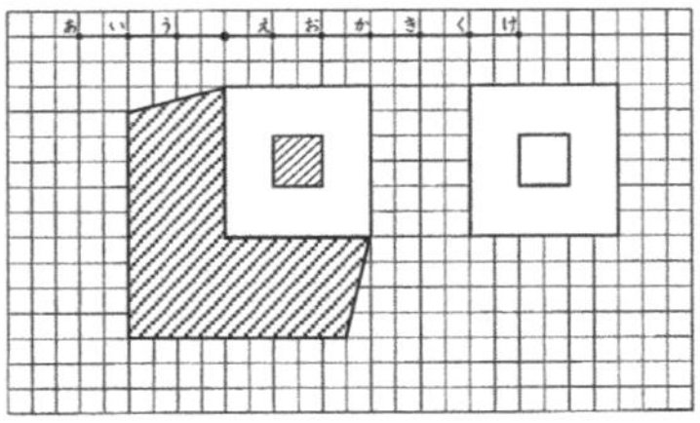


電灯⑧の位置…き　かげの部分の面積…1600

〔別解〕

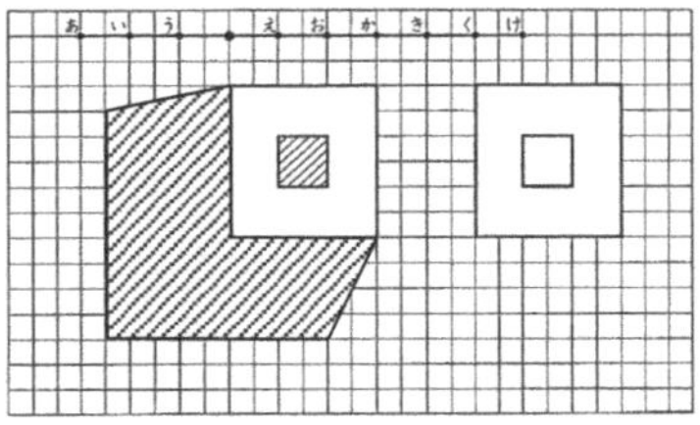


電灯⑧の位置…く　かげの部分の面積…1787.5

[2] 〔問題１〕（あきおさんを選んだ場合の例文）…アンケートで，クマゼミだけでなく他のセミについて調べ，今年だけでなく去年やおととしについても調べる。

〔問題２〕（クマゼミを選んだ場合のグラフ）…右グラフ

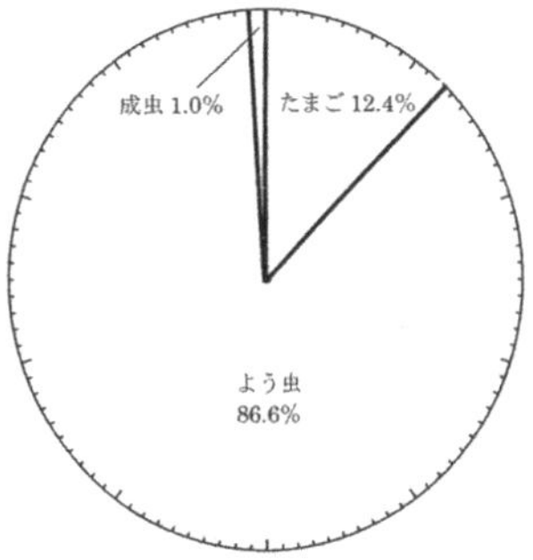


〔問題３〕（図２を選んだ場合の例文）…グラフがだんだんと右に下がっているため，年間の平均しつ度がだんだんと下がってきていることが分かる。

（図３を選んだ場合の例文）…しつ度43%にした方では，どの日数でもクマゼミのふ化率がアブラゼミより高いため，しつ度の低いかん境でのふ化に適していることが分かる。　考えた仮説…しつ度が下がってきたことが，しつ度の低いかん境でのふ化に適したクマゼミが増えた原因ではないか。

## 《解　説》

[1] **〔問題１〕**　立方体①の体積を１として考える。②と⑤の体積は，立方体①の体積の半分だから，$\frac{1}{2}$である。

④は①と底面積が同じで高さが①の$\frac{1}{3}$だから，体積は$\frac{1}{3}$である。よって，③の体積は$\frac{1}{2}-\frac{1}{3}=\frac{1}{6}$である。

したがって，②の体積は③の体積の，$\frac{1}{2}\div\frac{1}{6}=3$（倍）である。

②と③は高さが等しいので，底面積の比は体積の比に等しく，３：１である。

よって，②と③をあわせた立体と，③の底面積の比は，（３＋１）：１＝４：１

対応する辺の長さの比がａ：ｂの図形の面積比は（ａ×ａ）：（ｂ×ｂ）であり，４：１＝（２×２）：（１×１）だから，②と③を合わせた立体の底面の正方形の１辺の長さ（①の１辺の長さ）と③の底面の正方形の１辺の長さの比は，２：１だとわかる。したがって，①の１辺の長さを10㎝～15㎝の整数として，③の底面の正方形の１辺の長さをその半分とすればよいので，解答例以外でも，例えば，（①の１辺の長さ，③の底面の正方形の１辺の長さ）は，（11㎝，5.5㎝），（12㎝，６㎝），…のように，条件に合う組み合わせであればよい。

〔問題２〕　解答例のように，側面または内側の面を一つ固定して考えるとよい。
２つの底面のぬり方は５通りあり，その５通りそれぞれに対して側面のぬり方が６通りあり，その６通りにそれぞれ対して内側の面のぬり方が 24 通りあるから，求めるぬり方を５×６×24 で求めることができる。

〔問題３〕　まず，図５のかげの面積を求める。

図ｉ
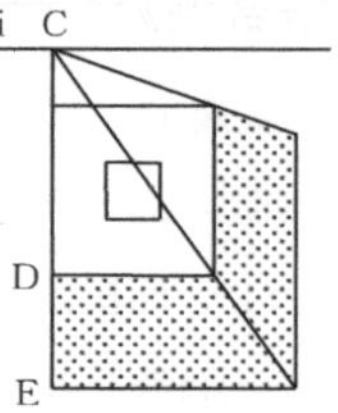


立体⑥の内部の面に囲まれた方眼紙の部分の面積は 10×10＝100(cm²)である。
それ以外のかげを，右図ｉのように２つの台形にわけて考えると，
かげの面積の合計は，100＋(30＋45)×20÷２＋(30＋45)×15÷２＝1412.5(cm²)
「え」と「お」の真ん中の点をMとする。電灯⑧の位置が「か」のとき，Cと「か」はMを中心に対称な点となるので，できるかげも対称となり，面積は 1412.5 cm²となる。「え」と「お」はこれより明らかに小さくなる。よって，電灯⑧はCより左側か，「か」より右側の位置にあるとわかる。Cより左側にあると立体⑥のつくるかげが立体⑦にかかるかもしれないので，「か」より右側の位置にある場合から考える。

図ⅱ
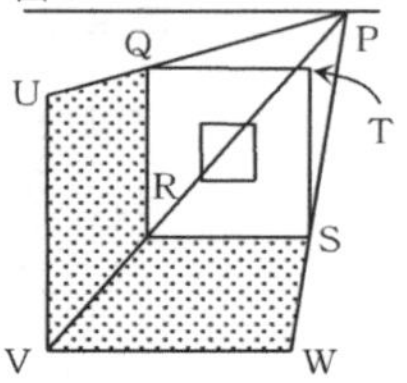


「か」より右側の位置にある場合，右図ⅱのようになるので，色付き部分の面積が 1400 cm²以上 1700 cm²以下となる電灯⑧の位置を考える。
三角形ＰＵＶと三角形ＰＱＲ，三角形ＰＶＷと三角形ＰＲＳはそれぞれ同じ形の三角形であり，図６より，ＰＶ：ＲＶ＝ＧＣ：ＦＤ＝60：20＝３：１だから，ＰＶ：ＰＲ＝３：(３－１)＝３：２であることに注意して，(台形ＲＶＷＳの面積)＋(台形ＱＵＶＲの面積)で求める。
条件に合うのは電灯⑧の位置が「き」または「く」にあるときであり，「き」にあるときのかげの面積は 1600 cm²,「く」にあるときの面積は 1787.5 cm²となる。
なお，「き」，「く」それぞれとMに対して対称な「う」，「い」の位置に電柱⑧があっても，かげの面積は条件を満たすが，かげが立体⑦にかかるので条件に合わない(「う」にある場合はかげが立体⑦に接する)。

2　〔問題１〕　クマゼミが他のセミよりも増えていることを調べるので，２人とも，クマゼミ以外のセミについても調べる必要がある。また，あきおさんはアンケートを取っているので，だんだんクマゼミの数が増えてきたことを調べるために，去年やおとといについても調べることができる。

〔問題２〕　１年→12 か月，７年→84 か月より，クマゼミの一生は 12＋84＋１＝97(か月)である。卵が 12÷97×100＝12.37…→12.4%，幼虫が 84÷97×100＝86.59…→86.6%，成虫が１÷97×100＝1.03…→1.0%となる。また，モンシロチョウの一生は５＋12＋10＋14＝41(日)である。卵が５÷41×100＝12.19…→12.2%，幼虫が 12÷41×100＝29.26…→29.3%，さなぎが 10÷41×100＝24.39…→24.4%，14÷41×100＝34.14…→34.1%となる。

〔問題３〕　図１，４は気温，図２，３は湿度，図５は土の硬さに関する図である。これらのうち，２つを選んでクマゼミが増えた原因を説明する。２つの資料を組み合わせて説明しやすい図２，３を選ぶとよい。図２より湿度が下がってきたこと，図３より湿度が低い方がクマゼミがふ化しやすく，アブラゼミがふ化しにくいことが分かるので，これらを組み合わせて仮説を考える。なお，湿度が下がると土が硬くなると考えられるから，図３のかわりに図５を選び，読み取れることを「クマゼミのよう虫は，土のかたさが比かく的かたくても１時間以内に土の中にもぐることができた割合が高いため，アリなどに食べられにくくなることが分かる。」とし，考えた仮説を「しつ度が下がってきたことが，かたい土の中にもぐるのに適したクマゼミが増えた原因ではないか。」などとしてもよい。

# 武蔵高等学校附属中学校　2020 令和2年度　適性検査Ⅰ

## 《解答例》

1 〔問題１〕藤丸は作者から見た言い方で、藤丸さんは本村さんから見た言い方だというちがいをはっきりさせるため。

〔問題２〕のびやかで、鋭い観察眼を持ち、相手をそのまま受け止めるような、おおらかで優しい

〔問題３〕(例文)

文章１では、「ちがい」に対して気味悪く感じることがあっても、よく観察・分析し、自分との共通点を見つけて相手を受け入れ、思いやることが必要だとしている。文章２では、自分とちがういきものに対して、なぜそういう格好や生き方をしているのかを追究し、それぞれのちがいに感動し、おもしろさを感じている。また、それによって広く深いものの見方ができるようになると考えている。

みなが全く同じになってしまったら、新しいアイデアや行動が生まれない。すると、何か困難な状きょうにおちいった時に、だれも対処できない、新たな発展が望めないといった問題が起こると思う。

学校のなかにはさまざまな考え方を持った人がいる。その考え方の「ちがい」を生かすために、文化祭や体育祭の計画を立てる時には、いろいろな人の意見を聞き、それをまとめる役をしようと考えた。人前で話すのが苦手な人は話し合いの場で意見を言えないことがあるので、必ずアンケートをとり、はば広く意見をくみ上げるようにしたい。

## 《解　説》

1 〔問題１〕　傍線部㋑のある段落全体を見てみよう。「それにしても，藤丸さんはすごい。と本村は思った」で始まり，その後も本村が思ったこと(本村の心の中の言葉)が語られている。それらは，本村のせりふとして「カッコ」をつけて解釈することができる。つまり，本村にとっての呼び方を表すときに「藤丸さん」と書かれているのだ。それ以外の地の文では「藤丸」と表現している。

〔問題２〕　傍線部㋒の直後で「そうすることで，不思議に広く深く，静かなものの見方ができるようになるだろう」と述べている。この「広く深く，静かなものの見方」にあたる内容を，文章１からさがす。それは，藤丸のものの見方である。よって，本村が藤丸について「なんてのびやかで，でも鋭い観察眼なんだろう」「いろいろ考えて，最終的には相手をそのまま受け止めるのだろう。おおらかで優しいひとだから」と思っている部分(傍線部㋑のある段落)を用いてまとめよう。

〔問題３〕　文章１では，「ちがい」に対する向き合い方として，「自分の理解が及ばないもの，自分とは異なる部分があるものを，すぐに『気味が悪い』『なんだかこわい』と締めだし遠ざけようとしてしまう」ことを「悪いところ」だとし，「ちがいを認めあうためには，相手を思いやる感情が不可欠だ」と述べている。そのためには，本村が「同じ地球上で進化してきた生き物だから，当然ながら共通する点も多々あるのだ」と思ったように，共感できる部分を見つけることも第一歩となる。そのように，「感情と思考」によって，また，「理性と知性」によって，自分とはちがう人のことを理解しようとするのである。文章２では，「ちがい」に対する向き合い方として，「あらゆるいきものにはそれぞれに生きる理由がある」ということを知る，具体的には「こんな生き方もできるんだなあ，そのためにはこういう仕組みがあって，こういう苦労があるのか～それでやっと生きていられるのか」などを理解することを取り上げている。すると，「感激」したり「感心」したりして，「生物多様性」の大切さがわかるように

なるのである。つまり，文章２の筆者のように「いきものは全部，いろいろあるんだな，あっていいんだな」「それぞれに，それぞれの生き方があるのだ」というとらえ方になる。これらの内容をふまえると，「『ちがい』がなく，みなが全く同じ」になってしまったら，相手の気持ちを察することができなくなったり，一つのあり方しか認めないせまい心になったり，いろいろな視点でものを考えることができなくなったりするのだろうと想像できる。それらが引き起こす問題を第二段落で取り上げよう。第三段落では，「『ちがい』を生かして活動していく」際に，どのように「ちがい」を生かせばより良い活動になるのか，そのために自分はどうするべきかを考える。文章１，文章２で読み取った「ちがい」に対する姿勢を参考にしながら，学校生活の具体的な場面を思いうかべてみよう。

《解答例》

1 〔問題１〕①25　②10　③15　④10　〔問題２〕必要なパネルの台数…４　説明…横向きの画用紙は，パネル１面に最大で８枚はることができるので，１面に８枚ずつはると，４面で 32 枚はることができる。残りの６枚は，１面ではれるので，合わせて５面使う。縦向きの画用紙は，パネル１面に最大で９枚はることができるので，１面に９枚ずつはると，２面で 18 枚はることができる。残りの３枚は，１面ではれるので，合わせて３面使う。したがって，すべての画用紙をはるのに８面使うから，パネルは４台必要である。

〔問題３〕アに入る数…４　イに入る数…２　ウに入る数…３　エに入る数…２　オに入る数…４〔別解〕２

2 〔問題１〕⑴選んだ年代…Ａ　28.4／18.6

⑵右図

〔問題２〕⑴選んだ漁業…ア　図３…Ｇ

⑵[理由１]…数十年きぼに起こる海水温の変動の中で，1990 年代いこうは海水温が温かくなったため。

[理由２]…魚をとりすぎないように法りつが制定され，サバなどいくつかの魚の種類については，１年間にとる量が決められたから。

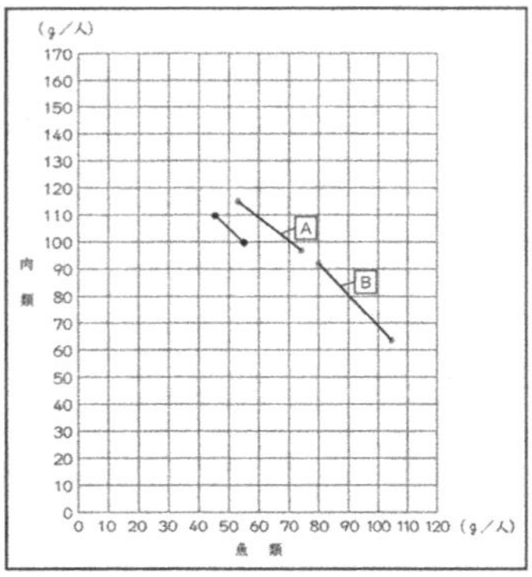

Ｃを選んだ場合の図

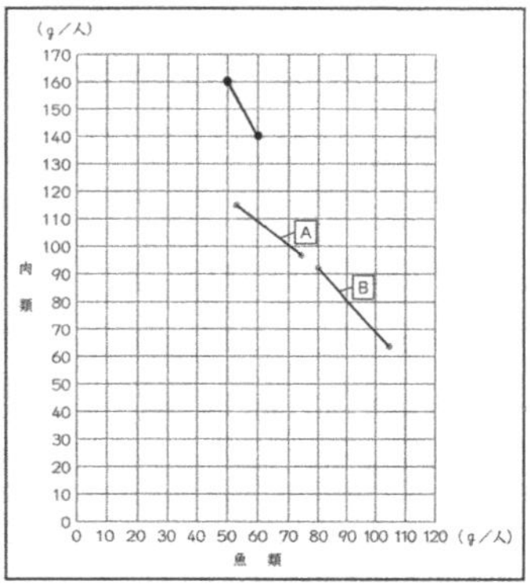

Ｄを選んだ場合の図

〔問題３〕選んだ記号…Ｋ　[問題点とその理由]…養しょく場がせまいと，魚の運動量が減り，あぶらっこい肉質になってしまうから。　[取り組み]…より広い養しょく場にして，魚の運動量を増やす。

3 〔問題１〕選んだプロペラ…Ａ　示す値のちがい…13.3　〔問題２〕⑴モーター…ウ　プロペラ…Ｈ

⑵選んだ予想…①　予想が正しくなる場合…ありません　理由…Ｅ，Ｆ，Ｇ，Ｈのどのプロペラのときでも，アとイのモーターの結果を比べると，アのモーターの方が軽いのに，かかった時間が長くなっているから。

〔問題３〕⑴×　⑵車が前に動く条件は，㋐が $50^\circ$ から $80^\circ$ までのときで，さらに，㋐と㋑の和が $100^\circ$ か $110^\circ$ のときである。

《解　説》

1 **〔問題１〕**　パネルの横の長さは 1.4ｍ＝140 cm，画用紙の横の長さが 40 cmだから，140÷40＝３余り 20 より，横にはれる枚数は最大で３枚である。また，パネルの縦の長さは２ｍ＝200 cm，画用紙の縦の長さが 50 cmだから，200÷50＝４より，長さ③と④が０cmのとき，縦に４枚はれるが，長さ③と④はそれぞれ５cm以上だから，縦にはれる枚数は最大で３枚である。したがって，６＝２×３より，画用紙のはり方は右図Ⅰ，Ⅱの２通り考えられる。

図Ⅰ

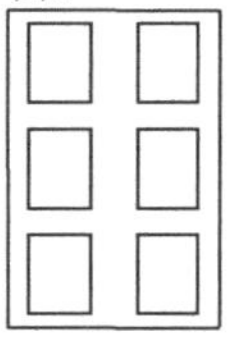

図Ⅱ

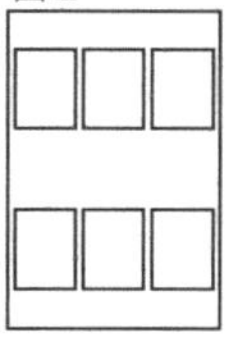

図Ⅰの場合について考える。横にならぶ画用紙の横の長さの和は，40×２＝80(cm)だから，長さ①と②の和は，140－80＝60(cm)である。例えば，長さ②を 10 cmとすると，

長さ①は(60−10)÷2＝25(cm)となる。縦にならぶ画用紙の縦の長さの和は，50×3＝150(cm)だから，長さ③と④の和は，200−150＝50(cm)である。例えば，長さ④を10 cmとすると，長さ③は(50−10×2)÷2＝15(cm)となる。また，他の長さ①と②，長さ③と④の組み合わせは右表のようになる。

図Ⅰの場合

| 長さ① | 長さ② |
|---|---|
| 5 | 50 |
| 10 | 40 |
| 15 | 30 |
| 20 | 20 |
| 25 | 10 |

| 長さ③ | 長さ④ |
|---|---|
| 5 | 20 |
| 10 | 15 |
| 15 | 10 |
| 20 | 5 |

(単位：cm)

同様に図Ⅱの場合も求めると，右表のような組み合わせが見つかる。

図Ⅱの場合

| 長さ① | 長さ② |
|---|---|
| 5 | 5 |

| 長さ③ | 長さ④ |
|---|---|
| 5 | 90 |
| 10 | 80 |
| 15 | 70 |
| 20 | 60 |
| 25 | 50 |
| 30 | 40 |
| 35 | 30 |
| 40 | 20 |
| 45 | 10 |

(単位：cm)

ただし，作品の見やすさを考えると，長さ①よりも長さ②の方がかなり長い，または，長さ③よりも長さ④の方がかなり長いはり方は，しない方がよいであろう。

**〔問題２〕**　横向きの画用紙は，140÷50＝2余り40より，横に2枚はって，長さ①と②の和が40 cmとなればよい。このとき長さ②は1か所だから，長さ①＝10 cm，長さ②＝20 cmなどが考えられる。したがって，横には最大で2枚はれる。また，横向きの画用紙は，200÷40＝5より，縦に4枚はって，長さ③と④の和が40 cmとなればよい。このとき長さ③は3か所だから，長さ③＝10 cm，長さ④＝5 cmとできる。したがって，縦には最大で4枚はれる。よって，パネルの1面に横向きの画用紙は，最大で4×2＝8(枚)はれる。38÷8＝4余り6より，横向きの画用紙を全部はるのに，4＋1＝5(面)必要となる。

縦向きの画用紙は，〔問題１〕の解説より，パネルの1面に最大で3×3＝9(枚)はれるとわかる。21÷9＝2余り3より，縦向きの画用紙を全部はるのに，2＋1＝3(面)必要となる。

パネル1台に2面ずつあるから，求める必要なパネルの台数は，(5＋3)÷2＝4(台)である。

**〔問題３〕**　〔ルール〕の(3)について，サイコロで出た目の数に20を足して，その数を4で割ったときの余りの数を求めるが，20は4の倍数だから，サイコロの目に20を足して4で割っても，サイコロの目の数を4で割っても余りの数は同じになる。

先生のサイコロの目は，1，2，5，1だから，進んだ竹ひごの数は，5÷4＝1余り1より，1，2，1，1である。したがって，**あ→え→う→い→う**となり，**い**でゲームが終わる。よって，先生の得点は，1＋2＋1＝ア4(点)となる。

サイコロを4回ふってゲームが終わるのは，4回目に**か**に着くか，4回目に一度通った玉にもどる目が出たときである。このことから，1回目に**い**，**う**，**え**，**お**のいずれかに進んだあとは，**い**，**う**，**え**，**お**のならびを時計周りか反時計回りに2つ進んだあとに，**か**に進むかまたは一度通った玉にもどる目が出たとわかる。したがって，1回目に進む玉で場合を分けて調べていき，3回目に進んだときの得点を求め，それが7点ならば，そこから一度通った玉にもどる目が出ることで条件に合う進み方になり，7点ではなくても，そこから**か**に進むことで7点になれば，条件に合う進み方になる。

例えば，1回目に**い**に進んだ場合，3回目までは**あ→い→う→え**の3＋1＋2＝6(点)か**あ→い→お→え**の3＋0＋3＝6(点)となるが，ここから**か**に進んでも6＋0＝6(点)にしかならない。このため，この場合は条件に合わないとわかる。

このように1つ1つ調べていってもよいが，得点が7点であることから，1回進むごとに2点か3点ずつ増えたのではないかと，あたりをつけることもできる。このように考えると，1回目は**い**か**お**に進んだと推測できる。

**い**はすでに条件に合わないことがわかったので，**お**に進んだ場合を調べると，**あ→お→え→う**で得点が2＋3＋2＝7(点)になるとわかる。このあと，**あ**か**え**にもどる目が出ればよいので，サイコロの目はイ2，ウ3，エ2，オ4(オは2でもよい)となればよい。

なお，サイコロの目の数が6のときも，4で割った余りの数は2だから，2は6でもよい。

2 〔問題１〕⑴ ，A 40～49 才の場合，魚類が(74－53)÷74＝0.2837…より，28.4％の減少，肉類が(115－97)÷97＝0.1855…より，18.6％の増加になる。 B 60～69 才の場合，魚類が(105－80)÷105＝0.2380…より，23.8％の減少，肉類が(92－64)÷64＝0.4375 より，43.8％の増加だから，解答は「魚の消費量は 23.8％減少している一方，肉の消費量は 43.8％増加している。」になる。

⑵ 図２上で，肉類の消費量の目もりを左から右へ左手でたどっていき，魚類の消費量の目もりを下から上へ右手でたどっていって，両方の指がめぐり合うマス目がその年の消費量となる。

〔問題２〕⑴ お父さんの言葉に着目する。遠洋漁業(ア)は，「1950 年ころから急速に生産量を増やしてきた」「1973 年ころから船の燃料費が大きな負担となったことや，1977 年ころから…200 海里の海で…魚の種類や量をきびしく制限するようになったことなどにより，生産量は急速に減った」とあるから，G と判断する。沿岸漁業(イ)は，「あまり燃料の石油の値上がりにはえいきょうを受けず，生産量はほぼ横ばいのような状態…自然かん境の変化などで 1985 年ころから少しずつ減少けいこうにある」とあるから，E と判断する。F は沖合漁業，H は養しょく業。

⑵ F の沖合漁業について，武蔵さんが「マイワシ，サバなどをとる」，お父さんが「数十年規模で起こる海水温の変動の中で，1990 年代以降は海水温が温かくなったため，寒冷を好むマイワシの生産量が減少した」と言っている。そのことを踏まえて表２を見て，1988年に海水温の上しょうでマイワシのち魚の死亡率が上がったこと，1996年に法律が制定され，魚のとりすぎを防ぐため，サバなどの１年間にとる量が決められたことに結びつける。

〔問題３〕 Ｉの安全性を選んだ場合は，解答例の問題点とその理由を「魚が密集していると病気に感せんしやすくなるから。」とすれば良い。また，取り組みについて，解答例の他に「水産用医薬品の使用を縮小し，国の承認や検定をうけた配合飼料等や病気予防のためのワクチンを使用する。」なども考えられる。

3 〔問題１〕 A．123.5－(54.1＋48.6＋7.5)＝13.3(g) B．123.2－(54.1＋48.6＋2.7)＝17.8(g)
C．120.9－(54.1＋48.6＋3.3)＝14.9(g) D．111.8－(54.1＋48.6＋4.2)＝4.9(g)

〔問題２〕⑴ 表５で，５ｍ地点から 10ｍ地点まで(同じきょりを)走りぬけるのにかかった時間が短いときほど車の模型が速く走ったと考えればよい。 ⑵ ①…モーターはアが最も軽いが，プロペラがＥとＦのときにはイ，プロペラがＧのときにはイとウ，プロペラがＨのときにはウが最も速く走ったので，予想が正しくなる場合はない。②…プロペラの中心から羽根のはしまでの長さは長い順にＨ，Ｇ，Ｆ，Ｅで，これはモーターがウのときの速く走った順と同じだから，予想が正しくなる場合がある。

〔問題３〕⑴ ㋐が 60°で，㋐と㋑の和が 70°になるのは，㋑が 70－60＝10(°)のときである。したがって，表６で，㋐が 60°，㋑が 10°のときの結果に着目すると，×が当てはまる。 ⑵ ⑴のように考えて表７に記号を当てはめると，右表のようになる。車が前に動くのは記号が○のときだけだから，○になるときの条件をまとめればよい。

| | | ㋐と㋑の和 | | | | | |
|---|---|---|---|---|---|---|---|
| | | 60° | 70° | 80° | 90° | 100° | 110° |
| ㋐ | 20° | × | × | × | × | | |
| | 30° | × | × | × | × | × | |
| | 40° | × | × | × | △ | △ | △ |
| | 50° | × | × | × | △ | ○ | ○ |
| | 60° | | × | × | △ | ○ | ○ |
| | 70° | | | × | △ | ○ | ○ |
| | 80° | | | | △ | ○ | ○ |

## 《解答例》

1 〔問題1〕[紙の縦の長さ，紙の面積]　[10, 23.6076]／[9, 19.122156]／[8, 15.108864]／[7, 11.567724]／[6, 8.498736]／[5, 5.9019] のうち1つ

〔問題2〕(1)右図　(2)紙の横の長さ…15

方眼紙

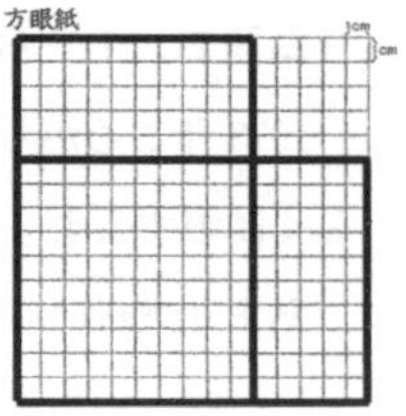

説明…たての長さは10㎝だから，⑦の面積は10×10÷2＝50㎠

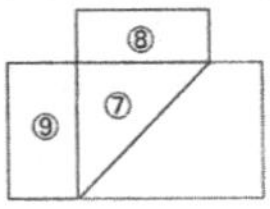

左の図のように⑧と⑨の部分をつなげると，この四角形の面積は50㎠になる。四角形のたての長さは10㎝だから，横の長さは50÷10＝5㎝
長方形の横の長さは四角形の横の長さと直角三角形の1辺を足したものだから，5＋10＝15㎝

〔問題3〕

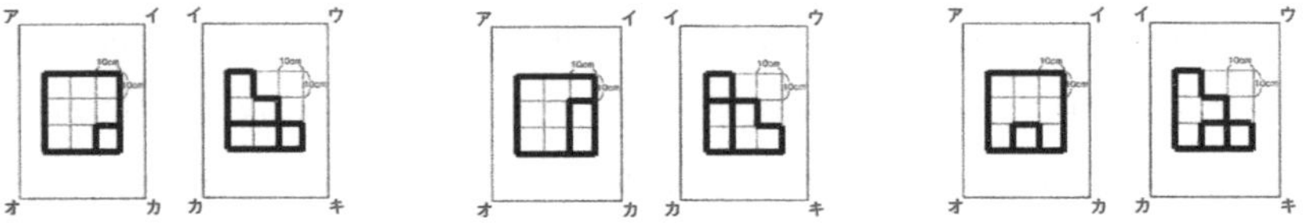


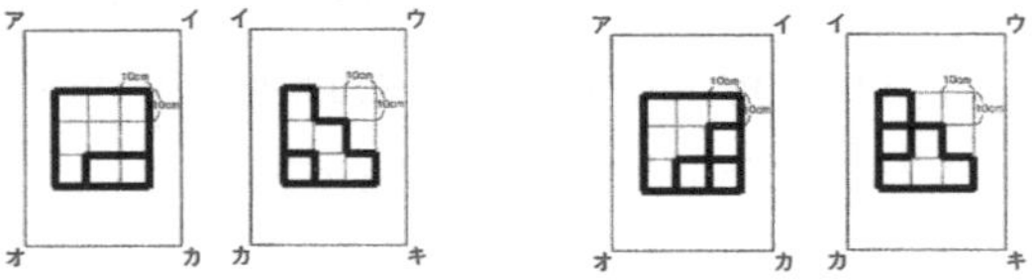


のうち1つ

2 〔問題1〕①17　②68　③18　④52　⑤40

〔問題2〕「図2より，仮説1は正しくない。」とした場合の理由…でたらめに移動しているのなら，いろいろな移動角度のヒキガエルがいるはずだが，三日間のどの日を見ても，移動角度の小さいヒキガエルが他よりも多いので，ヒキガエルは池の方に向かって移動していると考えられるから。

〔問題3〕仮説4を選んだ場合…[実験方法／仮説が正しい場合の結果／仮説が正しくない場合の結果]　[池と池の周りの上を布などでおおって，空が見えない状態にする。／でたらめに移動していく。／池の方に向かって移動していく。]

## 《解　説》

1 **問題1**　右図のように記号をおく。AB：AD＝1：1.618なので，AB：GH＝AB：ED＝AB：(AD－AE)＝AB：(AD－AB)＝1：(1.618－1)＝1：0.618

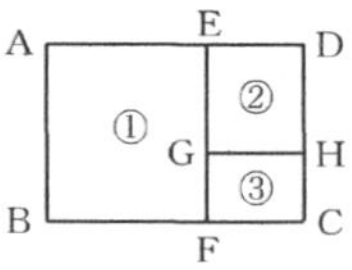


また，AB：GF＝AB：(EF－EG)＝AB：(AB－ED)＝1：(1－0.618)＝1：0.382

よって，長方形(③)の縦，横の長さはそれぞれ，紙の縦の長さの0.382倍と0.618倍である。

紙の縦の長さは5㎝から10㎝の間の整数ならばどれでもよいが，計算を簡単にするために10㎝を選ぶとよい。

その場合，長方形(③)の縦の長さは10×0.382＝3.82(㎝)，横の長さは10×0.618＝6.18(㎝)となるので，面積は，3.82×6.18＝23.6076(㎠)となる。

**問題2(1)**　右図Ⅰのように，2枚の紙のうち，片方の縦の辺，横の辺がそれぞれ，もう片方の横の辺，縦の辺と重なるような重ね方にすると考えやすい。紙の短い方の辺の長さを1とする。このとき，④は1辺の長さが1の正方形であり，⑤と⑥は合同である。図Ⅰの⑥を矢印の向き

図Ⅰ

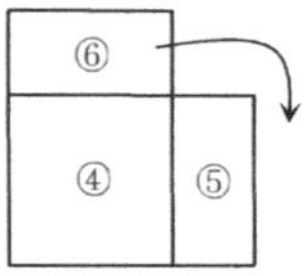


図Ⅱ

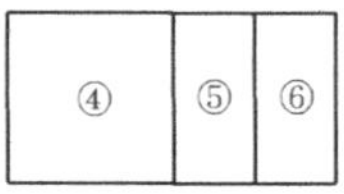

に移動させると，図Ⅱのようになるので，④の面積と⑤と⑥の面積の和とが同じになるとき，⑤と⑥を合わせた図形は，④と合同である。よって，図Ⅱについて，⑤と⑥の横の長さの和は１だから，⑤の横の長さは $1\div2=\frac{1}{2}$ である。したがって，紙の長い方の辺の長さは $1+\frac{1}{2}=\frac{3}{2}$ となるので，紙の長い方と短い方の辺の長さの比が $\frac{3}{2}:1=3:2$ となればよい。あとは，紙の面積が 80 cm²以上 200 cm²以下となることに気をつけると，解答例のような 15 cm×10 cmの長方形の重ね方が見つかる。解答例以外にも，12 cm×８cmの長方形にするなど，他にもたくさんの重ね方がある。

(2)　(1)の解説のように⑧と⑨を合わせた長方形の面積が⑦の面積に等しいことを利用すると，解答例のように説明できる。

**問題３**　１辺が 10 cmの立方体の体積は，10×10×10＝1000(cm³)だから，できあがる立体模型は１辺が 10 cmの立方体を 15000÷1000＝15(個)組み合わせてできている。

図Ⅰのように１辺が 10 cmの立方体が 27 個でできた立方体ついて，立体模型に使われている 15 個の立方体はどれなのかを考える。一番後ろ(A)，真ん中(B)，一番手前(C)でそれぞれ９個の立方体にわけて考え，必ず使われている立方体を色つきで表すと，Aは図Ⅱ，Bは図Ⅲ，Cは図Ⅳのようになる。また，図Ⅲ，Ⅳの立方体㋐，㋑，㋒，㋓は，平面アイウエ，エクオア，ウキクエの情報では使われているかどうかわからない。図Ⅱ，Ⅲ，Ⅳについて，必ず使われている立方体を合わせると，図Ⅴのようになる(斜線部分は使われているかわからない立方体)。必ず使われている立方体は全部で 13 個あるので，立方体㋐，㋑，㋒，㋓のうち，15－13＝２(個)が使われることになる。また，立方体㋐，㋒が使われる場合は，図Ⅳの立方体㋔が他の立方体と面で重なることがないので，１つの立体にならない。他の組み合わせのときはすべての立方体が１つになるので，使われる立方体の組み合わせは，㋐と㋑，㋐と㋓，㋑と㋒，㋑と㋓，㋒と㋓の５通りあるので，解答例のようになる。

図Ⅰ
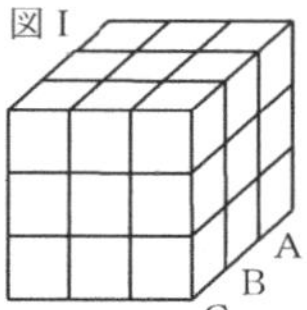


図Ⅱ
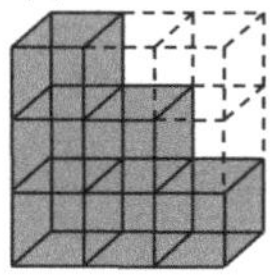

図Ⅲ
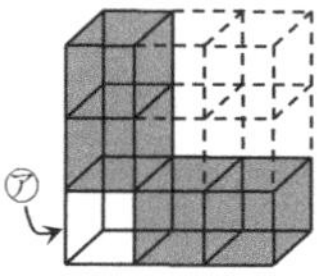


図Ⅳ
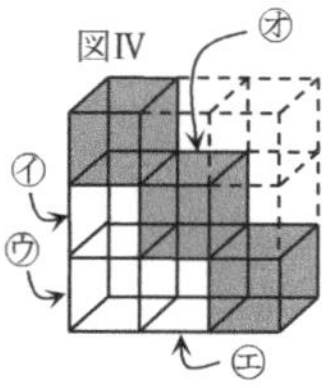


図Ⅴ
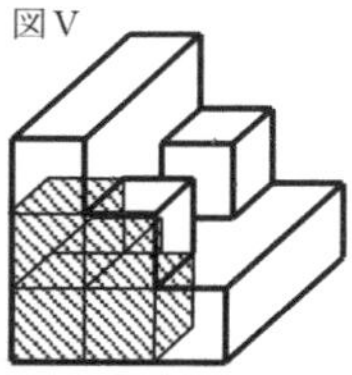

2　著作権に関係する弊社(へいしゃ)の都合により図を非掲載(ひけいさい)としておりますので，解説を省略させていただきます。ご不便をおかけし申し訳ございませんが，ご了承(りょうしょう)ください。

# 武蔵高等学校附属中学校　2019 平成31年度　適性検査Ⅰ

## 《解答例》

1 〔問題1〕本を読み通すだけでなく、積極的に調べたり、ちがう本を読んだりする

〔問題2〕本の内容が二十年後にも通用するという見通しをもって書くようにする

〔問題3〕（例文）

「子ども向けの本としてはつまらない本になってしまう」という点が誤解だと思います。

かこさんは、「まず原理原則を子どもさんにわかるようにしてもらおうと考えました。」、「順を追ってゆっくりと記述しながら、だんだんと遠い宇宙へ一緒に旅をするということを心がけました。」と述べています。また、科学の本の軸にしたいこととして、「おもしろさ」と「総合性」と「発展性」の三つを挙げる中で、「私は内容がよければよいほど、おもしろさというものが必要だと考えています。」と述べています。これらの考えをもとに書かれるから、つまらない本にはならず、わかりやすくておもしろい本になるはずです。

本を読んでおもしろいと感じ、関心や興味を持ったら、さらに他の本を読んだり、自分で考えを深めたりします。その際に、かこさんが挙げた「総合性」と「発展性」が大事になると考えました。だから私は、これから本を読むときに、本質や全体像をつかもうとする姿勢と、未来につなげて考える視点を持つことを心がけようと思います。

## 《解　説》

1 **〔問題1〕** まず、傍線部㋐の直後の「『もうやめなさい』とこちらが言いたくなるぐらいに熱中して、突き進んじゃう」ということになる。これにあたる内容を文章2の中から探す。子どもがおもしろさを感じるとどうなるかを述べているのは第2段落。「おもしろいというのは、一冊の本をよみ通し、よく理解してゆく原動力になるだけでなく、もっとよく調べたり、もっと違うものをよんだりするというように、積極的な行動にかりたてる」という部分からまとめる。

**〔問題2〕** かこさんが本を書くとき、子どもたちの将来を考えて、どのようなことを心がけているか。もっとも明確に述べているのが、文章1の、かこさんの最初の発言。「子どもさんが成人したときに、『なんだ、昔読んだ本と内容がちょっと違うじゃないか』なんてことになったら、大変問題になります」と、子どもたちの将来を考えている。そして「ですから、二〇年後にも通用するという見通しを持って書かなければいかん」とあるのが、そのためのかこさんの態度。よって、下線部を用いてまとめる。

**〔問題3〕** まず、ひかるさんが「それは誤解のような気がします」と言った、「それ」の指す内容を読み取る。それは、直前で友だちが言った「それだと(＝むずかしそうな専門知識を調べた上で本を作っていると)、私たち子ども向けの本としてはつまらない本になってしまう」ということ。この内容を第一段落に書く。次に、なぜそれが誤解なのか、実際はどうなのか、ということを、文章1と文章2の内容を用いて説明する。かこさんは、科学絵本を書くときに、たくさんの論文を読み込んで書く。しかし、そのことが絵本をむずかしくしているわけではなく、むしろ「まず原理原則を子どもさんにわかるようにしてもらおう」「順を追ってゆっくりと記述しながら」と、わかりやすく導く工夫がされている。そして、子どもたちが「真っ当な面白さ」にであえるように、「興味を持ってもらえればと思って」書いているのである。さらに、科学の本の軸にしたいという「おもしろさ」「総合性」「発

展性（てんせい）」のうち、「おもしろさ」について、「私は内容がよければよいほど、おもしろさというものが必要だと考えています」と述べている。つまり、かこさんは、わかりやすくおもしろい本にすることを心がけて書いているのである。ここから、「つまらない本になってしまう」とは言えないことを説明しよう。ここまでの内容をふまえて、本を読むときに何を心がけるべきか。ひかるさんは「かこさんの考えを知って、本を読むときに心がけたいこともできました」と言っているから、かこさんが本を書くときに大切にしていることを、自分が本を読むときに重ねて考えてみよう。

《解答例》

1 〔問題１〕
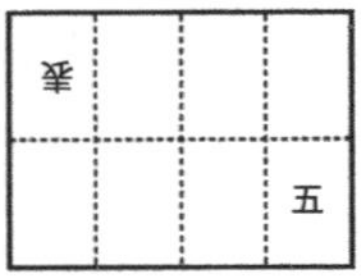

〔別解〕
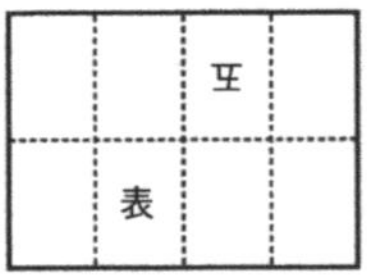


〔問題２〕約束２で表現したときの漢字と数字の合計の個数…44　漢字と数字の合計の個数が少ない約束…１
理由…このも様では、文字と数字でも様を表現するとき、列よりも行で表現したほうが、同じ色がより多く連続するため。

〔問題３〕「★」の位置に置くおもちゃの向き…
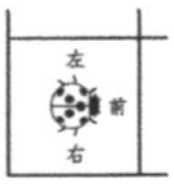

カードの並べ方…①②⑤④①②⑤①③①

〔別解〕「★」の位置に置くおもちゃの向き…

カードの並べ方…①③①②⑤①④②⑤①

2 〔問題１〕選んだ年代…40　順に 40，80，30，40，20
〔問題２〕⑴選んだ容器名…ペットボトル　図２の記号…Ａ　図３の記号…Ｅ
⑵紙パックは回収に出さずに、他の紙くずといっしょにごみとして出してしまうから。
〔問題３〕選んだ立場…市町村　理由１…ペットボトルの分別収集が始まったから。　理由２…ごみ出しを有料化したから。　理由３…ごみの分別をてっ底させているから。

3 〔問題１〕比べたい紙…プリント用の紙　基準にするもの…紙の面積　和紙は水を何倍吸うか…2.3
〔問題２〕選んだ紙…新聞紙　せんいの向き…Ｂ　理由…実験２の結果ではどちらの方向にも曲がっていないのでせんいの向きは判断できないが、実験３の結果より短ざくＢの方のたれ下がり方が小さいから、せんいの向きはＢ方向だと考えられる。
〔問題３〕⑴Ａ　⑵４回めのおもりの数が３回めより少ないので、なるべく紙がはがれにくくなるのりを作るために加える水の重さが、３回めの 70ｇと４回めの 100ｇの間にあると予想できるから。

《解　説》

1 **〔問題１〕**　図２のしおりの作り方より，しおりにする前の紙の真ん中の横の点線がしおりの上になるとすると，文字の向きは右図ｉのようになるとわかる。
右図ⅱの矢印で示したページを表紙とすると，１ページ目から，ＡＥＦＧＨＤＣＢとなるとわかるから，５ページ目はＨのページである。また，Ｆのページを表紙とすると，５ページ目はＣのページとなる。他に表紙にできるページはＨとＣのページがあり，それぞれ解答例の図を上下逆にしたものと同じになる。

図ｉ
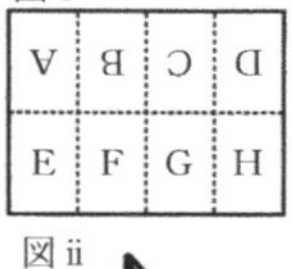


図ⅱ
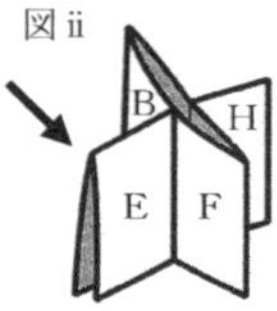

〔問題２〕　図９で表現された模様を図10に書きこむと，右図ⅲのようになる。したがって，約束２で表現すると，右図ⅳのようになるから，漢字と数字の合計の個数は，
５＋９＋７＋５＋５＋５＋５＋３＝44(個)である。
図９より，約束１で表現すると，漢字と数字の合計の個数は，
２＋３＋３＋４＋４＋４＋３＋２＝25(個)だから，約束１を使ったほうが表現する漢字と数字の合計の個数は少なくなる。

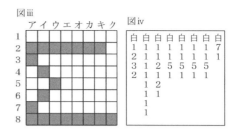

図ⅲ

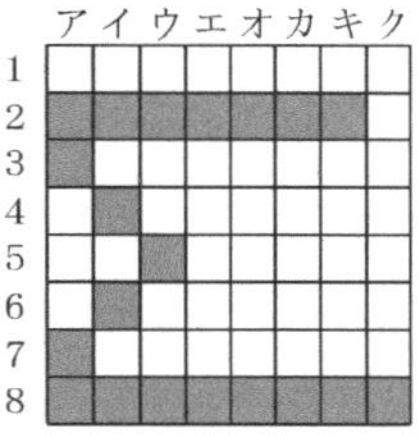


図ⅳ

| | | | | | | | |
|---|---|---|---|---|---|---|---|
| 白 | 白 | 白 | 白 | 白 | 白 | 白 | 白 |
| 1 | 1 | 1 | 1 | 1 | 1 | 1 | 7 |
| 2 | 1 | 1 | 1 | 1 | 1 | 1 | 1 |
| 3 | 1 | 2 | 5 | 5 | 5 | 5 | |
| 2 | 1 | 1 | 1 | 1 | 1 | 1 | |
| | 1 | 2 | | | | | |
| | 1 | 1 | | | | | |
| | 1 | | | | | | |
| | 1 | | | | | | |

〔問題３〕　「え」を通り「お」まで行くときの最短の行き方は，それぞれ右表のようになる。
このときのカードの並べ方を考えると表のようになり，それぞれ10枚で行けるとわかる。

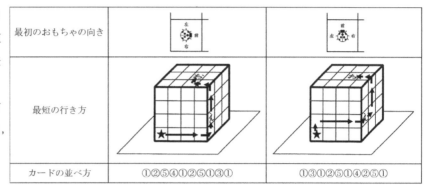

| | | |
|---|---|---|
| 最初のおもちゃの向き | 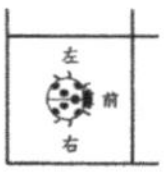 |  |
| 最短の行き方 | 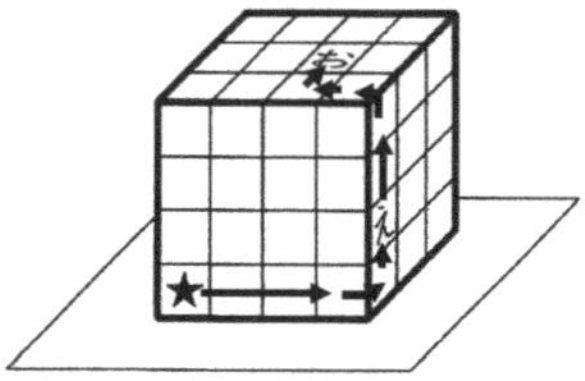 | 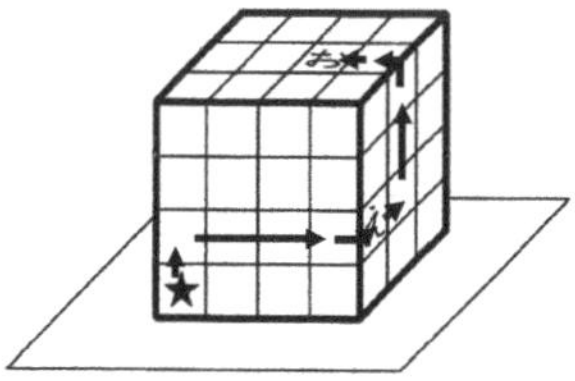 |
| カードの並べ方 | ①②⑤④①②⑤①③① | ①③①②⑤①④②⑤① |

なお，①②が連続して並んでいるところは，②①の順番でもよい。

2 〔問題１〕　60歳代を選んだ場合には，「いつも実施している」，「ある程度実施している」の割合を合わせると(60)歳代は(90)％をこえ，「あまり実施していない」，「ほとんど(全く)実施していない」の割合を合わせると20歳代は(30)％をこえるが，(60)歳代は(10)％にも満たない，という解答になる。

〔問題２〕(1)　武蔵さんがペットボトルについて，「はん売量は，2011年以降少しずつ減ってきたけれど，2016年には増えている」と言っていることからA，「回収率は2014年以降少しずつ下がってきている」と言っていることからEと判断する。「スチール缶」を選んだ場合には，武蔵さんが「はん売量は，2007年が一番多く，その後は毎年減ってきている」と言っていることからB，「リサイクル率は毎年ほとんど変わらず高く，2016年は他の容器と比べて一番高い」と言っていることからFと判断する。「アルミ缶」を選んだ場合には，武蔵さんが「はん売量は，2013年にはスチール缶のおよそ半分しかなかったけれど，2016年には３分の２以上になっている」と言っていることからC，「リサイクル率は2013年に一時下がったけれど，翌年から少しずつ高くなってきている」と言っていることからGと判断する。　(2)　武蔵さんが「牛乳などの紙パックも洗って，開いて，かわかしてから回収に出す…手間がかかるから，回収率は低い」「回収に出さずに，他の紙くずといっしょにごみとして出してしまうこともある」，お父さんが「他の容器に比べて回収場所が少ない」と言っていることに着目しよう。解答例のほか，「紙パックを回収に出す際に，洗って開いてかわかすといった手間がかかるから。」「紙パックの回収場所が，他の容器に比べて少ないから。」などでも良い。

〔問題３〕　図５より，容器包装のリサイクルを意識するようになった要因として「ペットボトルの分別収集が始まった」ことを答えた消費者の割合が 60%以上であること，お父さんが「それぞれの市町村が，ごみ出しを有料化することやごみの分別を徹底させている」と言っていることから，この部分にあわせてまとめよう。「生産者の立場」を選んだ場合には，図５より「商品に分別区分を示す表示を付けるようになったから。」という解答や，お父さんが「生産者も容器の素材や大きさを見直して…軽量化をはかっている…使い終わった容器をもう一度原料にもどして製品に再生する…努力もみられるようになった」と言っていることから，「容器の軽量化をはかっているから。」「リサイクル製品を作る努力がみられるようになったから。」などの解答を導く。

3　〔問題１〕　解答例のように，プリント用の紙で，紙の面積を基準にしたときは，面積１㎠あたりで吸う水の重さを比べればよい。和紙では $0.8\div40=\frac{0.8}{40}$(g)，プリント用の紙では $0.7\div80=\frac{0.7}{80}$(g)だから，和紙はプリント用の紙より水を $\frac{0.8}{40}\div\frac{0.7}{80}=2.28\cdots\to2.3$ 倍吸うと考えられる。また，プリント用の紙で，紙の重さを基準にしたときには，重さ１ｇあたりで吸う水の重さを比べればよい。和紙では $0.8\div0.2=4$(g)，プリント用の紙では $0.7\div0.5=1.4$(g)だから，和紙はプリント用の紙より水を $4\div1.4=2.85\cdots\to2.9$ 倍吸うと考えられる。同様に考えると，新聞紙では，面積を基準にしたときには 1.9 倍，重さを基準にしたときには 1.5 倍となり，工作用紙では，面積を基準にしたときには 0.5 倍，重さを基準にしたときには 3.2 倍となる。

〔問題２〕　紙には，せんいの向きに沿って長く切られた短冊の方が垂れ下がりにくくなる性質があるから，図５で，短冊Ｂの方が垂れ下がりにくいことがわかる新聞紙のせんいの向きはＢ方向である。同様に考えれば，プリント用の紙のせんいの向きはＡ方向である。また，水にぬらしたときに曲がらない方向がせんいの向きだから，図３より，せんいの向きは，プリント用の紙はＡ方向，工作用紙はＢ方向である。どの紙について答えるときも，実験２の結果と実験３の結果のそれぞれについてふれなければいけないことに注意しよう。

〔問題３〕　表２では，加える水の重さが重いほどおもりの数が多くなっているので，４回めに加える水の重さを 100ｇにしたとき，おもりの数が 53 個より多くなるのか少なくなるのかを調べ，多くなるようであれば５回めに加える水の重さを 100ｇより重くし，少なくなるようであれば５回目に加える水の重さを 70ｇと 100ｇの間にして実験を行えばよい。したがって，⑴はＡかＤのどちらかを選び，Ｄを選んだときには，⑵の理由を「４回めのおもりの数が３回目より多いので，なるべく紙がはがれにくくなるのりを作るために加える水の重さが４回めの 100ｇより重いと予想できるから。」などとすればよい。

《解答例》

1 〔問題１〕⑴ 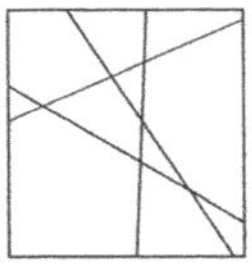 分けられる部分の数…11

⑵分けられる部分の数…８　説明…正方形の紙の中で、直線が交差しないように７本の線を引く。

〔問題２〕元の大きさに開いた図… 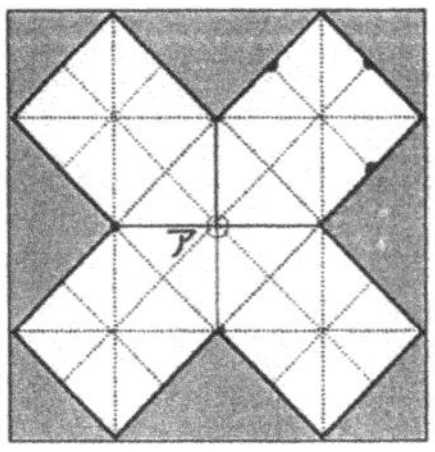

アをふくむ紙の面積…250

〔問題３〕面の数…20　説明…正三角柱の頂点を切りはなしてできた立体の面の数は、正三角柱の面の数と頂点の数を足したものと同じになる。正三角柱の面の数は５、頂点は６だから、切りはなしてできた立体の面の数は11になる。また、頂点の数は正三角柱の辺の数と同じだから九つある。この立体にもう一度同じことをすると、面の数は11＋９で20になる。

2 〔問題１〕⑴①～⑨の紙をそれぞれ別の試験管に入れた水であらい、あらった液をじょう発皿の上でかんそうさせる。

⑵⑦と⑧に無色の薬品Ｘが残り、②と③に無色の薬品Ｙが残る。

〔問題２〕⑴右図

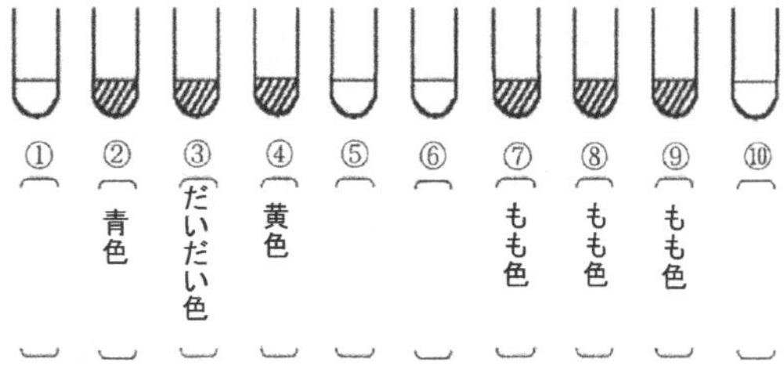


⑵９本めで、もも色が出終わった場合

１÷0.04×９×７＝1575秒

1575÷60＝26余り15

答え…26分15秒

〔問題３〕⑴ 見分けるための紙

↓

⑵手順…①調べたい液に色素Ｅを混ぜて、紙の下から少し上の部分につける。

②クロマトグラフィーを行い、紙の上の方まで水をしみこませる。

結果…薬品Ａが入っているときはＣのラインに色がつく。薬品Ｂが入っているときはＤのラインに色がつく。どちらも入っていなければＣのラインにもＤのラインにも色はつかない。

## 《解　説》

1　〔問題１〕(1)　図１，図２より，できるだけ多く分けるためには，交わる点をできるだけ多くすればよいとわかる。したがって，すべての直線が他の３本の直線と交わり，その交わる点が重ならないように作図すればよい。また，作図した図より，分けられる部分の数は 11 とわかる。

(2)　(1)をふまえると，最も少なく分けるときは，それぞれの直線が交わらないように引けばよいとわかる。

〔問題２〕　ルールの４より，切り取った後の紙を広げた面積が 240 ㎠以上になるような切り取り方を考える。図４のように，$\frac{1}{4}$に折りたたんでいるときに，切り取られない部分(アをふくむ方)の面積が $240\times\frac{1}{4}=60$(㎠)以上となればよい。図４の点線で分けられた三角形はすべて合同で，その面積は，それぞれ $10\times10\div4\div4=\frac{25}{4}$(㎠)だから，この三角形が $60\div\frac{25}{4}=9\frac{3}{5}$より，10 個以上がアをふくむ方に入ればよい。

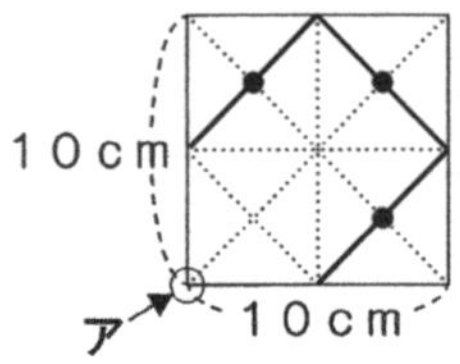


したがって，例えば右図のような切り取り方が考えられ，折りたたんでいるときのアをふくむ方の面積が，$\frac{25}{4}\times10=\frac{125}{2}$(㎠)だから，求める面積は，$\frac{125}{2}\times4=250$(㎠)である。開いたときの図は，右図と上下対称な図をかき，さらにその図と左右対称な図をかけばよい。

〔問題３〕　立方体を切ってできる面の数について考える。図８のように切りはなした後に，できる正方形の面は，もとの立方体の面上に１つずつあるから６つ，できる正三角形の面は，もとの立方体の頂点を切りはなすことでできた面だから，もとの立方体の頂点の数に等しく８つとわかる。したがって，できる面の数は，
(もとの立体の面の数)＋(もとの立体の頂点の数)で，求められると考えられる。
さらに，この図８の立体の各辺の真ん中の点を，結んだ線でできた面を切りはなすときを考える。
図８の立体の頂点の数は，もとの立方体の辺の数に等しく 12 個だから，できる面の数について，
(もとの立体の面の数)＋(もとの立体の頂点の数)＝14＋12＝26 となる。
問題の三角柱についても，同じように考えればよい。

2　[問題１]　薬品Ｘと薬品Ｙはともに水にとけるから，紙を試験管に入れた水で洗うと紙にしみこんでいた薬品は水にとけこむ。この水を蒸発させれば，蒸発しにくい薬品は残るはずである。図２より，薬品Ｘは⑦と⑧の両方で，薬品Ｙは②と③の両方で残る。

[問題２](1)　図１(2)に着目する。上にある色ほど紙(と同じ成分の粉)とくっつきにくいから，図３の実験では早く試験管に集まる。また，もも色は他の３色との距離(きょり)がはなれていて，試験管に集まるまでに時間がかかる。このため，もも色がすべて試験管に集まるには少し時間がかかる(複数の試験管に集まる)と考えることができる。

[問題３]　(1)薬品Ｃと薬品Ｄのラインは解答例と上下逆になっていてもよいが，薬品Ｃと薬品Ｄのラインが重なってしまうと色がついたときにどちらの薬品が反応しているかわからなくなるので，注意しよう。

## ■ ご使用にあたってのお願い・ご注意

（1）問題文等の非掲載

著作権上の都合により，問題文や図表などの一部を掲載できない場合があります。

誠に申し訳ございませんが，ご了承くださいますようお願いいたします。

（2）過去問における時事性

過去問題集は，学習指導要領の改訂や社会状況の変化，新たな発見などにより，現在とは異なる表記や解説になっている場合があります。過去問の特性上，出題当時のままで出版していますので，あらかじめご了承ください。

（3）配点

学校等から配点が公表されている場合は，記載しています。公表されていない場合は，記載していません。

独自の予想配点は，出題者の意図と異なる場合があり，お客様が学習するうえで誤った判断をしてしまう恐れがあるため記載していません。

（4）無断複製等の禁止

購入された個人のお客様が，ご家庭でご自身またはご家族の学習のためにコピーをすることは可能ですが，それ以外の目的でコピー，スキャン，転載（ブログ，ＳＮＳなどでの公開を含みます）などをすることは法律により禁止されています。学校や学習塾などで，児童生徒のためにコピーをして使用することも法律により禁止されています。

ご不明な点や，違法な疑いのある行為を確認された場合は，弊社までご連絡ください。

（5）けがに注意

この問題集は針を外して使用します。針を外すときは，けがをしないように注意してください。また，表紙カバーや問題用紙の端で手指を傷つけないように十分注意してください。

（6）正誤

制作には万全を期しておりますが，万が一誤りなどがございましたら，弊社までご連絡ください。

なお，誤りが判明した場合は，弊社ウェブサイトの「ご購入者様のページ」に掲載しておりますので，そちらもご確認ください。

## ■ お問い合わせ

解答例，解説，印刷，製本など，問題集発行におけるすべての責任は弊社にあります。

ご不明な点がございましたら，弊社ウェブサイトの「お問い合わせ」フォームよりご連絡ください。迅速に対応いたしますが，営業日の都合で回答に数日を要する場合があります。

ご入力いただいたメールアドレス宛に自動返信メールをお送りしています。自動返信メールが届かない場合は，「よくある質問」の「メールの問い合わせに対し返信がありません。」の項目をご確認ください。

また弊社営業日（平日）は，午前９時から午後５時まで，電話でのお問い合わせも受け付けています。

2025 春

株式会社教英出版
〒422-8054　静岡県静岡市駿河区南安倍３丁目 12-28
TEL　054-288-2131　　FAX　054-288-2133
URL　https://kyoei-syuppan.net/
MAIL　siteform@kyoei-syuppan.net

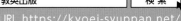

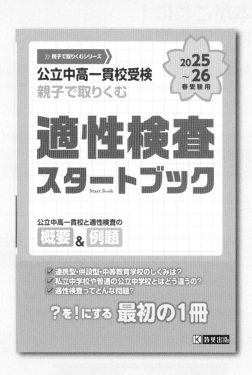

## 神奈川県

①［県立］相模原中等教育学校／平塚中等教育学校
②［市立］南高等学校附属中学校
③［市立］横浜サイエンスフロンティア高等学校附属中学校
④［市立］川崎高等学校附属中学校
✿⑤聖光学院中学校
✿⑥浅野中学校
⑦洗足学園中学校
⑧法政大学第二中学校
⑨逗子開成中学校（1次）
⑩逗子開成中学校（2・3次）
⑪神奈川大学附属中学校（第1回）
⑫神奈川大学附属中学校（第2・3回）
⑬栄光学園中学校
⑭フェリス女学院中学校

## 新潟県

①［県立］村上中等教育学校／柏崎翔洋中等教育学校／燕中等教育学校／津南中等教育学校／直江津中等教育学校／佐渡中等教育学校
②［市立］高志中等教育学校
③新潟第一中学校
④新潟明訓中学校

## 石川県

①［県立］金沢錦丘中学校
②星稜中学校

## 福井県

①［県立］高志中学校

## 山梨県

①山梨英和中学校
②山梨学院中学校
③駿台甲府中学校

## 長野県

①［県立］屋代高等学校附属中学校／諏訪清陵高等学校附属中学校
②［市立］長野中学校

## 岐阜県

①岐阜東中学校
②鶯谷中学校
③岐阜聖徳学園大学附属中学校

## 静岡県

①［国立］静岡大学教育学部附属中学校（静岡・島田・浜松）
②［県立］清水南高等学校中等部／［県立］浜松西高等学校中等部／［市立］沼津高等学校中等部
③不二聖心女子学院中学校
④日本大学三島中学校
⑤加藤学園暁秀中学校
⑥星陵中学校
⑦東海大学付属静岡翔洋高等学校中等部
⑧静岡サレジオ中学校
⑨静岡英和女学院中学校
⑩静岡雙葉中学校
⑪静岡聖光学院中学校
⑫静岡学園中学校
⑬静岡大成中学校
⑭城南静岡中学校
⑮静岡北中学校
⑯常葉大学附属常葉中学校／常葉大学附属橘中学校／常葉大学附属菊川中学校
⑰藤枝明誠中学校
⑱浜松開誠館中学校
⑲静岡県西遠女子学園中学校
⑳浜松日体中学校
㉑浜松学芸中学校

## 愛知県

①［国立］愛知教育大学附属名古屋中学校
②愛知淑徳中学校
③名古屋経済大学市邨中学校／名古屋経済大学高蔵中学校
④金城学院中学校
⑤椙山女学園中学校
⑥東海中学校
⑦南山中学校男子部
⑧南山中学校女子部
⑨聖霊中学校
⑩滝中学校
⑪名古屋中学校
⑫大成中学校
⑬愛知中学校
⑭星城中学校
⑮名古屋葵大学中学校（名古屋女子大学中学校）
⑯愛知工業大学名電中学校
⑰海陽中等教育学校（特別給費生）
⑱海陽中等教育学校（Ⅰ・Ⅱ）
⑲中部大学春日丘中学校
新刊⑳名古屋国際中学校

## 三重県

①［国立］三重大学教育学部附属中学校
②暁中学校
③海星中学校
④四日市メリノール学院中学校
⑤高田中学校
⑥セントヨゼフ女子学園中学校
⑦三重中学校
⑧皇學館中学校
⑨鈴鹿中等教育学校
⑩津田学園中学校

## 滋賀県

①［国立］滋賀大学教育学部附属中学校
②［県立］河瀬中学校／守山中学校／水口東中学校

## 京都府

①［国立］京都教育大学附属桃山中学校
②［府立］洛北高等学校附属中学校
③［府立］園部高等学校附属中学校
④［府立］福知山高等学校附属中学校
⑤［府立］南陽高等学校附属中学校
⑥［市立］西京高等学校附属中学校
⑦同志社中学校
⑧洛星中学校
⑨洛南高等学校附属中学校
⑩立命館中学校
⑪同志社国際中学校
⑫同志社女子中学校（前期日程）
⑬同志社女子中学校（後期日程）

## 大阪府

①［国立］大阪教育大学附属天王寺中学校
②［国立］大阪教育大学附属平野中学校
③［国立］大阪教育大学附属池田中学校

④[府立]富田林中学校
⑤[府立]咲くやこの花中学校
⑥[府立]水都国際中学校
⑦清風中学校
⑧高槻中学校（A日程）
⑨高槻中学校（B日程）
⑩明星中学校
⑪大阪女学院中学校
⑫大谷中学校
⑬四天王寺中学校
⑭帝塚山学院中学校
⑮大阪国際中学校
⑯大阪桐蔭中学校
⑰開明中学校
⑱関西大学第一中学校
⑲近畿大学附属中学校
⑳金蘭千里中学校
㉑金光八尾中学校
㉒清風南海中学校
㉓帝塚山学院泉ヶ丘中学校
㉔同志社香里中学校
㉕初芝立命館中学校
㉖関西大学中等部
㉗大阪星光学院中学校

## 兵庫県

①[国立]神戸大学附属中等教育学校
②[県立]兵庫県立大学附属中学校
③雲雀丘学園中学校
④関西学院中学部
⑤神戸女学院中学部
⑥甲陽学院中学校
⑦甲南中学校
⑧甲南女子中学校
⑨灘中学校
⑩親和中学校
⑪神戸海星女子学院中学校
⑫滝川中学校
⑬啓明学院中学校
⑭三田学園中学校
⑮淳心学院中学校
⑯仁川学院中学校
⑰六甲学院中学校
⑱須磨学園中学校(第1回入試)
⑲須磨学園中学校(第2回入試)
⑳須磨学園中学校(第3回入試)
㉑白陵中学校
㉒夙川中学校

## 奈良県

①[国立]奈良女子大学附属中等教育学校
②[国立]奈良教育大学附属中学校
③[県立] 国際中学校
　　　 青翔中学校
④[市立]一条高等学校附属中学校
⑤帝塚山中学校
⑥東大寺学園中学校
⑦奈良学園中学校
⑧西大和学園中学校

## 和歌山県

①[県立] 古佐田丘中学校
　　　 向陽中学校
　　　 桐蔭中学校
　　　 日高高等学校附属中学校
　　　 田辺中学校
②智辯学園和歌山中学校
③近畿大学附属和歌山中学校
④開智中学校

## 岡山県

①[県立]岡山操山中学校
②[県立]倉敷天城中学校
③[県立]岡山大安寺中等教育学校
④[県立]津山中学校
⑤岡山中学校
⑥清心中学校
⑦岡山白陵中学校
⑧金光学園中学校
⑨就実中学校
⑩岡山理科大学附属中学校
⑪山陽学園中学校

## 広島県

①[国立]広島大学附属中学校
②[国立]広島大学附属福山中学校
③[県立]広島中学校
④[県立]三次中学校
⑤[県立]広島叡智学園中学校
⑥[市立]広島中等教育学校
⑦[市立]福山中学校
⑧広島学院中学校
⑨広島女学院中学校
⑩修道中学校
⑪崇徳中学校
⑫比治山女子中学校
⑬福山暁の星女子中学校
⑭安田女子中学校
⑮広島なぎさ中学校
⑯広島城北中学校
⑰近畿大学附属広島中学校福山校
⑱盈進中学校
⑲如水館中学校
⑳ノートルダム清心中学校
㉑銀河学院中学校
㉒近畿大学附属広島中学校東広島校
㉓AICJ中学校
㉔広島国際学院中学校
㉕広島修道大学ひろしま協創中学校

## 山口県

①[県立] 下関中等教育学校
　　　 高森みどり中学校
②野田学園中学校

## 徳島県

①[県立] 富岡東中学校
　　　 川島中学校
　　　 城ノ内中等教育学校
②徳島文理中学校

## 香川県

①大手前丸亀中学校
②香川誠陵中学校

## 愛媛県

①[県立] 今治東中等教育学校
　　　 松山西中等教育学校
②愛光中学校
③済美平成中等教育学校
④新田青雲中等教育学校

## 高知県

①[県立] 安芸中学校
　　　 高知国際中学校
　　　 中村中学校

## 福岡県

①[国立]福岡教育大学附属中学校（福岡·小倉·久留米）

②[県立]
- 育徳館中学校
- 門司学園中学校
- 宗像中学校
- 嘉穂高等学校附属中学校
- 輝翔館中等教育学校

③西南学院中学校
④上智福岡中学校
⑤福岡女学院中学校
⑥福岡雙葉中学校
⑦照曜館中学校
⑧筑紫女学園中学校
⑨敬愛中学校
⑩久留米大学附設中学校
⑪飯塚日新館中学校
⑫明治学園中学校
⑬小倉日新館中学校
⑭久留米信愛中学校
⑮中村学園女子中学校
⑯福岡大学附属大濠中学校
⑰筑陽学園中学校
⑱九州国際大学付属中学校
⑲博多女子中学校
⑳東福岡自彊館中学校
㉑八女学院中学校

## 佐賀県

①[県立]
- 香楠中学校
- 致遠館中学校
- 唐津東中学校
- 武雄青陵中学校

②弘学館中学校
③東明館中学校
④佐賀清和中学校
⑤成穎中学校
⑥早稲田佐賀中学校

## 長崎県

①[県立]
- 長崎東中学校
- 佐世保北中学校
- 諫早高等学校附属中学校

②青雲中学校
③長崎南山中学校
④長崎日本大学中学校
⑤海星中学校

## 熊本県

①[県立]
- 玉名高等学校附属中学校
- 宇土中学校
- 八代中学校

②真和中学校
③九州学院中学校
④ルーテル学院中学校
⑤熊本信愛女学院中学校
⑥熊本マリスト学園中学校
⑦熊本学園大学付属中学校

## 大分県

①[県立]大分豊府中学校
②岩田中学校

## 宮崎県

①[県立]五ヶ瀬中等教育学校

②[県立]
- 宮崎西高等学校附属中学校
- 都城泉ヶ丘高等学校附属中学校

③宮崎日本大学中学校
④日向学院中学校
⑤宮崎第一中学校

## 鹿児島県

①[県立]楠隼中学校
②[市立]鹿児島玉龍中学校
③鹿児島修学館中学校
④ラ・サール中学校
⑤志學館中等部

## 沖縄県

①[県立]
- 与勝緑が丘中学校
- 開邦中学校
- 球陽中学校
- 名護高等学校附属桜中学校

# もっと過去問シリーズ

## 北海道

北嶺中学校
7年分（算数・理科・社会）

## 静岡県

静岡大学教育学部附属中学校
（静岡·島田·浜松）
10年分（算数）

## 愛知県

愛知淑徳中学校
7年分（算数・理科・社会）
東海中学校
7年分（算数・理科・社会）
南山中学校男子部
7年分（算数・理科・社会）
南山中学校女子部
7年分（算数・理科・社会）
滝中学校
7年分（算数・理科・社会）
名古屋中学校
7年分（算数・理科・社会）

## 岡山県

岡山白陵中学校
7年分（算数・理科）

## 広島県

広島大学附属中学校
7年分（算数・理科・社会）
広島大学附属福山中学校
7年分（算数・理科・社会）
広島学院中学校
7年分（算数・理科・社会）
広島女学院中学校
7年分（算数・理科・社会）
修道中学校
7年分（算数・理科・社会）
ノートルダム清心中学校
7年分（算数・理科・社会）

## 愛媛県

愛光中学校
7年分（算数・理科・社会）

## 福岡県

福岡教育大学附属中学校
（福岡·小倉·久留米）
7年分（算数・理科・社会）
西南学院中学校
7年分（算数・理科・社会）
久留米大学附設中学校
7年分（算数・理科・社会）
福岡大学附属大濠中学校
7年分（算数・理科・社会）

## 佐賀県

早稲田佐賀中学校
7年分（算数・理科・社会）

## 長崎県

青雲中学校
7年分（算数・理科・社会）

## 鹿児島県

ラ·サール中学校
7年分（算数・理科・社会）

※もっと過去問シリーズは
国語の収録はありません。


教英出版
〒422-8054
静岡県静岡市駿河区南安倍3丁目12−28
TEL 054-288-2131
FAX 054-288-2133
詳しくは教英出版で検索
教英出版 検索
URL https://kyoei-syuppan.net/

⑥

# 適性検査Ⅰ

**注意**

1 問題は 1 のみで、**5ページ**にわたって印刷してあります。
2 検査時間は**四十五分**で、終わりは**午前九時四十五分**です。
3 声を出して読んではいけません。
4 答えは全て解答用紙に明確に記入し、**解答用紙だけを提出しなさい。**
5 答えを直すときは、きれいに消してから、新しい答えを書きなさい。
6 **受検番号**を解答用紙の決められたらんに記入しなさい。

東京都立武蔵高等学校附属中学校

問題は次のページからです。

## 1

次の **文章1** と **文章2** を読んで、あとの問題に答えなさい。
（＊印の付いている言葉には、本文のあとに〈注〉があります。）

**文章1**

桜の咲く時期になると、必ず思い出す歌＊がいくつかある。ソメイヨシノの並木の花がいっせいに満開になって、咲いてるなあ、と首を空に向けながら思い出すのは、次の歌である。

桜ばないのち一ぱいに＊咲くからに生命をかけて＊わが眺めたり
＊岡本かの子

そして桜満開の夜となれば、この歌。

＊清水へ＊祇園をよぎる桜月夜こよひ逢ふ人みなうつくしき
＊与謝野晶子

桜の咲くころの祇園を訪ねたことはないのだが、脳内には＊花灯りの下を、浮かれたような、＊ほろ酔いのような表情を浮かべて道を歩く人々の、うつくしい顔がくっきりと浮かぶ。夜桜見物を一度だけしたことがあるが、結構寒くて、じっと座ってるとガタガタ震えてくるし鼻水は出るし、思うほどロマンチックではない。けれども人をうつくしいと思う気持ちは、この歌を胸に抱いていたため失わずにすんだ。

先ほどのかの子の歌が桜の花と自分を同一化させて自分を主人公として短歌の額縁の真中におさめたのに対し、この晶子の歌は、あくまでも自分はレンズとしての存在で、きれいな夜桜のある風景をまるごと＊愛でている。きれいな花が咲いたらそれだけを見るのではなく、そこにある気配までも感知する晶子の懐の深さに感じいる。

「こよひ逢ふ人みなうつくしき」は、桜の咲いている時期以外でも、いろいろな場所にあてはめることができる。気後れしがちなパーティーなどでも「こよひ逢ふ人みなうつくしき」の言葉を唱えながら現地に向かえば、自ずと前向きになり、好意的に人と会える気持ちになれて勇気がわくのである。

自分の気に入った詩の言葉を心の中でつぶやく行為は、願いをかなえるために呪文を唱えることにとても似ている。短歌を知る、覚えていくということは、自分の気持ちを保つための言葉を確保していくことでもあるのだと思う。

てのひらをくぼめて待てば青空の見えぬ傷より花こぼれ来る
＊大西民子

この短歌を胸に抱いてつくづく思うのは、さびしいのは自分だけではない、ということ。桜のはなびらがはらはらと散っていく様子を見ると、なんともいえず切ない気持ちになる。この歌ではそれが「青空の見えぬ傷」よりこぼれてきたものだというのである。あのきれいな青い空にも傷がある。自分の中の見えない場所にあるもののように。そんなことを考えている孤独（こどく）な一人の女性を思うと、桜も青空もそれを受け止めようとしている人も、それを遠くで思う人（読者）も、すべてが無限の切なさに覆（おお）われているように感じられてくる。こんなにおおらかに「傷」を言葉にできるとは。ほんとうにさびしいときに、この歌を唱えつづけると、いつの間にかうれしい気持ちに変わっていくような気がする。

（東（ひがし）　直子（なおこ）「生きていくための呪文（じゅもん）」による）

---

〈注〉

歌――――短歌。

咲（さ）くからに――咲いているから。

わが眺（なが）めたり――私（わたし）は（その桜の花を）ながめるのだ。

岡本（おかもと）かの子（こ）――大正、昭和時代の小説家、歌人。

清水（きよみず）――京都（きょうと）の清水寺（きよみずでら）。

祇園（ぎおん）――京都の祇園神社（ぎおんじんじゃ）。

こよひ（こよい）――今夜。

与謝野晶子（よさのあきこ）――明治、大正時代の歌人。

花灯（はなあか）り――桜の花が満開で、その辺りのやみがほのかに明るく感じられること。

ほろ酔（よ）いのような表情を浮（う）かべて――うっとりした顔つきで。

愛（め）でている――味わい楽しんでいる。

大西民子（おおにしたみこ）――昭和時代の歌人。

**文章2**

次の文章は、江戸時代に俳諧と呼ばれていた俳句について、当時活やくしていた松尾芭蕉が述べた言葉を説明したものです。

謂応せて何か有。

江戸の*其角が、「下臥につかみ分ばやいとざくら」という*巴風（其角の門人）の句を知らせてきたが、「どうおもうかね」と芭蕉がたずねられた。*去来は、「枝垂桜（糸桜）のようすをうまく言い表しているではありませんか」と応じました。一句は、みごとに咲いた糸桜の下に臥せって、花の枝をつかんでたぐってみたい、といった意味です。そこで言った芭蕉の返答がこれです。物のすがたを表現し尽くしたからといって（「いいおおせて」）、それがどうしたのだという批判です。ことばの裏側に、㋐<u>「余韻」とか「想像力」といった考え</u>を置いてはどうでしょう。俳句にかぎらず、詩という文芸は、表面的な理解だけでわかった気になってはつまりません。

舌頭に千転せよ。

これは去来の苦い経験に発することばのようです。「*有明の花に乗り込む」とはじめの五・七をよんで、最後をどうするか悩んだことがありました。馬をよみ込みたかったものの、「*月毛馬」「葦毛馬」と置いたり、あいだに「の」を入れたりしてみても、どうもうまくいかない。ところが友人許六（前に登場した、芭蕉の画の師になった弟子）の、「*卯の花に月毛の馬のよ明かな」を目にして、なるほどとうなった、この手があったのか、と。許六は中の七文字に馬を置いて、すらりとよんだところ、去来はこだわって五・七を動かそうとせず、どうしてもうまくいかなかったのです。常々芭蕉が、「口のなかで千回でも唱えてみよ」とおっしゃっていたのはこのことだったのだ。ほんのわずかの工夫でうまくいく。そこに気づくまで、「千転せよ」というわけです。去来の句は結局完成しなかったのでしょう。

不易流行。

たいへん有名なことばですが、はたして芭蕉がそのまま口にしたかどうか、よくわかりません。でも、一門のあいだではいろいろと議論があったと、去来は言っています。「不易」とは永久に変わらないこと、「流行」とはつねに変化すること、「不易流行」というのは、まったく正反対のことを一語にまとめたことになります。*諸説紛々だといいつつ、去来は、「不易流行の教えは、俳諧不変の本質と、状況ごとの変化という二面性を有するものだ」というのです。一貫性と流動性の同居、これが俳諧というものだということでしょうか。

『三冊子』でも、「不易流行」に言及しています。そこでは、「*師の風雅に、万代不易あり、一時の変化あり。この二つに究り、その本一なり」と、根本は同一だと説いています。そこで、つぎに土芳の『三冊子』をみてみましょう。

土芳は、*伊賀上野*藩士、一六五七年生まれ、一七三〇年没。姓は服部氏。若いころから芭蕉を慕い、伊賀の俳諧を盛り上げた人物です。『三冊子』は、芭蕉晩年の教えを書きとどめた書で、出版はずっと遅れるものの、多くのひとに筆写されて早くから広まりました。「白双紙」「赤双紙」「わすれ水」の三部をまとめて、『三冊子』として知られています。

高く心を悟りて、俗に帰るべし。

俳句をよむ精神は目標を高くもって、同時に日々の生活にいつも目を向けるように心がけなさい、という教えです。むかしのひとの作品や精神をしっかり学ぶとともに、生活する人びとの気持ちになってこそ、すばらしい俳句が生まれるのだというのです。困難な事柄にひるまず勉強するうちに、いつか高尚なこころを得ることができる。かといって、学問をひけらかしては嫌みなだけ。何気ない、ふつうに送る日常生活のなかから、俳句のおもしろさを発見することがだいじなのです。芭蕉俳諧の*真髄は、この境地にこそあります。

（藤田真一「俳句のきた道　芭蕉・蕪村・一茶」
岩波ジュニア新書（一部改変）による）

〈注〉

其角――芭蕉の弟子。

巴風――其角の弟子。

去来――芭蕉の弟子。

「有明の花に乗り込む」――夜明けに花の下で乗り込む。

「月毛馬」「葦毛馬」――どちらも白みがかった毛色の馬。

「卯の花に月毛の馬のよ明かな」
――白く咲き乱れる卯の花の中、月毛の馬に乗って旅立つ、さわやかな初夏の明け方だなあ。

諸説紛々――いろいろな意見やうわさが入り乱れているさま。

「師の風雅に、……この二つに究り、その本一なり」
――芭蕉先生の風流についての教えには、ずっと変わらないことと常に変化することの二つがある。この二つをつきつめると、その根本は一つである。

伊賀上野――いまの三重県伊賀市。

藩士――大名に仕える武士。

真髄――ものごとの本質。

〈問題1〉　短歌や俳句をくり返し唱えたり、思いうかべたりすることには、どのような効果があると述べられているでしょうか。**文章1**・**文章2**で挙げられている例を一つずつ探し、解答らんに合うように書きなさい。

〈問題2〉　㋐「余韻」とか「想像力」といった考えとありますが、**文章1**の筆者は、短歌を読んでどのような情景を想像しているでしょうか。連続する二文を探しなさい。ただし、一文めの最初の四字と、二文めの終わりの四字をそれぞれ書くこと。

〈問題3〉　あなたは、これからの学校生活で仲間と過ごしていく上で、言葉をどのように使っていきたいですか。今のあなたの考えを四百字以上四百四十字以内で書きなさい。ただし、次の条件と下の〈**きまり**〉にしたがうこと。

条件
① **文章1**・**文章2**の筆者の、短歌・俳句に対する考え方のいずれかにふれること。
② 適切に段落分けをして書くこと。

〈**きまり**〉
○題名は書きません。
○最初の行から書き始めます。
○各段落の最初の字は一字下げて書きます。
○行をかえるのは、段落をかえるときだけとします。
○、や。や」などもそれぞれ字数に数えます。これらの記号が行の先頭に来るときには、前の行の最後の字と同じますに書きます（ますの下に書いてもかまいません）。
○。と」が続く場合は、同じますに書いてもかまいません。この場合、。」で一字と数えます。
○段落をかえたときの残りのますは、字数として数えます。
○最後の段落の残りのますは、字数として数えません。

# 適性検査Ⅱ

注　　意

1　問題は **1** から **3** までで、**１４ページ**にわたって印刷してあります。

2　検査時間は**４５分**で、終わりは**午前１１時００分**です。

3　声を出して読んではいけません。

4　計算が必要なときは、この問題用紙の余白を利用しなさい。

5　答えは全て解答用紙に明確に記入し、**解答用紙だけを提出しなさい。**

6　答えを直すときは、きれいに消してから、新しい答えを書きなさい。

7　**受検番号**を解答用紙の決められたらんに記入しなさい。

東京都立武蔵高等学校附属中学校

問題は次のページからです。

**1**　運動会の得点係の**花子**さんと**太郎**さんは、係活動の時間に得点板の準備をしています。

**花　子**：今年は新しい得点板を作ろうよ。
**太　郎**：私もそう思っていたので用意してきたよ。ボード（**図１**）に棒状のマグネット（**図２**）をつけて、数字を表すんだ。
**花　子**：ボードが３枚あれば、３けたまでの得点を表すことができるんだね。赤組と白組があるから、６枚のボードが必要だね。

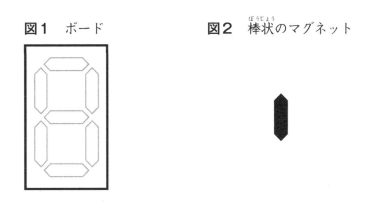

**図１**　ボード

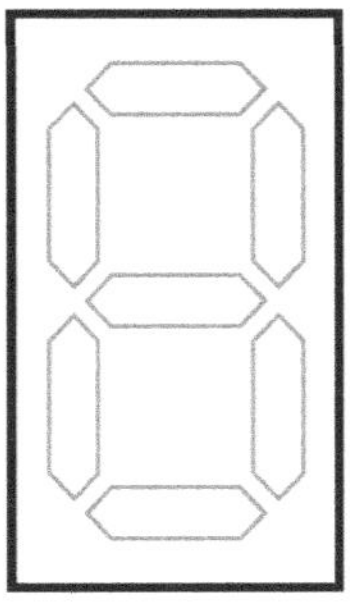

**図２**　棒状のマグネット

**太　郎**：６枚のとう明でないボードは用意してあるから、ボードにつける棒状のマグネットを作ろうよ。
**花　子**：どのような作業が必要かな。
**太　郎**：マグネットシートに棒状のマグネットの型を「かく」作業と、かいたものを型どおりに「切る」作業の、２種類の作業が必要だよ。
**花　子**：先に「かく」作業から始めないといけないね。マグネットシート１枚から、棒状のマグネットは何個作れるのかな。
**太　郎**：１枚のマグネットシートからは、６個の棒状のマグネットが作れるんだよ。だから、マグネットシートを７枚用意したよ。
**花　子**：作業には、それぞれどのくらいの時間がかかるのかな。
**太　郎**：以前に試してみたことがあるけれど、私はマグネットシート１枚当たり「かく」作業に１０分、「切る」作業に５分かかったよ。
**花　子**：私は「かく」作業と「切る」作業に、それぞれどのくらいの時間がかかるかな。
**太　郎**：試してみようよ。どのくらいの時間がかかるのか、計ってあげるよ。

**花子**さんは１枚のマグネットシートから、６個の棒状のマグネットを作りました。

**太　郎**：**花子**さんは、「かく」作業も「切る」作業も、マグネットシート１枚当たりそれぞれ７分かかったよ。これで、二人の作業にかかる時間が分かったね。

**花　子**：二人で力を合わせて、棒状のマグネットを作ろうよ。作業をするときに注意することはあるかな。

**太　郎**：作業中のシートが混ざらないようにしたいね。

**花　子**：では、「かく」作業をするときも、「切る」作業をするときも、マグネットシート１枚分の作業を終わらせてから、次の作業をするようにしよう。

**太　郎**：それがいいね。でも、どちらかの人が「かく」作業を終えた１枚分のマグネットシートを、もう一方の人が「切る」作業をすることはいいことにしよう。

**花　子**：マグネットシートが残っている間は、休まずにやろう。

**太　郎**：マグネットシートは、あと６枚残っているよ。

**花　子**：６枚のマグネットシートを全て切り終えると、私の試した分と合わせて棒状のマグネットが４２個になるね。

**太　郎**：それだけあれば、十分だよね。次の係活動の時間に、６枚のマグネットシートを全て切り終えよう。

**花　子**：それまでに、作業の順番を考えておこうか。

**太　郎**：分担（ぶんたん）の仕方を工夫（くふう）して、できるだけ早く作業を終わらせたいよね。

**花　子**：係活動の時間が４５分間なので、時間内に終わるようにしたいね。

〔問題１〕　二人で６枚のマグネットシートを切り終えるのが４５分未満になるような作業の分担（ぶんたん）の仕方を考え、答え方の例のように、「かく」、「切る」、「→」を使って、解答らんに**太郎**（たろう）さんと**花子**さんの作業の順番をそれぞれ書きなさい。また、６枚のマグネットシートを切り終えるのにかかる時間を答えなさい。

　ただし、最初の作業は同時に始め、二人が行う「かく」または「切る」作業は連続して行うものとし、間は空けないものとします。二人が同時に作業を終えなくてもよく、それぞれが作業にかかる時間は常に一定であるものとします。

| 行った作業 | 答え方の例 |
| --- | --- |
| １枚のマグネットシートに「かく」作業をした後に、型がかかれているマグネットシートを「切る」作業をする場合。 | かく　→　切る |
| １枚のマグネットシートに「かく」作業をした後に、他の１枚のマグネットシートを「かく」作業をする場合。 | かく　→　かく |

**太郎**さんと**花子**さんは、次の係活動の時間で棒状のマグネットを作りました。そして、運動会の前日に、得点係の打ち合わせをしています。

**太　郎**：このマグネットで、０から９の数字を表すことができるよ。（**図３**）

**図３**　マグネットをつけて表す数字

**花　子**：マグネットは、つけたり取ったりすることができるから便利だね。１枚のボードを１８０度回して、別の数字を表すこともできそうだね。

**太　郎**：そうだよ。６のボードを１８０度回すと９になるんだ。ただし、マグネットをつけるボードはとう明ではないから、ボードを裏返すと数字は見えなくなるよ。

**花　子**：そうなんだ。

**太　郎**：２枚のボードを入れかえて、違う数字を表すこともできるよ。例えば、１２３の１と３のボードを入れかえて、３２１にすることだよ。（**図４**）

**図４**　ボードを入れかえる前と後

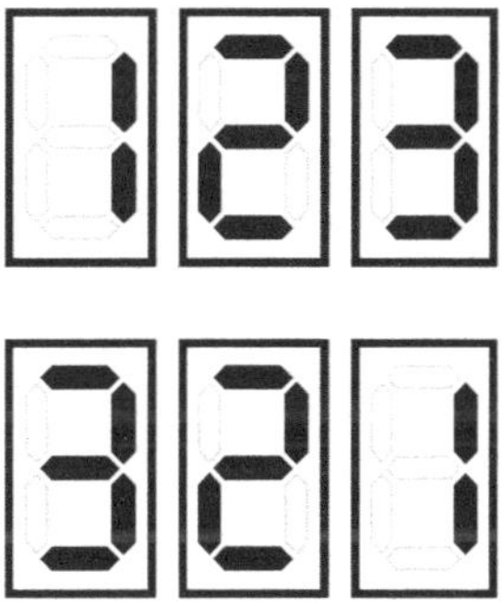

**花　子**：工夫をすると、短い時間で変えられそうだね。

**太　郎**：操作にかかる時間を計ってみようか。全部で操作は４種類あるから、操作に番号をつけるよ。

| 得点板の操作を一人で行ったときにかかる時間 | |
|---|---|
| 操作１：１個のマグネットをつける | ２秒 |
| 操作２：１個のマグネットを取る | ２秒 |
| 操作３：１枚のボードを１８０度回す | ３秒 |
| 操作４：２枚のボードを入れかえる | ３秒 |

**花　子**：得点は、３けたまで必要だよね。短い時間で変えられるような、工夫の仕方を考えよう。

**太　郎**：では、私一人で得点板の数字を４５６から９８７にしてみるよ。何秒で、できるかな。

〔問題２〕 得点板の数字を４５６から９８７にする場合、最短で何秒かかるのか答えなさい。また、答え方の例を参考にして、解答らんに元の数字と変えた数字をそれぞれ一つずつ書き、文章で説明しなさい。ただし、解答らんの全ての段を使用しなくても構いません。

| 操作（かかる時間） | 答え方の例 |
| --- | --- |
| ００１を００８にする場合（１０秒） | 〔 １ 〕→〔 ８ 〕 １にマグネットを５個つける。 |
| ００８を００９にする場合（２秒） | 〔 ８ 〕→〔 ９ 〕 ８からマグネットを１個取る。 |
| ００４を００５にする場合（６秒） | 〔 ４ 〕→〔 ５ 〕 ４にマグネットを２個つけて１個取る。 |
| ０１６を０１９にする場合（３秒） | 〔 ６ 〕→〔 ９ 〕 ６のボードを１８０度回す。 |
| １２３を３２１にする場合（３秒） | 〔 １ 〕→〔 ３ 〕 一の位と百の位のボードを入れかえる。<br>〔 ３ 〕→〔 １ 〕<br>※どちらの書き方でもよい。 |

このページには問題は印刷されていません。

2　ある日の**武蔵**さんと**先生**の会話です。

**武　蔵：**先生。先週の日曜日、家族で日本の貨幣を作っている財務省造幣局に行ってきました。
**先　生：**それはいいですね。どのようなことを学んできたのですか。
**武　蔵：**もともとは、日本でも物々交換をしていたことや平安時代までに１２種類の銅銭が作られたことを学びました。ただ、銅銭は枚数が少なかったのと、人びとがあまり便利さを感じなかったなどの理由で、あまり広まらなかったということも学びました。貨幣はいつごろから広まるようになったのでしょうか。
**先　生：**平安時代の終わりのころ、日本と宋（現在の中国）が貿易をはじめると、中国の銅銭が日本にたくさん輸入されました。これにより、日本でも少しずつ銅銭が使われるようになりました。それにともなって、土地の価値の表し方が変化していきました。**資料１**は、近畿地方の土地の価値をどのように表していたかをまとめた表で、米や布などは米や布の量で価値を表し、銭は銅銭で価値を表したという意味です。

**資料１**　近畿地方の土地の価値をどのように表していたかをまとめた表

| 地域＼時期 | １１８５年から１２０２年 | １２０３年から１２２０年 | １２２１年から１２３５年 |
|---|---|---|---|
| 山城（今の京都府付近） | 米や布など　２３件<br>銭　７件 | 米や布など　１０件<br>銭　３３件 | 米や布など　５件<br>銭　６０件 |
| 大和（今の奈良県付近） | 米や布など　５２件 | 米や布など　７５件<br>銭　１件 | 米や布など　７３件<br>銭　４件 |
| その他の近畿地方 | 米や布など　５件<br>銭　１件 | 米や布など　７件<br>銭　５件 | 米や布など　１７件<br>銭　２０件 |

（『鎌倉遺文』竹内理三　東京堂出版より作成）

〔問題１〕　**資料１**より、近畿地方において鎌倉時代には、どのように土地の価値を表すようになっていったか、その変化のようすを時期、地域、土地の価値の表し方と数値に注目し、いずれかの地域について説明しなさい。ただし、解答らんにある地域を一つ選んで丸で囲み、時期に関しては西暦（年）を使うこと。

**武　蔵：**なるほど、宋から銅銭が入ってくると日本でも銅銭が少しずつ利用されていったのですね。ほかには、どのような変化が起きたのですか。

先　生：銅銭の活用により、物の売り買いでも銅銭が使われるようになりました。室町時代には、京都や奈良などの都市だけでなく地方でも定期的に店が集まってくる市が開かれるようになって、商売がさかんになりました。しかし、商売がさかんになると、銅銭が足りなくなり、質の悪い銅銭も出回るようになりました。これに対して、織田信長などその地域を治めている大名がルールを作るなどして管理しようとしましたが、全国で統一されたルールができるのは、江戸時代になってからです。

武　蔵：江戸時代には、どのようなルールが作られたのですか。

先　生：江戸時代になると、幕府が金でできた小判や銀でできた貨幣、銅銭等を製造し、管理するようになりました。そのため、物の売り買いがさかんになり、人びとが貨幣を使い買い物することが多くなりました。しかし、金や銀などを貨幣の主な原料としていたので、鉱山から金や銀があまり採れなくなってくると、世の中に出回る貨幣の量が減ってしまうこともありました。ところで、金で作られた小判という貨幣は、作られた時期により大きさや重さや金が含まれている量が異なっていて、小判の種類によって貨幣としての価値が変化していました。特に金が含まれている量が減ると貨幣としての価値が下がってしまったのです。下の**資料２**は、江戸時代に発行された各小判の重さを示した図、**資料３**は、各小判の金が含まれている割合を示した図です。それぞれの小判の名前の横に書かれている数字は、その小判が発行された年（西暦）を表しています。

**資料２**　江戸時代に発行された各小判の重さを示した図

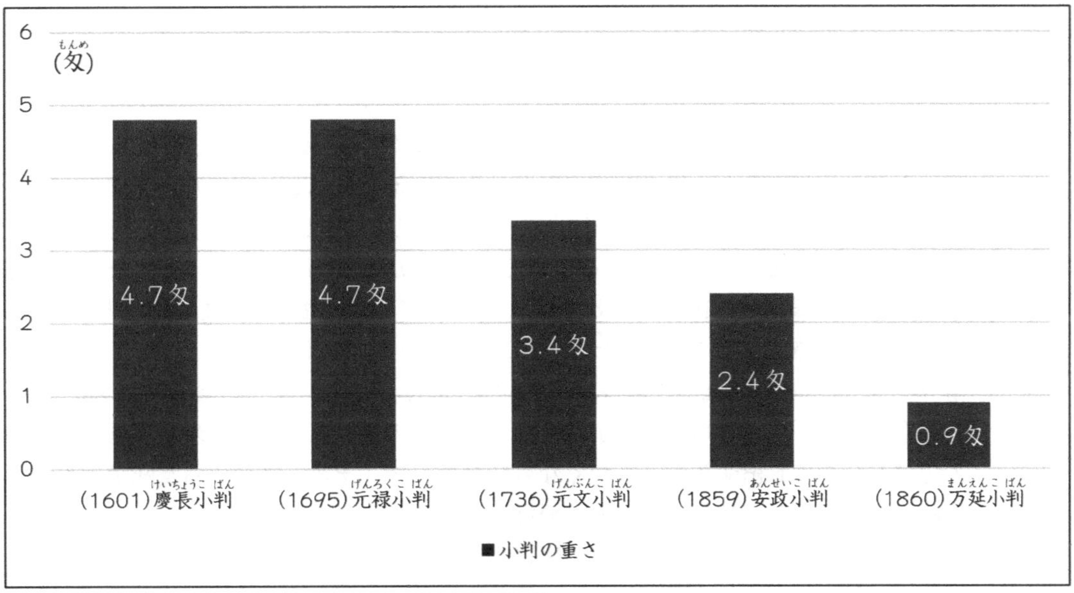


（日本銀行金融研究所　資料より作成）

※匁とは、重さを表す単位の一つで、１匁＝３.７５g。

**資料３**　江戸時代に発行された各小判の金が含まれている割合を示した図

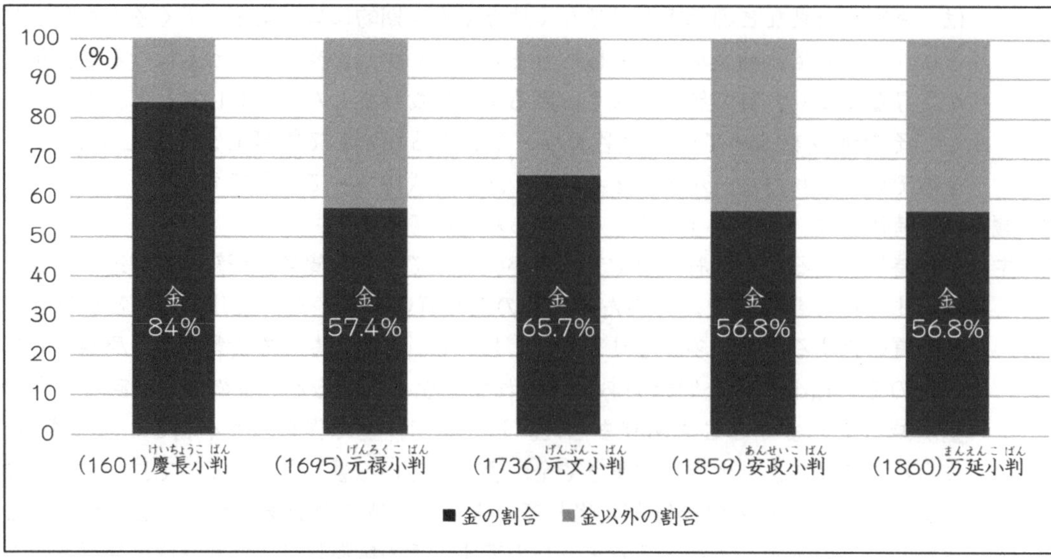


（日本銀行金融研究所　資料より作成）

〔問題２〕　**資料２・資料３**の５種類の小判の中から慶長小判と元禄小判、または安政小判と万延小判のいずれかの組み合わせを選び、二つの小判の間にどのような変化が起こり、小判の価値にどのような変化をもたらしたかを説明しなさい。なお、文章にする際は、それぞれの小判に金が何匁含まれているかを計算し、小数第二位を四捨五入した数値を入れなさい。ただし解答らんにある小判の組み合わせを一つ選んで丸で囲むこと。

**武　蔵：**江戸時代には、金でできた小判や銀でできた貨幣、銅銭等が広く使われるようになったと先ほど先生からうかがいました。次の明治時代はどうだったのですか。

**先　生：**明治時代になると、新しい貨幣が作られ、単位が現在と同じ円になりました。そして、１８７２年になると銀行に関わる法律である国立銀行条例が出されて、全国でこの法律の基準を満たした国立銀行と呼ばれる銀行が多く設立されるようになりました。国立銀行ができたことで東京や大阪などの大きな都市だけでなく、地方でもお金が借りやすくなって会社や工場を作ろうと思う人が増え、多くの会社や工場ができました。また、１８８０年ごろから会社からお金の借り入れ希望が増え、国立銀行のみではお金を貸し出す量が足りなくなってしまって、それを補助する意味で国立銀行条例と異なった基準で作られた普通銀行が増えてきました。

**武　蔵：**銀行の数が増えたことでどのような変化が起きたのですか。

**先　生：**銀行の増加とともに、貨幣の枚数と銀行から会社へのお金を貸す量が増えていったのです。

特に、１８８５年から１８８７年の３年間は、たくさんの会社や工場が作られました。また、１８９０年ごろから綿糸に関わる工場の数も増え、日本でもさまざまな物が機械で生産できるようになる産業革命が本格的にはじまり、国内のさまざまな物の生産量が増えました。そのような中で、工場や会社が多く生まれ、これらの工場や会社が、機械を取り入れたり、新しい工場を建設したりするためにお金を多く必要としたため、これに対応して、１８９３年に銀行条例を出し、銀行を作りやすくしたのです。

**資料４**　それぞれの年に新しく設立された普通銀行の数

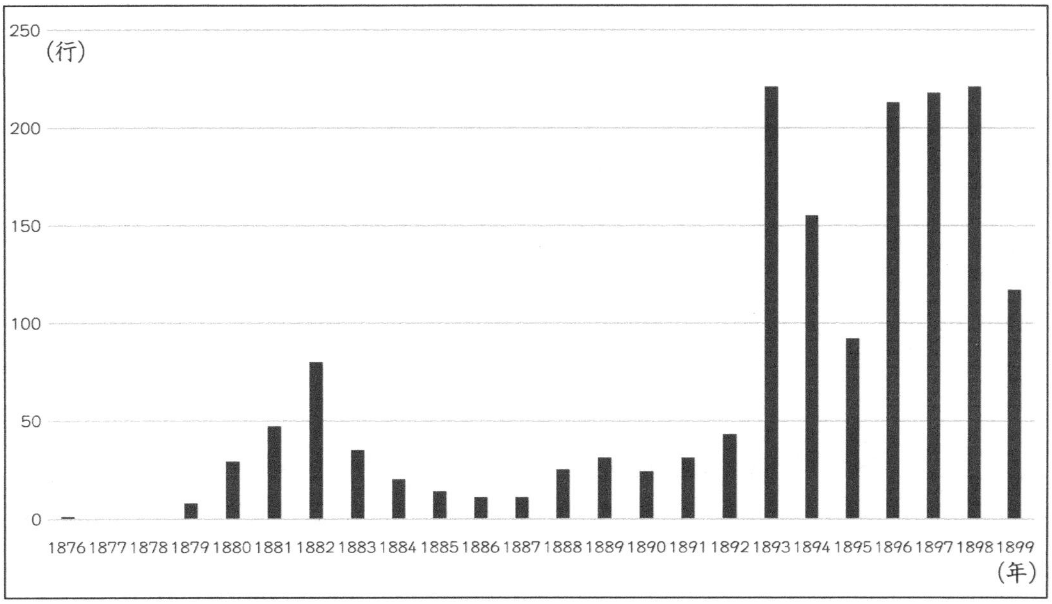


（『銀行便覧』　大蔵省理財局銀行課編　などより作成）

〔問題３〕　**資料４**より、１８９３年に急激に銀行の設立数が増えている。なぜ急激に増えたのかを**武蔵**さんと**先生**の会話から、その背景もふまえてその理由を説明しなさい。ただし、説明する際は、西暦（年）を使うこと。

**先　生**：そうですね。大正時代や昭和時代になると、より銀行の数が増えて、それにともなってあつかうお金の量も増えていきました。それによって、日本の工業などがより発展し、日本もさらに経済成長していったのですよ。

**武　蔵**：そうか。確かに今も街を歩いていると銀行がたくさんありますよね。銀行が貨幣の流通や経済の発展に大きな力を果たしていることが分かりました。

このページには問題は印刷されていません。

**3**　花子さんと太郎さんがまさつについて話をしています。

**花　子**：生活のなかで、すべりにくくする工夫がされているものがあるね。

**太　郎**：**図１**のように、ペットボトルのキャップの表面に縦にみぞがついているものがあるよ。手でキャップを回すときにすべりにくくするためなのかな。

**花　子**：プラスチックの板を使って調べてみよう。

**図１**　ペットボトル

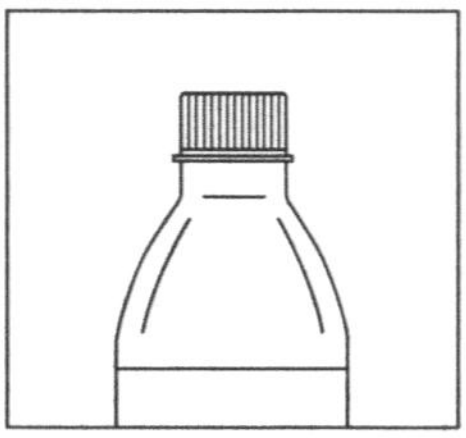

二人は、次のような**実験１**を行いました。

**実験１**

手順１　１辺が７ｃｍの正方形の平らなプラスチックの板を何枚か用意し、**図２**のようにそれぞれ糸をつける。

**図２**　手順１の板

手順２　机の上にフェルトの布を固定し、その上に正方形のプラスチックの板を置く。

手順３　プラスチックの板の上に７５０ｇの金属をのせる。

手順４　同じ重さのおもりをいくつか用意する。**図３**のように、糸の引く方向を変えるために机に表面がなめらかな金属の丸い棒を固定し、プラスチックの板につけた糸を棒の上に通して、糸のはしにおもりをぶら下げる。おもりの数を増やしていき、初めてプラスチックの板が動いたときのおもりの数を記録する。

**図３**　手順４の様子

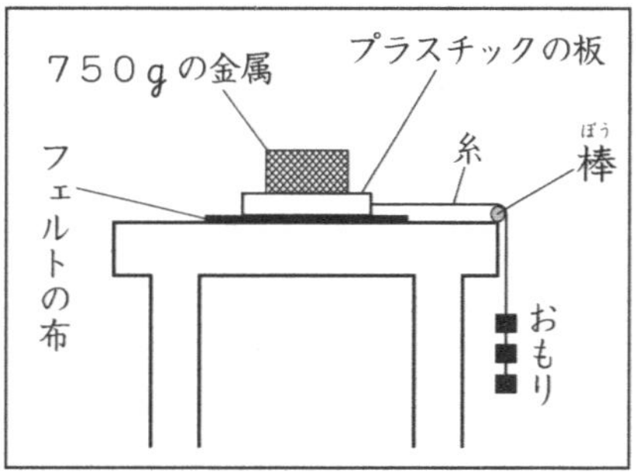


手順５　手順３の金属を１０００ｇの金属にかえて、手順４を行う。

手順６　**図４**のように、手順１で用意したプラスチックの板に、みぞをつける。みぞは、糸に対して垂直な方向に０．５ｃｍごとにつけることとする。

**図４**　手順６の板

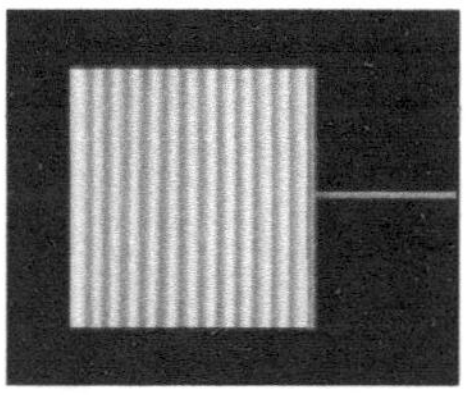

手順７　手順６で作ったプラスチックの板を、みぞをつけた面を下にして手順２～手順５を行い、記録する。

手順８　**図５**のように、手順１で用意したプラスチックの板に、みぞをつける。みぞは、糸に対して平行な方向に０．５ｃｍごとにつけることとする。

**図５**　手順８の板

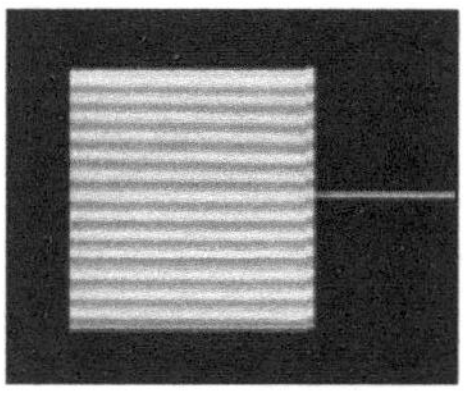

手順９　手順８で作ったプラスチックの板を、みぞをつけた面を下にして手順２～手順５を行い、記録する。

**実験１**の結果は、**表１**のようになりました。

**表１　実験１**の結果

| | 手順１の板 | 手順６の板 | 手順８の板 |
|---|---|---|---|
| ７５０ｇの金属をのせて調べたときのおもりの数（個） | １４ | １９ | １３ |
| １０００ｇの金属をのせて調べたときのおもりの数（個） | １８ | ２５ | １７ |

**太　郎：**手でペットボトルのキャップを回すときの様子を調べるために、机の上にフェルトの布を固定して実験したのだね。

**花　子：**ペットボトルのキャップを回すとき、手はキャップをつかみながら回しているよ。

〔問題１〕　手でつかむ力が大きいときでも小さいときでも、**図１**のように、表面のみぞの方向が回す方向に対して垂直（すいちょく）であるペットボトルのキャップは、すべりにくくなると考えられます。そう考えられる理由を、**実験１**の結果を使って説明しなさい。

**太　郎**：そりで同じ角度のしゃ面をすべり下りるとき、どのようなそりだと速くすべり下りることができるのかな。

**花　子**：しゃ面に接する面積が広いそりの方が速くすべり下りると思うよ。

**太　郎**：そうなのかな。重いそりの方が速くすべり下りると思うよ。

**花　子**：しゃ面に接する素材によっても速さがちがうと思うよ。

**太　郎**：ここにプラスチックの板と金属の板と工作用紙の板があるから、まず面積を同じにして調べてみよう。

二人は、次のような**実験２**を行いました。

**実験２**

手順１　**図６**のような長さが約１００ｃｍで上側が平らなアルミニウムでできたしゃ面を用意し、水平な机（つくえ）の上でしゃ面の最も高いところが机から約４０ｃｍの高さとなるように置く。

**図６**　しゃ面

手順２　**図７**のような１辺が１０ｃｍの正方形のア～ウを用意し、重さをはかる。そして、それぞれしゃ面の最も高いところに置いてから静かに手をはなし、しゃ面の最も低いところまですべり下りる時間をはかる。ただし、工作用紙の板は、ますがかかれている面を上にする。

**図７**　ア～ウ

| ア　プラスチックの板 | イ　金属の板 | ウ　工作用紙の板 |
|---|---|---|
|  |  | 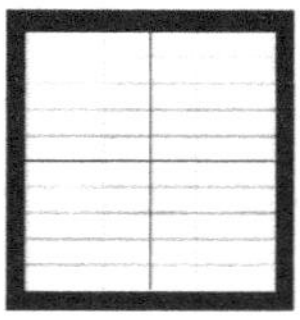 |

**実験２**の結果は、**表２**のようになりました。

**表２　実験２**の結果

| | ア　プラスチックの板 | イ　金属の板 | ウ　工作用紙の板 |
|---|---|---|---|
| 面積（$cm^2$） | １００ | １００ | １００ |
| 重さ（ｇ） | ５．２ | ２６．７ | ３．７ |
| すべり下りる時間（秒） | １．４ | ０．９ | １．８ |

**太　郎**：速くすべり下りるには、重ければ重いほどよいね。

**花　子**：本当にそうなのかな。プラスチックの板と金属の板と工作用紙の板をそれぞれ１枚（まい）ずつ積み重ねて調べてみよう。

二人は、次のような**実験３**を行いました。

**実験３**

手順１　**実験２**の手順１と同じしゃ面を用意する。

手順２　**実験２**の手順２で用いたプラスチックの板と金属の板と工作用紙の板を、それぞれ６枚ずつ用意する。それらの中からちがう種類の板、合計３枚を**図８**のように積み重ねて、板の間を接着ざいで接着したものを作り、１号と名前をつける。さらに、３種類の板を１枚ずつ順番をかえて積み重ねて、１号を作ったときに使用した接着ざいと同じ重さの接着ざいで接着したものを五つ作り、それぞれ２号～６号と名前をつける。ただし、積み重ねるとき、工作用紙の板は、ますがかかれている面が上になるようにする。

手順３　１号～６号を、積み重ねた順番のまま、それぞれしゃ面の最も高いところに置いてから静かに手をはなし、しゃ面の最も低いところまですべり下りる時間をはかる。

**図８**　板を積み重ねた様子

| | |
|---|---|
| ア | プラスチックの板 |
| イ | 金属の板 |
| ウ | 工作用紙の板 |

**実験３**の結果は、**表３**のようになりました。ただし、アはプラスチックの板、イは金属の板、ウは工作用紙の板を表します。また、A、B、Cには、すべり下りる時間（秒）の値が入ります。

**表３**　**実験３**の結果

| | １号 | ２号 | ３号 | ４号 | ５号 | ６号 |
|---|---|---|---|---|---|---|
| 積み重ねたときの一番上の板 | ア | ア | イ | イ | ウ | ウ |
| 積み重ねたときのまん中の板 | イ | ウ | ア | ウ | ア | イ |
| 積み重ねたときの一番下の板 | ウ | イ | ウ | ア | イ | ア |
| すべり下りる時間（秒） | １．８ | A | １．８ | B | C | １．４ |

〔問題２〕　**実験３**において、１号～６号の中で、すべり下りる時間が同じになると考えられる組み合わせがいくつかあります。１号と３号の組み合わせ以外に、すべり下りる時間が同じになると考えられる組み合わせを一つ書きなさい。また、すべり下りる時間が同じになると考えた理由を、**実験２**では同じでなかった条件のうち**実験３**では同じにした条件は何であるかを示して、説明しなさい。

# 適性検査Ⅲ

注　意

1　問題は 1 から 2 までで、１０ページにわたって印刷してあります。

2　検査時間は**４５分**で、終わりは**午後０時１５分**です。

3　声を出して読んではいけません。

4　計算が必要なときは、この問題用紙の余白を利用しなさい。

5　答えは全て解答用紙に明確に記入し、**解答用紙だけを提出しなさい。**

6　答えを直すときは、きれいに消してから、新しい答えを書きなさい。

7　**受検番号**を解答用紙の決められたらんに記入しなさい。

東京都立武蔵高等学校附属中学校

**1** **はるき**さん、**なつよ**さん、**あきお**さん、**ふゆみ**さんの４人は、地域(ちいき)の運動会に参加し、次の日に学校で感想を話しています。

**あきお**：運動会おもしろかったね。いろいろな種目があったけれど、どれもはく力があったね。
**はるき**：かさを使ったパフォーマンスが特にすてきだったね。
**ふゆみ**：人数も多くてはく力があったね。
**はるき**：かさをくるくる回しながら走っていて、きれいだったよね。
**なつよ**：そういえば、そのとき、一つひとつのかさはどのような動きをしていたのかな。
**ふゆみ**：一点に注目して、みんなで考えてみよう。
**あきお**：かさは正八角形のように見えるね。頂点(ちょうてん)Ａに注目したら、どのように動くか分かるかな（**図１**、**図２**）。

**図１**

**図２**

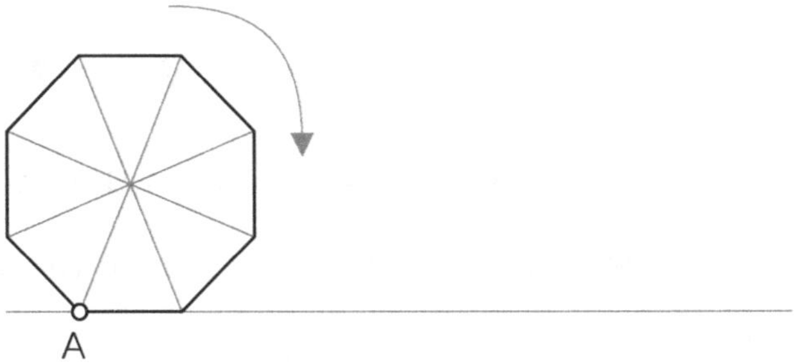


**はるき**：正八角形が１回転するまで、直線の上をすべらせることなく転がすと、このように複数の直線がつながったような線になるのかな（**図３**）。

**図３**

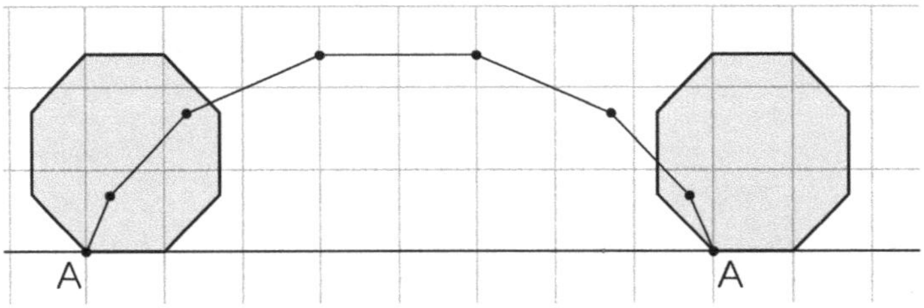


（**図３**における・は正八角形の１辺が直線と重なったときの頂点(ちょうてん)Ａの位置を表す）

**なつよ：**実際に正八角形を紙で作って、直線の上をすべらせることなく、転がしてみよう。
**あきお：**実際には、複数の曲線がつながったような線になるね（**図4**）。

**図4**

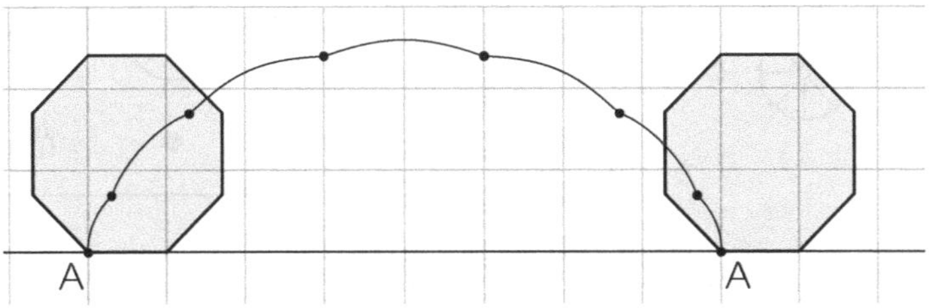


**はるき：**曲線になることで、私（わたし）の予想より頂点Aの移動する道のりが長くなるね。
**ふゆみ：**点と点を線で結ぶとき、直線より曲線の方が長くなるからだね。
**なつよ：**そうだね。他の図形だとどのような曲線になるのかな。転がしてみようよ。

〔問題１〕　**なつよ**さんたちは、**図5**のような図形を作って、左の図形が右の図形の位置にくるまで１回転させようとしています。**図5**のうち、頂点Bまたは、Cのいずれかを選び、選んだ頂点のえがく曲線を、**図4**のように・をつけてかきなさい。なお、選んだ頂点について解答らんのB・Cのどちらかを丸で囲みなさい。

**図5**

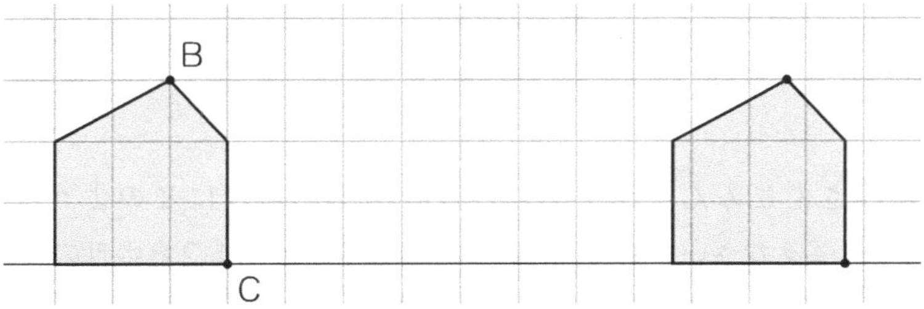


**はるき：**ところで、かさを使ったパフォーマンスでは、生徒が１列に並（なら）んで、ポーズをとることもしていたね。そのとき、かさを開いている人と閉（と）じている人がいたね。
**ふゆみ：**かさを開いている人と閉じている人は、どのようなルールで並んでいたのかな。
**なつよ：**最初のポーズは、先頭の人から、
「開く、閉じる、開く、閉じる、開く、……」だったね（**図6**）。このルールだと１００番目の人は、閉じていることが分かるね。

**あきお：**一人ひとり、順番に調べなくても、全員のポーズが分かるね。

**図6**

**はるき：**ほかにも、規則的に並んでいるポーズがあったね。

**あきお：**規則的に並んでいるポーズのルールを自分たちで考えてみるのもおもしろそうだね。

**ふゆみ：**「開く、閉じる、閉じる、開く、開く、開く、開く、閉じる」から始まるルールだったらどうかな（**図7**）。

**はるき：**そのあと、どういうポーズが続くのかな。

**図7**

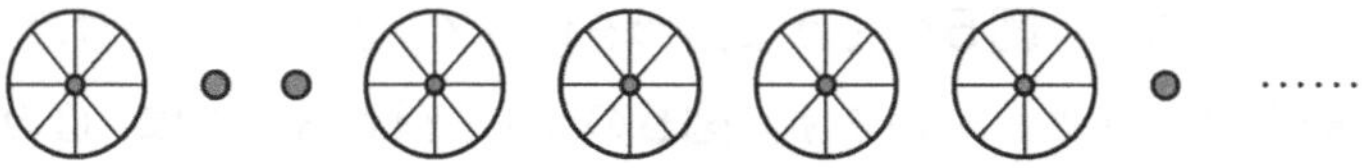

**なつよ：**初めは「開く」が一人で、それ以降は同じポーズが何人か続いていて、その人数が増えていくね。その人数に注目すると、１、２、４、……と変化していくね。

**あきお：**同じポーズの人数が増えていくルールなんだね。

**はるき：**「開く」が４人続いたあとは、何人が「閉じる」なのかな。ルールによって、いろいろな人数になりそうだね。

〔問題２〕　**ふゆみ**さんとみんなが考えた並び方のルールにはどのようなものがあるでしょうか、答えなさい。また、そのルールとすると、１２８番目の人のかさは開いていますか、閉じていますか。解答らんの開く・閉じるのどちらかを丸で囲みなさい。

**はるき：**かさの模様もいろいろあったね。

**なつよ：**丸がいくつかえがかれているデザインのかさがあったね。

**ふゆみ：** そうだね。今度、私たちの学級会で開かれるお楽しみ会のかざり付けを考えているのだけれど、似たようなデザインにしたいな。

**あきお：** 直径６０ｃｍの大きな円の中に、小さな円をいくつかかいてみよう。

**ふゆみ：** 私は、大きい円の中に７個の小さい円をかいたよ。

**はるき：** それぞれ同じ大きさの円が重なることなく、かかれているね（**図8**）。

**図8**

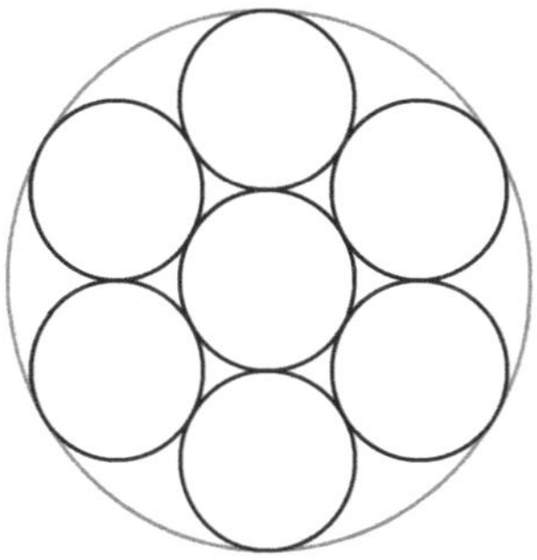

**図9**

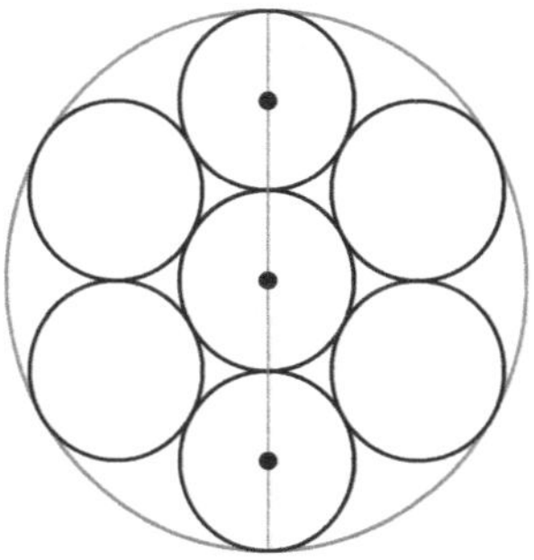

**はるき：** 小さい円の一つひとつの円の半径は、１０ｃｍだと分かるね。

**ふゆみ：** そうだね。大きい円の中に、小さい円がちょうど３個並んでいるから分かるね(**図9**)。

**あきお：** 私は小さい円を５個でかいてみたいな。小さな円の半径は、どれくらいにすればいいかな。

**はるき：** 円が５個だと、１０ｃｍよりも大きな円がかけそうだね。

**なつよ：** 小さい円をなるべく大きくかきたいのだけれど、半径は１２ｃｍでかけるのかな。

**あきお：** 仮に半径を１２ｃｍだとして、みんなで考えてみよう。

**ふゆみ：** 図で考えてみたのだけれど(**図１０**)、１２ｃｍだとつじつまが合わなくなったよ。

**図１０**

〔問題３〕 **ふゆみ**さんは、１２ｃｍだとつじつまが合わなくなったよと言っています。**ふゆみ**さんがなぜつじつまが合わないと考えたのか、式と文章を使って説明しなさい。その際、これまでの図と会話文を参考にして答えなさい。

## 2

**はるき**さん、**なつよ**さん、**あきお**さん、**ふゆみ**さんが公園で持ってきたジュースについて話をしています。

**はるき**：持ってきたジュースの味はみんなりんご味だね。

**なつよ**：成分が書かれている部分を見ると、ストレート果汁と書いてあるものと濃縮還元果汁と書いてあるものがあるね。

**あきお**：どのようなちがいがあるのかインターネットで調べてみよう。

**ふゆみ**：インターネットで調べたら、ストレート果汁は果実をしぼったままの果汁のことで、濃縮還元果汁は果汁を加熱等によって、水分を少なくして*濃縮し、ジュースにする前に水を加えてもとの果汁の濃さにもどすものだと書いてあるよ。インターネットから参考になる資料を持ってきたよ（**資料1**）。

**資料1**　ジュースの製造方法

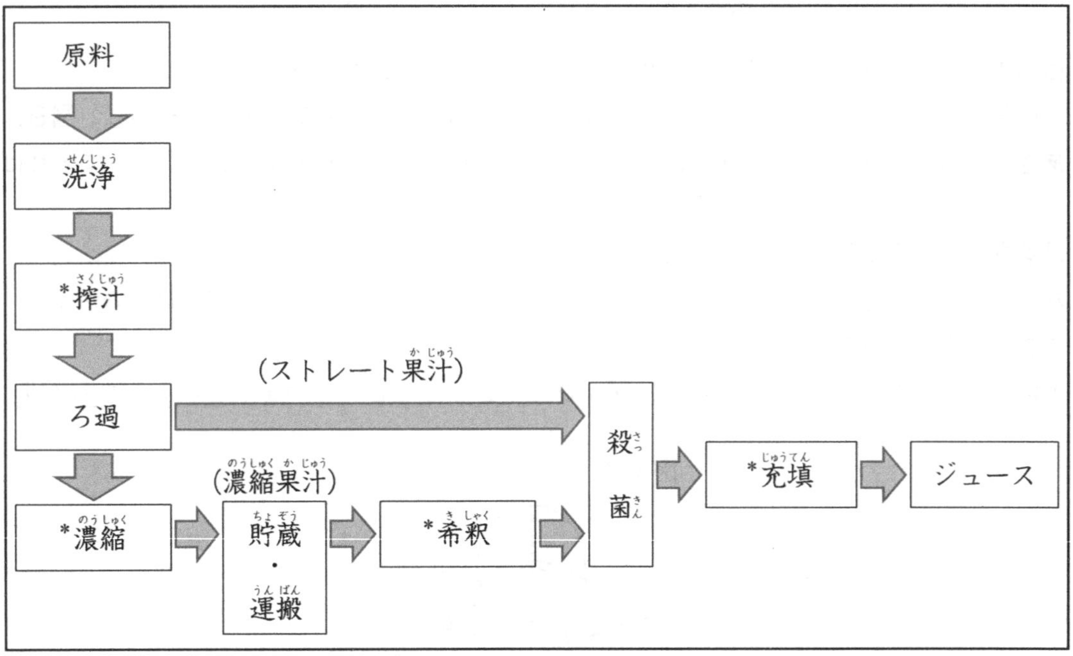


（平成２２年消費者庁「果実ジュース製造工程のイメージ」より作成）

＊濃縮：加熱等によって、水分を少なくし、濃さを濃くすること。
＊搾汁：果実をしぼって、皮や種などを取り除いた部分を集めること。
＊希釈：濃さの濃いものに水を加えて、濃さをうすくすること。
＊充填：紙やプラスチック等でできた容器につめること。

解答用紙

# 適性検査Ⅰ

1

〔問題1〕20点

文章1

という効果。

文章2

という効果。

〔問題2〕20点

〜

〔問題3〕60点

20

100

※100点満点

| 受検番号 |
| --- |
| |

| 得点 |
| --- |
| ※ |

※

※

※

※

※

※のらんには、記入しないこと。

# 解答用紙　適性検査Ⅱ

※100点満点

| 受検番号 |
| --- |
| |

| 得点 |
| --- |
| ※ |

※のらんには、記入しないこと

1

〔問題１〕15点

〔太郎さんの作業〕

〔花子さんの作業〕

〔６枚のマグネットシートを切り終えるのにかかる時間〕　（　　　　）分

※

〔問題２〕15点

| |
|---|
| 〔得点板の数字を４５６から９８７にするのにかかる最短の時間〕（　　　　）秒 |
| 〔　　　　〕→〔　　　　〕 |
| 〔　　　　〕→〔　　　　〕 |
| 〔　　　　〕→〔　　　　〕 |
| 〔　　　　〕→〔　　　　〕 |
| 〔　　　　〕→〔　　　　〕 |

※

# 解答用紙　適性検査Ⅲ

※100点満点

| 受検番号 |
| --- |
| |

| 得点 |
| --- |
| ※ |

※のらんには、記入しないこと

**1**

〔問題１〕10点

| 選んだ頂点 | B　・　C |
|---|---|

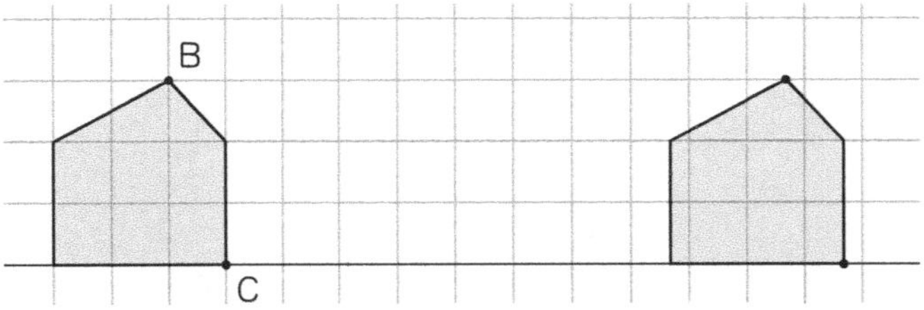


※

〔問題２〕15点

| | |
|---|---|
| １２８番目の人のかさ | 開く　・　閉じる |

※

〔問題３〕25点

説明

※

]

問題１）20点

濃縮還元果汁の製造方法ですぐれている点

※

ストレート果汁の製造方法ですぐれている点

※

問題２）10点

※

問題３）20点

※

【解答用

2

〔問題1〕 15点

| 山城（やましろ） ・ 大和（やまと） ・ その他の近畿（きんき）地方 |
| --- |
| |
| |
| |
| |

※

〔問題2〕 15点

| 慶長小判（けいちょうこばん）と元禄小判（げんろくこばん） ・ 安政小判（あんせいこばん）と万延小判（まんえんこばん） |
| --- |
| |
| |
| |
| |

※

〔問題3〕 10点

| |
| --- |
| |
| |
| |
| |
| |

※

3

〔問題１〕12点

※

〔問題２〕18点

〔組み合わせ〕

〔理由〕

※

（6　武蔵）

440　400　300　200

※

2024(R6) 武蔵高附属中
教英出版

【解答用

**はるき：**製造の手順にちがいがあるね。

**なつよ：**ストレート果汁からジュースを製造する方法は、濃縮還元果汁からジュースを製造する方法より、製造の手順が少ないね。

**あきお：**濃縮還元の製造の方法は、手順が多いから、製造するときに気を付けなければいけないことが多そうだね。

**ふゆみ：**水分を少なくして貯蔵することは、ジュースだけでなく昔からよく行われているよ。

**はるき：**製造の方法も調べてみるといろいろな工夫がされているんだね。

**なつよ：**果実という原料から、ジュースを作るには製造方法が複数あることはおもしろいね。

**あきお：**複数の製造方法があるのはなぜだろう。

**ふゆみ：**果実からジュースを作る方法が複数あることは、それぞれの製造方法にすぐれている点があるということかもしれないね。

〔問題１〕　**ふゆみ**さんが果実からジュースを作る方法が複数あることは、それぞれの製造方法にすぐれている点があるということかもしれないと言っています。**資料１**や会話文をもとに、濃縮還元果汁とストレート果汁の製造方法ですぐれている点をそれぞれ一つずつ簡単に答えなさい。

昨日の公園でのできごとについて、学校で話をしています。

**はるき：**昨日、すわっていたビニールシートの上がなんだかベタベタしていたよね。

**なつよ：**飲んでいたジュースが少しこぼれたのかもしれない。

**あきお：**ジュースをビニールシートにこぼすと、ベタベタしてかわきにくいことがあるよね。

**ふゆみ：**それに対して、シートに水がこぼれていても、ベタベタしないで、いつのまにかかわいているね。

**はるき：**水だけだとかわきやすくて、ジュースだとかわきにくいということかな。

**なつよ：**ジュースは、水に果汁が混ざっているからなのかな。

**あきお：**かわきにくくなっている原因は、何に関係することなのかな。

**ふゆみ：**どう考えればいいか、先生に聞いてみよう。

**先　生：**みなさん、おもしろいことに気が付きましたね。かわきにくいということは、蒸発しにくいと考えてみましょう。蒸発というのはどのような現象か説明できますか。

**はるき：**液体が気体になることだと思います。

**なつよ：**蒸発は、水面から液体の水が気体の水蒸気になって、水面から外に出て行くことです。

**ふゆみ：**そうすると、蒸発の様子は、液体の表面に注目することが大切ということですね。

**先　生：**その通りです。液体の表面に注目すると、蒸発の様子がイメージしやすくなることを覚えておきましょう。

**はるき：**ところで、ジュースがベタベタしてかわきにくいのは、ジュースに何がふくまれているからかな。

なつよ：持ってきたジュースの成分の表示では『糖質』というのが一番多くふくまれていることが分かるよ。

あきお：先生、糖質って何でしょうか。

先　生：糖質は身近なもので考えると砂糖のことだと考えれば良いでしょう。水に砂糖をとかした砂糖水をジュースとして考えてみると、分かりやすいでしょう。さらに、水の上に油をうかべた実験も水の蒸発を考えるのに役に立つかもしれません。ジュースが蒸発しにくい理由を、蒸発について実験して得られた結果をまとめた資料から考えてみましょう（**資料2**、**資料3**）。

**資料2**

水１００ｇと、水８０ｇに砂糖２０ｇをとかした砂糖水を用意し、それぞれをビーカーに入れ、それぞれの重さが９５ｇになるまでにかかった時間を記録した結果。

**表1**　９５ｇになるまでにかかった時間

| | 水 | 砂糖水 |
|---|---|---|
| 時間 | ９時間２０分 | ９時間５０分 |

**資料3**

水１００ｇと、水８０ｇに油２０ｇをうかべたものを用意し、それぞれの重さを測定した結果。

**表2**　蒸発による重さの変化

| | 水１００ｇ | 水８０ｇに油２０ｇをうかべたもの |
|---|---|---|
| はじめ | １００　ｇ | １００ｇ |
| ２時間 | ９９．１ｇ | １００ｇ |
| ４時間 | ９８．０ｇ | １００ｇ |
| ６時間 | ９６．９ｇ | １００ｇ |

先　生：油は水と混ざらないので、水の上に油がういています。

はるき：水と油、砂糖水をイメージ図で表すことはできるかな。

先　生：イメージしやすいように水、油や砂糖をつぶとして表し、みなさんで図を考えてみましょう。

なつよ：水のつぶは○で表して、図をかいてみたよ（**図1**）。

あきお：油のつぶは●で表して、図をかいてみたよ（**図2**）。

はるき：水にとけている砂糖のつぶは◎で表して、図をかいてみたよ（**図3**）。

**なつよ：**液体の表面の様子がそれぞれ異(こと)なっているね。
**ふゆみ：**砂糖水は水より蒸発しにくいことと何か関係がありそうだね。

**図1**　**図2**　**図3**

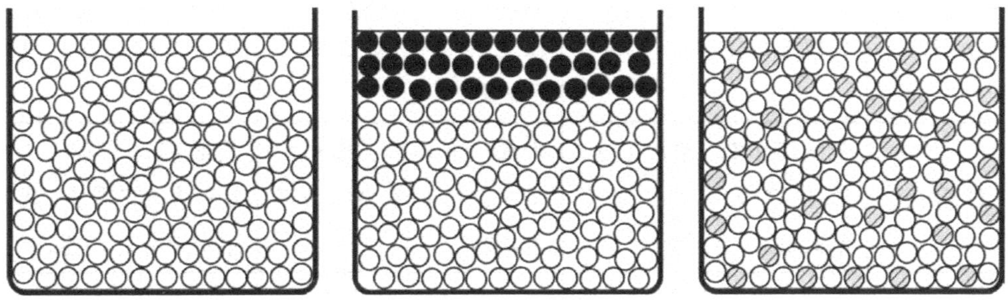

〔問題2〕　**ふゆみ**さんが、砂糖水は水より蒸発しにくいことと何か関係がありそうと言っています。**資料2**、**資料3**と**図1**～**図3**と会話文から砂糖水が水より蒸発しにくくなる理由を説明しなさい。

**はるき：**今日は暑いから、ペットボトルにジュースを入れてこおらせてきたよ。
**なつよ：**私(わたし)も。そろそろ少しとけてきたから飲んでみようかな。とてもあまい。
**あきお：**そうそう、ジュースってこおらせると、こおらせる前のものよりもあまみが強くて、だんだんうすくなっていくよね。
**ふゆみ：**どうしてだろう。
**なつよ：**こおったジュースの中で何が起こっているんだろう。
**あきお：**ジュースの濃さによって、こおる速さにちがいはあるのかな。
**なつよ：**濃さのちがうジュースをこおらせてみよう。
**あきお：**どのようにこおっていくのか様子を観察したらいいね。
**ふゆみ：**３０分ごとに冷とう庫の中の様子を観察して、こおりやすさを調べてみよう。
**先　生：**良い考えですね。実験をして考えてみましょう〈**実験１**〉。

〈**実験１**〉
果汁１００％ジュース、水９０ｇと果汁１００％ジュース１０ｇを混ぜたもの、水を用意する。この実験では果汁１００％ジュースを「ジュース①」、水９０ｇと果汁１００％ジュース１０ｇを混ぜたものを「ジュース②」とする。
それぞれをビーカーに５０ｇずつ入れて、ゆっくりと冷やすためにビーカー全体をタオルでくるんで冷とう庫に入れる。３０分ごとに様子を観察する。

**表3**　ジュース①、ジュース②、水を冷とう庫に入れたときのこおっていく様子の観察

| | ジュース① | ジュース② | 水 |
|---|---|---|---|
| ３０分後 | 変化なし。 | 変化なし。 | 変化なし。 |
| ６０分後 | 変化なし。 | 表面にうすい氷ができ、はしでつつくとすぐ割れる。 | 表面に厚みのある氷ができ、はしでつついても割れない。 |
| ９０分後 | 表面にうすい氷ができ、はしでつつくとすぐ割（わ）れる。 | 表面に厚みのある氷ができ、はしでつついても割れない。 | 表面の氷が厚くなる。ビーカーの周りや底にも氷ができている。 |
| １２０分後 | 表面に厚みのある氷ができ、はしでつついても割れない。 | 表面の氷が厚くなる。ビーカーの周りや底にも氷ができている。 | 全体がこおっている。 |
| １５０分後 | 表面の氷が厚くなる。ビーカーの周りや底にも氷ができている。 | 全体がこおっている。 | 全体がこおっている。 |
| １８０分後 | 全体がこおっている。 | 全体がこおっている。 | 全体がこおっている。 |

**はるき：** ジュースがこおったとき、どこの部分のあまさが強くなるのかも気になるね。

**先　生：** 糖度計を使えば、あまさを数値（すうち）で知ることができます。糖度とは、ショ糖を水にとかした水よう液１００ｇの中に何ｇのショ糖がふくまれているかを示した数値のことです。ショ糖とは、お店で売られている白砂糖の主成分になっているものです。

**なつよ：** りんごジュースをこおらせて、先生と糖度を測定しました。こおったジュースの糖度はジュースの真ん中付近が高くなっていました。

**はるき：** 数値で考えるのは難（むずか）しく感じるので、見た目で分かれば、分かりやすいと思います。できるでしょうか。

**あきお：** 私がこおらせて持ってきたジュースでは、見た目からはあまさが強いところやあまさが弱いところが分からなかったです。

**ふゆみ：** 先生、見た目であまさの強さを知ることができますか。

**先　生：** 見た目で、こおらせたときにどこの部分のあまさが強いかを調べるには、食べ物に赤い色をつける食紅（しょくべに）を水にとかしてこおらせれば、分かりやすいですよ。食紅の色が濃くなっているところがあまさが強いと考えることができますよ。では、色をつけた水を円柱形の容器に入れて、こおらせる前と後で様子を観察しましょう〈**実験２**〉。

**〈実験２〉**

円柱形の容器に水を入れ、食紅を加えて水に色をつける。ゆっくりと冷やすために容器全体をタオルでくるんで、冷とう庫に２４時間入れる（**図４**、**図５**）。

**図４**　冷とう庫の中に容器を置く位置を表した様子

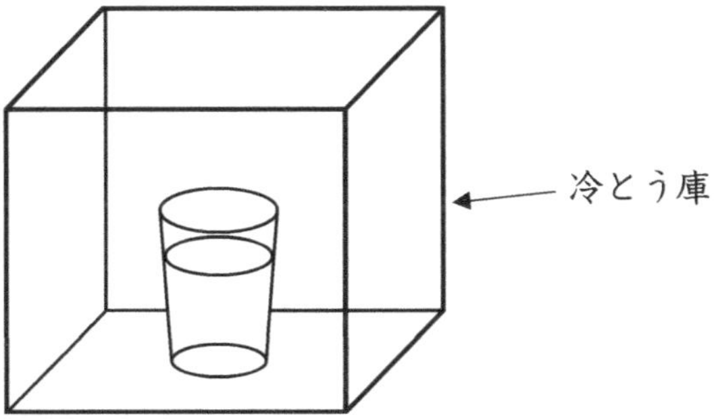


**図５**　食紅（しょくべに）で色をつけた水をこおらせた様子

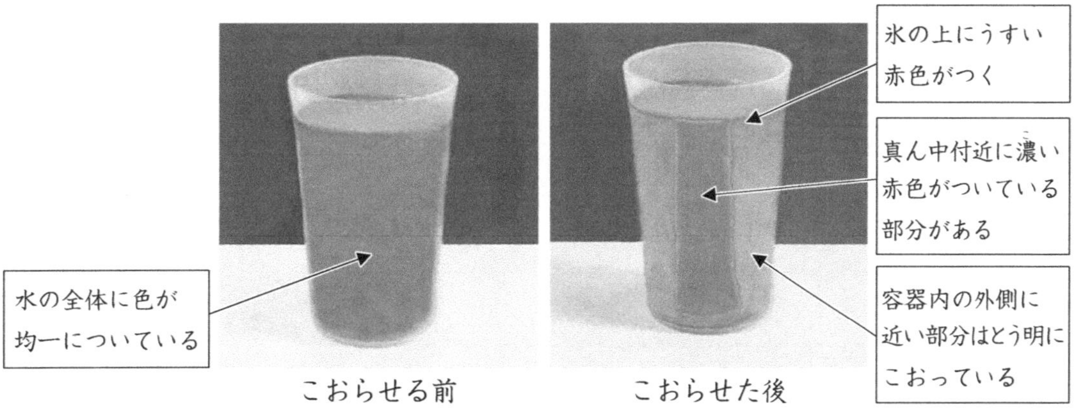


**なつよ：**〈**実験２**〉はおもしろい結果になったね。

**あきお：**私は全体が同じ色でこおると思っていました。こおっていくときにどのようなことが起こったのかな。

〔問題３〕 **図５**のこおらせた後の容器の様子では、とう明な部分と真ん中付近の濃く色がついた部分に分かれるのはなぜでしょうか。**実験１**、**２**の結果と会話文をもとにあなたの考えを書きなさい。

⑤

# 適性検査Ⅰ

注意

1 問題は 1 のみで、5ページにわたって印刷してあります。
2 検査時間は**四十五分**で、終わりは**午前九時四十五分**です。
3 声を出して読んではいけません。
4 答えは全て解答用紙に明確に記入し、**解答用紙だけを提出しなさい。**
5 答えを直すときは、きれいに消してから、新しい答えを書きなさい。
6 **受検番号**を解答用紙の決められたらんに記入しなさい。

東京都立武蔵高等学校附属中学校

問題は次のページからです。

## 1

次の **文章1** と **文章2** とを読み、あとの問題に答えなさい。
（＊印のついている言葉には、本文のあとに〔注〕があります。）

### 文章1

　何かをつくり出すには、技術や素材についての知識が必要だ。これらは見ることができるし、言葉で伝えることができるかもしれない。木工なら、木の切り方やけずり方、木と木を組み合わせる方法や組み立て方、使いやすい形や大きさ、重さなど、実際にものをつくるなかで生まれてきたたくさんの技術や知識がある。

　しかし、頭の中にものづくりの知識があっても、「つくる」ことはできない。そこには、技術と実際の経験が必要だ。わかっていてもできないと言うのは、本当の意味で「わかっていない」のだ。

　ものをつくり出すのに必要なことは、技術や知識だけではない。技術だけでは新しいものはできない。何をつくるのかが大切だ。何をつくるのか思いつくことを、アイデアが浮かぶと言う。アイデアは実際のところ、ぽっかりと浮かんでくるものではない。アイデアが浮かぶのは一瞬だけれども、その背後に長い時間が横たわっている。そういう時間に敬意をはらうことが、ものづくりの基本だ。

　ぼくらの生命そして生活は、自然の中で育った食物や材料によってささえられ、人間はそれらに手を加えて利用し、豊かになってきた。＊工芸の役割は、自然環境とのかかわりの中で、人びとの生活の質を高めること、つまり生活を豊かにすることだ。日常品は生活をささえ、生活にささえられてつくり出される。ものたちは、どんな形でもよいのではなくて、それぞれがそこに住む人びとの考え方を反映している。よく考えたものもあれば、思いつきだけではないかと思われるものもある。さまざまな思いや考えが、ものたちをつくっている。車やカメラやラジオなどの機械もそうだけれど、スプーンやフォークやナイフや家具も、同じように人びとの考えや思いの結晶だ。

　つくることができるには、長い道のり、時間が必要な場合もある。ようやくつくりあげることができて、人は本当の意味で、「もの」を理解する。「知っている」から「できる」に変化するのだ。おそらく、そこには、人びとの歴史、考え方、自然環境などが影響するだろう。とくに、生活で使われるものは、そこに住んでいる人たちの生活が形をつくる。そこでの人びとの生き方が、ものの形をつくるのだ。

　工芸は、人から人へ、世代から世代へ伝えるということが大切だ。そして工芸で使う材料もまた、伝え育てることで存在している。今、家具をつくろうと木を植えて育て始めたら、使えるようになるまでに１００年以上かかる。材料によっては、２００年以上もかかって生み出される。かかった月日の長さを思うとき、人びとのつながりや環境をささえあうということの大切さが見えてくる。

　ぼくは、古い道具やすり減った家具を見て、きれいだなと思うことがある。あれは、長い時間のなかで、たくさんの人たちがかかわり、考えてつくり、伝えてきたから美しくなったのだろう。何世代にもわたって伝えながらつくり出されてきたものは、一人の人間の力ではつくり出せない。時間を超えたコミュニケーションだ。ぼくらの社会や生活が変化していくなかで、ものの形も変化している。

木製の道具や家具は、＊骨董のように過去のものと思われる場合もあるが、スウェーデンでは、ひとつの手法として現代に生きていた。ナイフのけずりあとがあるような、荒けずりな木材のもつ表情が、古くさくなるのではなく、現代的ですらある。なぜ㋐古くさく感じないのかという問いの答えは、それが古くないからだ。それを人びとが受けつぎ、「もの」が新しい命、新しい生活をもらう。ぼくは、木工を始めたころ、技術が上がれば工業生産品のように美しいものをつくれると単純に思っていた。正確な機械のようにつくるにはどうしたらよいかと考えていたぼくが、今では、時が経ってできた隙間や傷すら味があるのだと思うようになった。左右対称、正確な円。それだけがすべてではない。ぼくらの生活は、そんなにかたくなくていい。木材はやさしい。もっと自由で良い。

（遠藤敏明「〈自然と生きる〉木でつくろう　手でつくろう」

（一部改変）による）

〔注〕

工芸――――生活に役立つ品物を美しくつくるわざ。

骨董――――古い美術品や古道具で、ねうちのあるもの。

お詫び
著作権上の都合により、文章は掲載しておりません。
ご不便をおかけし、誠に申し訳ございません。
教英出版

お詫び
著作権上の都合により、文章は掲載しておりません。
ご不便をおかけし、誠に申し訳ございません。
教英出版

お詫び
著作権上の都合により、文章は掲載しておりません。
ご不便をおかけし、誠に申し訳ございません。
教英出版

（田口幹人（たぐちみきと）「なぜ若（わか）い時に本を読むことが必要なのだろう」による）

〈注〉
希薄（きはく）――少なくてうすいようす。
蓄積（ちくせき）――物や力がたまること。
闇雲（やみくも）に――むやみやたらに。
価値観（かちかん）――ものごとを評価するときに基準とする判断や考え方。
汲（く）み取（と）る――人の気持ちをおしはかる。
培（つちか）った――やしない育てた。

〈問題1〉 ㋐古くさく感じない とありますが、なぜそのように言えるのでしょうか。解答らんに当てはまるように二十字以上三十字以内で **文章1** からぬき出しなさい。

> ［　　　　　　　　］ことを思わせる隙間や傷のある家具などが、新しい命を感じさせるから。

〈問題2〉 ㋑行間を読む とありますが、本を読むことにおいては、何をどうすることですか。「真実」「事実」という語を用いて説明しなさい。

〈問題3〉 あなたは、これからの学校生活でどのように学んでいこうと思いますか。あなたの考えを四百字以上四百四十字以内で書きなさい。ただし、次の条件と下の〈**きまり**〉にしたがうこと。

条件

① あなたが、**文章1**・**文章2** から読み取った、共通していると思う考え方をまとめ、それをはっきり示すこと。

② 「①」の内容と、自分はどのように学んでいくつもりかを関連させて書くこと。

③ 適切に段落分けをして書くこと。

〈**きまり**〉

○題名は書きません。

○最初の行から書き始めます。

○各段落の最初の字は一字下げて書きます。

○行をかえるのは、段落をかえるときだけとします。

○、や。や」などもそれぞれ字数に数えます。これらの記号が行の先頭に来るときには、前の行の最後の字と同じますめに書きます（ますめの下に書いてもかまいません）。

○。と」が続く場合には、同じますめに書いてもかまいません。この場合、。」で一字と数えます。

○段落をかえたときの残りのますめは、字数として数えます。

○最後の段落の残りのますめは、字数として数えません。

# 適性検査Ⅱ

注　　意

1　問題は **1** から **3** までで、１４ページにわたって印刷してあります。

2　検査時間は**４５分**で、終わりは**午前１１時１０分**です。

3　声を出して読んではいけません。

4　計算が必要なときは、この問題用紙の余白を利用しなさい。

5　答えは全て解答用紙に明確に記入し、**解答用紙だけを提出しなさい。**

6　答えを直すときは、きれいに消してから、新しい答えを書きなさい。

7　**受検番号**を解答用紙の決められたらんに記入しなさい。

東京都立武蔵高等学校附属中学校

問題は次のページからです。

**1** 放課後、**太郎**さんと**花子**さんは、教室で話をしています。

**太　郎**：今日の総合的な学習の時間に、**花子**さんの班は何をしていたのかな。
**花　子**：私はプログラミングを学んで、タブレットの画面上でロボットを動かしてブロックを運ぶゲームを作ったよ。
**太　郎**：おもしろそうだね。やってみたいな。

**花子**さんは画面に映し出された図（**図1**）を、**太郎**さんに見せました。

**花　子**：この画面で道順を設定すると、ロボットは黒い点から黒い点まで、線の上だけを動くことができるんだ。黒い点のところにブロックを置いておくと、ロボットがその黒い点を通ったときにブロックを運んでくれるんだ。運んだブロックをおろす場所も設定できるよ。設定できることをまとめてみるね。

**図1**　映し出された図

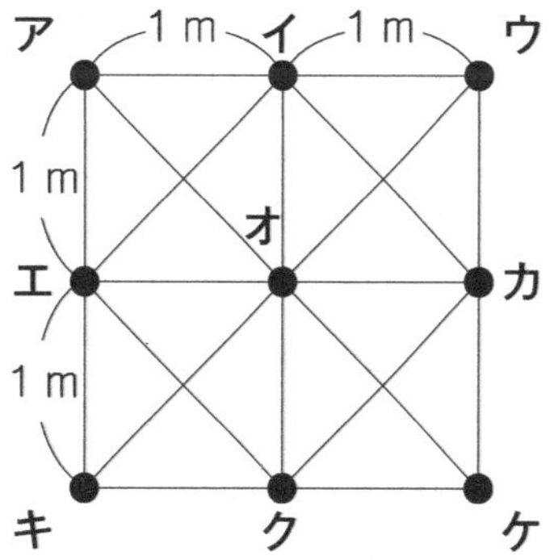


〔設定できること〕
**ロボットがスタートする位置**
　ブロックを置いていない黒い点から、スタートする。
**ブロックを置く位置**
　ブロックは黒い点の上に、１個置くことができる。ロボットは、ブロックが置いてある黒い点を通ると、そこに置いてあるブロックを運びながら、設定した次の黒い点に進む。
**倉庫（ロボットがブロックをおろす場所）の位置**
　ロボットが倉庫に行くと、そのとき運んでいるブロックを全て倉庫におろす。

**太　郎**：９個の黒い点のある位置は、それぞれ**ア**から**ケ**というんだね。
**花　子**：そうだよ。**ア**から**オ**に行く場合は**ア→オ**や、**ア→エ→オ**や、**ア→イ→ウ→オ**のように設定できるんだよ。
**太　郎**：四角形**アエオイ**、四角形**イオカウ**、四角形**エキクオ**、四角形**オクケカ**は正方形なのかな。
**花　子**：全て正方形だよ。**ア**から**イ**までや、**ア**から**エ**までは１ｍの長さに設定してあるよ。
**太　郎**：では、ブロックを置く位置と倉庫の位置を設定してみよう。
**花　子**：**図2**のように**イ**と**カ**と**キ**にブロックをそれぞれ１個ずつ置いて、**ケ**に倉庫の位置を設定してみたよ。それらの黒い点の上に、ブロックを置く位置と倉庫の位置が表示されるんだ。
**太　郎**：この３個のブロックを倉庫に運ぶために、どのようにロボットを動かせばよいかを考えよう。
**花　子**：ロボットの速さは分速１２ｍなのだけど、ブロックを運んでいるときはおそくなるよ。
**太　郎**：どのくらいおそくなるのかな。

**花　子**：運んでいるブロックの数によって、何も運んでいないときよりも、１ｍ進むのにかかる時間が増えるんだ。でも、運んでいるブロックの数が変わらない限り、ロボットは一定の速さで動くよ。**表１**にまとめてみるね。

**太　郎**：ブロックを３個運んでいるときは、かなりおそくなるね。

**花　子**：とちゅうで倉庫に寄ると、そのとき運んでいるブロックを全て倉庫におろすことができるよ。

**太　郎**：最も短い時間で全てのブロックを運ぼう。スタートする位置も考えないとね。

**花　子**：まず、計算をして、全てのブロックを倉庫まで運ぶ時間を求めてみよう。

**太　郎**：１辺の長さが１ｍの正方形の対角線の長さは１.４ｍとして計算しよう。

**花　子**：私が考えたスタートする位置からロボットが動いて全てのブロックを倉庫に運ぶまでの時間を求めると、４８.８秒になったよ。

**太　郎**：私の計算でも４８.８秒だったよ。けれども、スタートする位置も道順も**花子**さんの考えたものとは、別のものだったよ。

**図２**　**花子**さんが設定した図

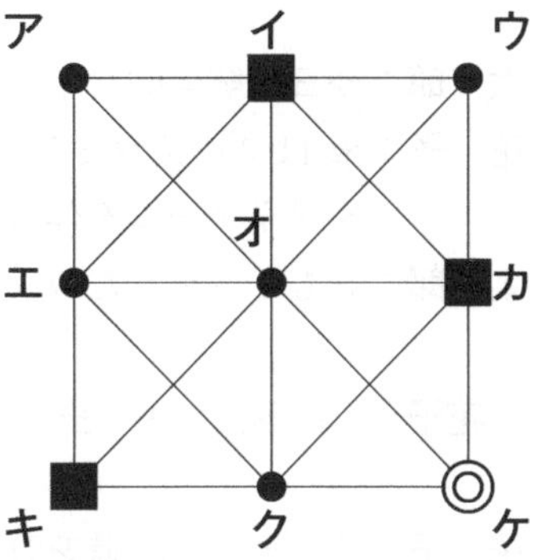


（■ ブロック　◎ 倉庫）

**表１**　何も運んでいないときよりも、１ｍ進むのにかかる時間の増え方

| 運んでいるブロックの数 | 増える時間 |
|---|---|
| １個 | ２秒増える |
| ２個 | ５秒増える |
| ３個 | ８秒増える |

〔問題１〕　**図２**のように**太郎**さんと**花子**さんは**イ**と**カ**と**キ**にブロックを置く位置を、**ケ**に倉庫の位置を設定しました。４８.８秒で全てのブロックを倉庫まで運ぶとき、スタートする位置と道順はどのようになっていますか。いくつか考えられるもののうちの一つを、**ア**～**ケ**の文字と**→**を使って答えなさい。また、４８.８秒になることを式と文章で説明しなさい。ただし、ロボットは3個のブロックを倉庫に運び終えるまで止まることはありません。また、ブロックを集める時間や倉庫におろす時間、ロボットが向きを変える時間は考えないものとします。

**花　子**：**太郎**さんの班はプログラミングを学んで、何をしていたのかな。

**太　郎**：私はスイッチをおして、電球の明かりをつけたり消したりするプログラムを作ったよ。画面の中に電球とスイッチが映し出されて（**図３**）、１個のスイッチで１個以上の電球の明かりをつけることや消すことができるんだ。

**花　子**：おもしろそうだね。

**太　郎**：そうなんだよ。それでクイズを作っていたけれど、まだ完成していないんだ。手伝ってくれるかな。

**花　子**：いいよ、見せてくれるかな。

**図３**　映し出された図

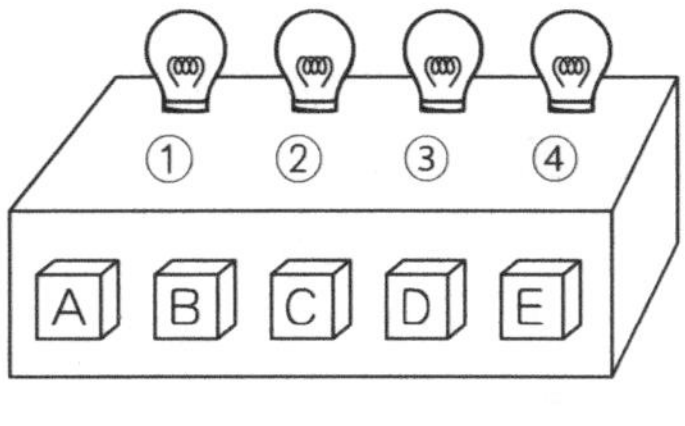

〔**太郎**さんが作っているクイズ〕

①～④の４個の電球と、Ａ～Ｅの５個のスイッチがあります。**全ての電球の明かりが消えている状態で、**Ａのスイッチをおすと、②と③の電球の明かりがつきました。次のヒントを読んで、全ての電球の明かりが消えている状態で、Ｂ～Ｅのスイッチはそれぞれどの電球の明かりをつけるかを答えなさい。

**ヒント（あ）**：全ての電球の明かりが消えている状態で、ＡとＢとＣのスイッチをおしたあと、明かりがついていたのは①と③の電球であった。

**ヒント（い）**：全ての電球の明かりが消えている状態で、ＢとＣとＤのスイッチをおしたあと、明かりがついていたのは①と②と④の電球であった。

**ヒント（う）**：全ての電球の明かりが消えている状態で、ＡとＤとＥのスイッチをおしたあと、明かりがついていたのは①と④の電球であった。

**花　子**：Ａのスイッチは、②と③の電球の明かりをつけるスイッチなんだね。

**太　郎**：Ａのスイッチは、②と③の電球の明かりを消すこともあるよ。②と③の電球の明かりがついている状態で、Ａのスイッチをおすと、②と③の電球の明かりは消えるんだ。

**花　子**：①と④の電球の明かりがついている状態で、Ａのスイッチをおしても、①と④の電球の明かりはついたままなのかな。

**太　郎**：そうだよ。Ａのスイッチをおしても、①と④の電球の明かりは何も変化しないんだ。

**花　子**：Ａ以外にも、②の電球の明かりをつけたり消したりするスイッチがあるのかな。

**太　郎**：あるよ。だから、Ａのスイッチをおして②の電球の明かりがついたのに、ほかのスイッチをおすと②の電球の明かりを消してしまうこともあるんだ。

**花　子**：ヒントでは３個のスイッチをおしているけれど、おす順番によって結果は変わるのかな。

**太　郎**：どの順番でスイッチをおしても、結果は同じだよ。だから、順番は考えなくていいよ。

**花　子**：ここまで分かれば、クイズの答えが出そうだよ。

**太　郎**：ちょっと待って。このままではクイズの答えが全ては出せないと思うんだ。ヒントがあと１個必要ではないかな。

**花　子**：これまで分かったことを、表を使って考えてみるね。スイッチをおしたときに、電球の明かりがつく場合や消える場合には○、何も変化しない場合には×と書くよ。（**表２**）

**表２　花子**さんが書きこんだ表

| | ①の電球 | ②の電球 | ③の電球 | ④の電球 |
|---|---|---|---|---|
| Ａのスイッチ | × | ○ | ○ | × |
| Ｂのスイッチ | | | | |
| Ｃのスイッチ | | | | |
| Ｄのスイッチ | | | | |
| Ｅのスイッチ | | | | |

**太　郎**：Ａのスイッチのらんは全て書きこめたね。それでは、**ヒント（あ）**から考えてみようか。

**花　子**：**ヒント（あ）**を見ると、①の電球の明かりがついたね。でも①の電球のらんを見ると、Ａのスイッチは×だから、ＢとＣのスイッチのどちらか一方が○でもう一方が×になるね。

**太　郎**：つまり、AとBとCのスイッチの①の電球のらんは、次の**表3**のようになるね。

**表3**　①の電球について**太郎**さんが示した表

| | ①の電球 |
|---|---|
| Aのスイッチ | × |
| Bのスイッチ | ○ |
| Cのスイッチ | × |

または

| | ①の電球 |
|---|---|
| Aのスイッチ | × |
| Bのスイッチ | × |
| Cのスイッチ | ○ |

**花　子**：次は、③の電球を考えてみよう。**ヒント（あ）**では、③の電球の明かりもついたね。

**太　郎**：③の電球のらんを見ると、Aのスイッチは○だから、BとCのスイッチは、次の**表4**のようになるね。

**表4**　③の電球について**太郎**さんが示した表

| | ③の電球 |
|---|---|
| Aのスイッチ | ○ |
| Bのスイッチ | ○ |
| Cのスイッチ | ○ |

または

| | ③の電球 |
|---|---|
| Aのスイッチ | ○ |
| Bのスイッチ | × |
| Cのスイッチ | × |

**花　子**：次は、**ヒント（い）**を見ると、①の電球の明かりがついたね。

**太　郎**：**ヒント（あ）**で、①の電球はBとCのスイッチのどちらか一方が○でもう一方が×になると分かったね。だから、Dのスイッチの①の電球のらんには×と書けるんだ。

**花　子**：さらに、**ヒント（う）**を見ると、①の電球の明かりがついたね。AとDのスイッチの①の電球のらんは×なので、Eのスイッチの①の電球のらんには○が書けるよ。(**表5**)

**表5**　**太郎**さんと**花子**さんがさらに書きこんだ表

| | ①の電球 | ②の電球 | ③の電球 | ④の電球 |
|---|---|---|---|---|
| Aのスイッチ | × | ○ | ○ | × |
| Bのスイッチ | | | | |
| Cのスイッチ | | | | |
| Dのスイッチ | × | | | |
| Eのスイッチ | ○ | | | |

**太　郎**：ほかの電球についても考えていくと、DとEのスイッチの②から④の電球のらんの○と×が全て書きこめるね。

**花　子**：でも、BとCのスイッチについては、○と×の組み合わせが何通りかできてしまうよ。

**太　郎**：やはり、ヒントがあと１個必要なんだ。**ヒント（え）**を次のようにしたら、○と×が一通りに決まって、表の全てのらんに○と×が書きこめたよ。

> **ヒント（え）**：全ての電球の明かりが消えている状態で、□と□と□のスイッチをおしたあと、明かりがついていたのは①と②の電球であった。

〔問題２〕　**表5**の全てのらんに○か×を書きこむための**ヒント（え）**として、どのようなものが考えられますか。解答用紙の**ヒント（え）**の□に、A～Eの中から異なる３個のアルファベットを書きなさい。また、**ヒント（あ）**～**ヒント（う）**と、あなたが考えた**ヒント（え）**をもとにして、解答用紙の**表5**の空いているらんに○か×を書きなさい。

**2** 武蔵さんとたま美さんは授業の自由研究で「江戸・東京の水道」について調べています。

**武　蔵**：江戸の町の上水は徳川家康が徳川家で働く人々に命じてつくらせたのが始まりです。上水というのは人々の暮らしに欠かせない飲み水や生活用水を配る水道のことです。

**たま美**：上水をつくらせた理由は何ですか。

**先　生**：家康が江戸に幕府を開いたころ、江戸城下の多くの町が遠浅の海をうめたてた土地だったので、当時の人々は、しょっぱい感じの井戸水に苦労しており、水売りの水を飲んでいました。水売りというのは、江戸の高台にあたる地域にわく水を売りに来る人のことです。さらに、それだけでは日常生活で必要な水が十分にまかなえなかったために、ため池の水も使われていました。

**武　蔵**：暮らしを支える水をまかなうのは、なかなか大変なんですね。

**先　生**：江戸の町の周辺の水源から引きこまれた上水は、石や木でつくられた水路を使って江戸の町を通り、上水井戸につながれました。

**たま美**：江戸の城下町で暮らす人々は、上水井戸の水をくんで、いつでも水が使えるようになったのですね。

**先　生**：そうですね。その後、江戸の町が発展するとともに人口も増え、必要な水の量も急増したことから、江戸の周辺を水源とする上水が次々に開設されていきました。

**武　蔵**：江戸の町の上水について調べたことをもとにして**図1**をかいてみました。

**図1**　武蔵さんのかいた江戸の町の水道（上水）の模式図

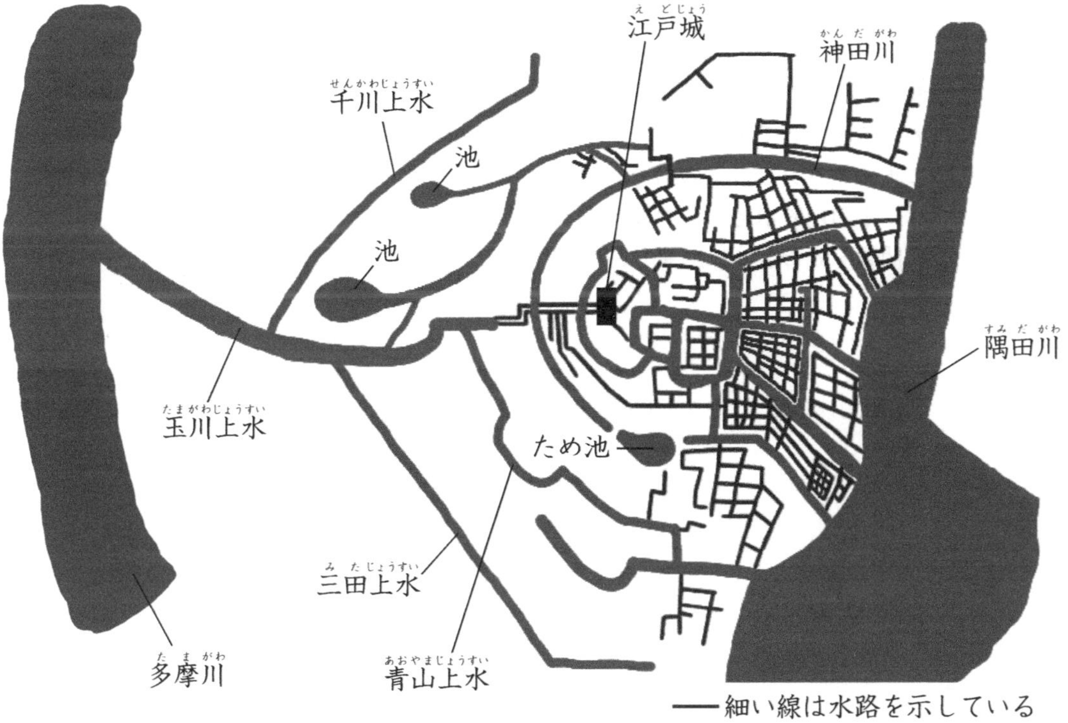


（国土交通省関東地方整備局の資料などより作成）

〔問題1〕 江戸の町づくりのために水道（上水）が必要だった理由と江戸の町の水道（上水）の特長について、会話文や**図1**を使って説明しなさい。

**先　生**：明治時代になると西洋の技術を導入して近代水道が整備されました。
**武　蔵**：江戸の上水をそのまま利用することはできなかったのですか。
**先　生**：江戸の上水は、河川やわき水をそのまま飲み水として使用していました。そのため長く使っているうちに、木の管がくさるなどの原因で安全な水ではなくなってきました。このように衛生的な観点から近代水道を整備する動きが盛んになりました。
**たま美**：その後、どうなったのですか。
**先　生**：**表1**を見てください。１８８８年に近代水道に向けての調査や設計が開始されました。多摩川の水を淀橋浄水場に導き、ポンプにより鉄の管で市内に給水するものです。浄水場とは河川などの水を良質にするためのしせつです。浄水場が整備されたことで、人々は清潔で安全な水を水道の蛇口を開くだけで飲めるようになりました。
**武　蔵**：水源林経営にも着手していますね。水源林を確保することで水をたくわえ、雨水などが森の中を移動することで水をきれいにします。また森林を保全することで、土しゃ流出や山くずれを防ぐ役割も果たしているようです。
**先　生**：大正時代から昭和時代前半にかけて東京の人口が増え、水をためておくための貯水池や浄水場などのしせつも拡大していきました。昭和時代後半になると、東京が急速に発展したことにより、一人当たりの使う水量が増えたことなどで、ますます多くの水が必要になりました。そこで、１９５７年には小河内貯水池（奥多摩湖）を建設しました。この貯水池は東京ドーム約１５０はい分の水をためることができる大きさでした。
**たま美**：貯水池の周辺は今では自然公園などが整備されていますね。
**先　生**：昭和時代後半の高度経済成長期になると人口の増加に加え、たくさんの工場ができたために工場などで使用する水の量も増え、毎年のように水不足が問題になってきます。特に東京オリンピックの開さいがせまった１９６４年の夏は、とても大変な水不足になり、小河内貯水池の水もほとんどなくなってしまいました。
**武　蔵**：この問題をどのように解決したのですか。

先　生：**図2**を見てください。水量が豊かな利根川を広域的に利用する事業を開始しました。従来、東京都は主として多摩川の水源にたよっていましたが、集める水域がせまいため水を送る量が少なく、荒川も水量の変化がはげしいことから、人口の急げきな増加には不十分な状きょうとなっていました。そこで建設されたのが、利根川と荒川を結ぶ武蔵水路です。

**表1**　水道の近代化にかかわる主な出来事

| 時代区分 | 年代 | 主な出来事 |
|---|---|---|
| ア | １８８８年 | 上水改良の設計調査開始 |
| | １８９８年 | 淀橋浄水場の通水開始 |
| | １９０１年 | 東京府が水源林経営に着手 |
| イ | １９２４年 | 村山上貯水池（多摩湖）の完成・境浄水場の通水を開始 |
| | １９２７年 | 村山下貯水池（多摩湖）の完成 |
| | １９３４年 | 山口貯水池（狭山湖）の完成 |
| ウ | １９５７年 | 小河内貯水池（奥多摩湖）の完成 |
| | １９６０年 | 東村山浄水場の通水開始 |
| | １９６４年 | 多摩川水系の水不足 |
| | １９６５年 | 武蔵水路の通水開始・淀橋浄水場のはい止（東村山浄水場への移転）、のちにあと地に東京都庁建設 |

時代区分：ア……明治時代（１８６８～１９１２年）
イ……大正時代～昭和時代前半（１９１２～１９５５年）
ウ……昭和時代後半（１９５５～１９８９年）

（東京都水道局の資料より作成）

**図2**　広域的な河川の利用と貯水池、浄水場を表す模式図

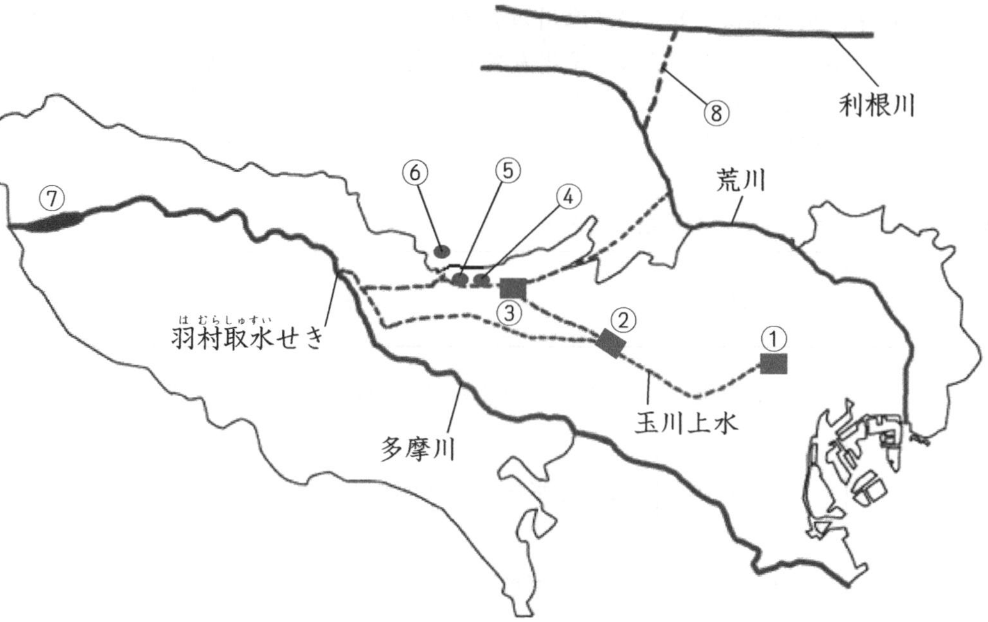

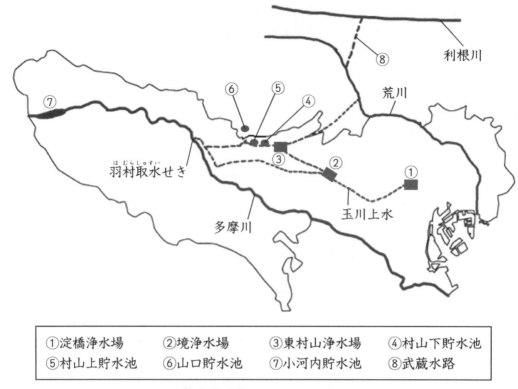

| | | | |
|---|---|---|---|
| ①淀橋浄水場 | ②境浄水場 | ③東村山浄水場 | ④村山下貯水池 |
| ⑤村山上貯水池 | ⑥山口貯水池 | ⑦小河内貯水池 | ⑧武蔵水路 |

（東京都水道局の資料より作成）

〔問題２〕　会話文や**表１**、**図２**を参考にしながら、明治時代から昭和時代においての東京の水道がどのように整備されたのかを説明しなさい。その際、**表１**の時代区分ア・イ・ウのうち二つを取り上げて、解答用紙の時代区分のらんに記し、それぞれについて説明すること。

**先　生**：水道が整備された現在、その安全を確保して信らい性を高めるための管理をすることが大きな課題となっています。**図３**のグラフは１ｍ$^3$あたりの水道水を配給するために必要な費用（値段）の内訳を示しています。蛇口に水道水を届ける費用１４１円のうち、水道管を整備して持続させるための費用が１１９円、給水所の費用が２２円となっています。東京都水道局によれば、２００６年以降、水道管から水もれをする割合を３％前後に保ち続けて高い水準で水もれを防いでいるそうです。

**たま美：**海外では水道管などが古くなったことにより、設備を管理するためにとても多くの費用がかかるようになり、大きな問題となっているそうです。日本でも、今後同じような問題が起きることが予想されますね。

**先　生：**水道水を作る費用３１円のうち、浄水場の費用が２４円、高度浄水処理（しょり）の費用が７円となっています。高度浄水処理をすることにより、かびのにおいのもととなる原因を取りのぞくことができます。

**たま美：**水道水の元になる水を調達する費用１７円は、主に水源林やダムにかかる費用のことです。それ以外にも、河川などの水源において定期的な水質調査パトロールなども行っています。

**武　蔵：**東京都では１９９０年代以降、毎日４００万m³以上の水を配給しています。世界の水道事情と比かくすると、水道の蛇口を開けば手軽に安全でおいしい水を得られることは貴重（きちょう）なことですね。

**図３**　１m³あたりの水道水を配給するために必要な費用（値段（ねだん））の内訳（うちわけ）

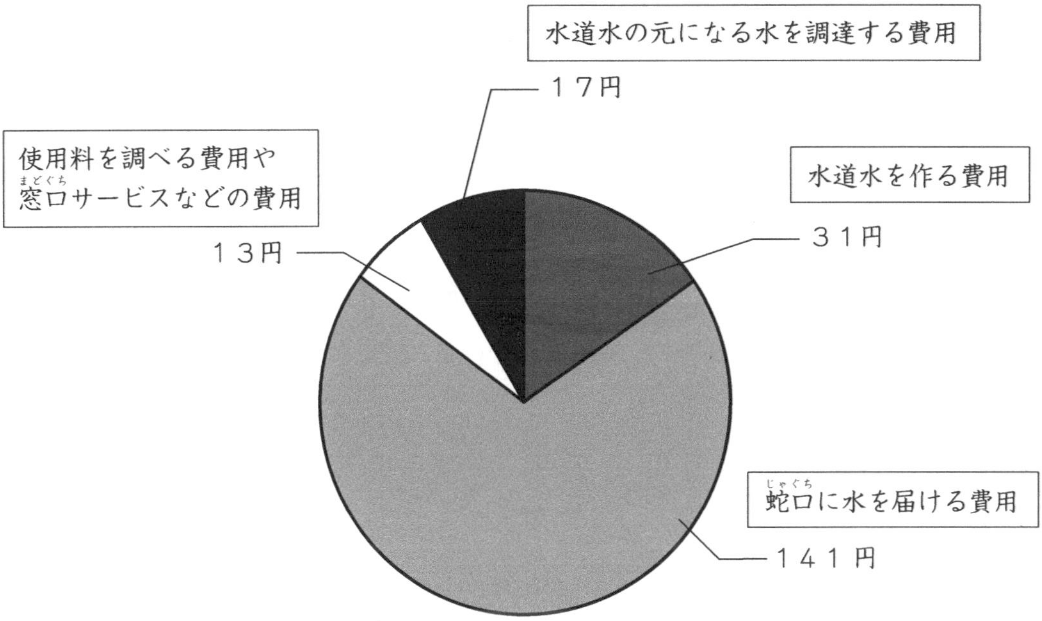


（東京都水道局の資料より作成）

〔問題３〕　**武蔵**さんは水道の蛇口を開けば手軽に安全でおいしい水を得られることは貴重（きちょう）なことですねと言っていますが、これからも安全でおいしい水を得られるようにしていくためには、どうしたらよいでしょうか。会話文や**図３**をもとに、あなたの考えを述べなさい。その際、会話文や**図３**に示されている費用（値段）を一つ以上選び、何の費用（値段）をどのように使うのかを具体的に説明すること。

このページには問題は印刷されていません。

**3** **花子**さんと**太郎**さんが水滴について話をしています。

**花　子**：雨が降った後、いろいろな種類の植物の葉に水滴がついていたよ。
**太　郎**：植物の種類によって、葉の上についていた水滴の形がちがったよ。なぜなのかな。
**花　子**：葉の形や面積と関係があるのかな。調べてみよう。

二人は、次のような**実験１**を行いました。

**実験１**

手順１　次の**ア**～**オ**の５種類の葉を、それぞれ１枚ずつ用意し、葉の形の写真をとる。
**ア**　アジサイ　**イ**　キンモクセイ　**ウ**　イチョウ　**エ**　ツバキ　**オ**　ブルーベリー

手順２　１枚の葉の面積を、**図１**のように方眼用紙を用いて求める。

手順３　それぞれの葉の表側に、約５ｃｍの高さからスポイトで水を４滴分たらす。そして、葉についた水滴を横から写真にとる。

**図１**　方眼用紙と葉

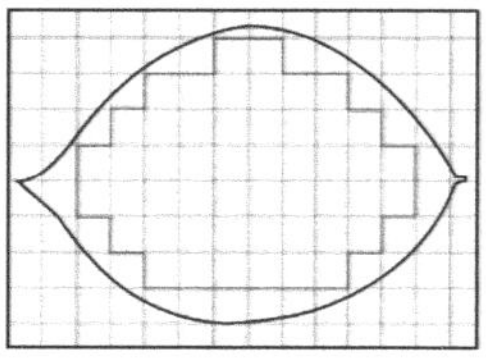

**実験１**の記録は、**表１**のようになりました。

**表１**　**実験１**の記録

| | **ア** | **イ** | **ウ** | **エ** | **オ** |
|---|---|---|---|---|---|
| 葉の形 |  |  | 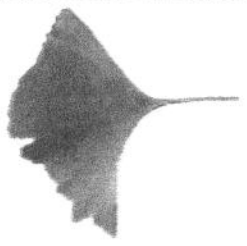 |  |  |
| 葉の面積（ｃｍ$^2$） | １１１ | ２２ | ３６ | １８ | １７ |
| 水滴の写真 | 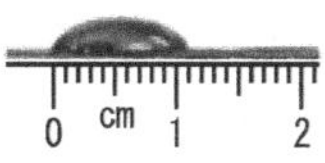  | 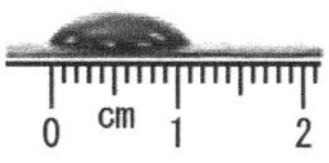  | 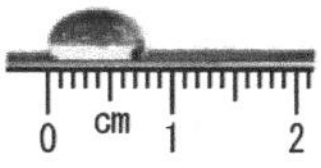  | 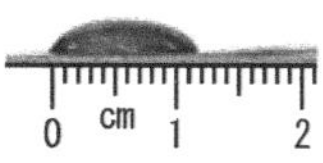  | 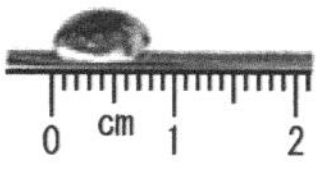  |

**太　郎**：**ア**～**オ**の中に、葉を少しかたむけると、水滴が転がりやすい葉と水滴が転がりにくい葉があったよ。
**花　子**：葉の上で水滴が転がりやすいと、葉から水が落ちやすいのかな。
**太　郎**：それを調べるために、葉の表側を水につけてから引き上げ、どれだけの量の水が葉についたままなのか調べてみよう。
**花　子**：葉についたままの水の量が分かりやすいように、葉は１０枚使うことにしましょう。

二人は、次のような**実験2**を行いました。

**実験2**

手順1　**実験1**の**ア**～**オ**の葉を、新しく10枚ずつ用意し、10枚の葉の重さをはかる。

手順2　**図2**のように、手順1で用意した葉の表側を1枚ずつ、容器に入った水につけてから引き上げ、水につけた後の10枚の葉の重さをはかる。

手順3　手順1と手順2ではかった重さから、10枚の葉についたままの水の量を求める。

**図2**　葉と水

10枚の葉についたままの水の量は、**表2**のようになりました。

**表2**　10枚(まい)の葉についたままの水の量

| | ア | イ | ウ | エ | オ |
|---|---|---|---|---|---|
| 10枚の葉についたままの水の量（g） | 11.6 | 2.1 | 0.6 | 1.8 | 0.4 |

**太　郎**：**表2**の10枚の葉についたままの水の量を、少ないものから並(なら)べると、**オ**、**ウ**、**エ**、**イ**、**ア**の順になるね。だから、この順番で水滴が転がりやすいのかな。

**花　子**：**表1**の葉の面積についても考える必要があると思うよ。**表2**の10枚の葉についたままの水の量を**表1**の葉の面積で割(わ)った値(あたい)は、**ア**と**イ**と**エ**では約0．1になり、**ウ**と**オ**では約0．02になったよ。

**太　郎**：**表1**の水滴の写真から分かることもあるかもしれないね。

〔問題1〕（1）　**表1**と**表2**と会話文をもとに、水滴(すいてき)が転がりやすい葉1枚(まい)と水滴が転がりにくい葉1枚を選びます。もし**ア**の葉を選んだとすると、もう1枚はどの葉を選ぶとよいですか。**イ**、**ウ**、**エ**、**オ**の中から一つ記号で答えなさい。

（2）　**花子**さんは、「**表2**の10枚の葉についたままの水の量を**表1**の葉の面積で割(わ)った値(あたい)は、**ア**と**イ**と**エ**では約0．1になり、**ウ**と**オ**では約0．02になったよ。」と言いました。この発言と**表1**の水滴の写真をふまえて、水滴が転がりやすい葉か転がりにくい葉か、そのちがいをあなたはどのように判断したか説明しなさい。

**太　郎**：葉についた水滴について調べたけれど、汗が水滴のようになることもあるね。
**花　子**：汗をかいた後、しばらくたつと、汗の水分はどこへいくのかな。
**太　郎**：服に吸収されると思うよ。ここにある木綿でできたＴシャツとポリエステルでできたＴシャツを使って、それぞれの布について調べてみよう。

二人は、次のような**実験３**を行いました。

**実験３**

手順１　木綿でできたＴシャツとポリエステルでできたＴシャツから、同じ面積にした木綿の布３０枚とポリエステルの布３０枚を用意し、重さをはかる。水の中に入れ、引き上げてからそれぞれ重さをはかり、増えた重さを求める。

手順２　新たに手順１の布を用意し、スタンプ台の上に布を押しあてて黒色のインクをつける。次に、インクをつけた布を紙の上に押しあてて、その紙を観察する。

手順３　新たに手順１の木綿の布３０枚とポリエステルの布３０枚を用意し、それぞれ平らに積み重ねて横から写真をとる。次に、それぞれに２kgのおもりをのせて、横から写真をとる。

**実験３**は、**表３**と**図３**、**図４**のようになりました。

**表３**　手順１の結果

| | 木綿の布 | ポリエステルの布 |
|---|---|---|
| 増えた重さ（g） | １４．１ | ２４．９ |

**図３**　手順２で観察した紙

| 木綿の布 | ポリエステルの布 |
|---|---|
|  １ｃｍ | 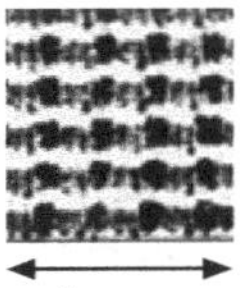 １ｃｍ |

**図４**　手順３で布を積み重ねて横からとった写真

| 木綿の布 | | ポリエステルの布 | |
|---|---|---|---|
| おもりなし | おもりあり | おもりなし | おもりあり |
| 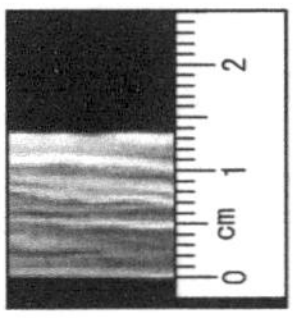 | 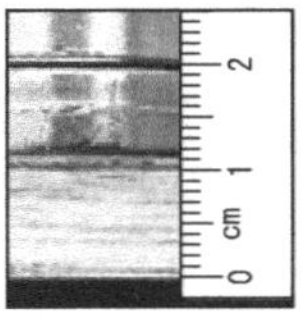 | 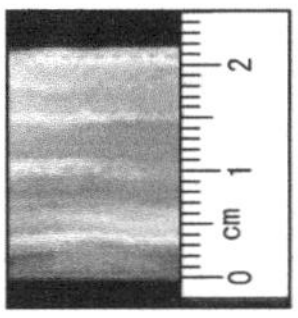 | 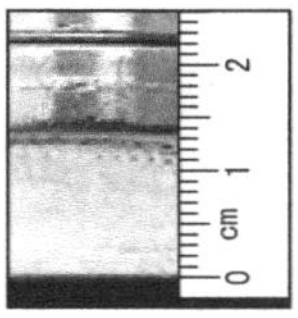 |

**花　子**：汗の水分は服に吸収されるだけではなく、蒸発もすると思うよ。
**太　郎**：水を通さないプラスチックの箱を使って、調べてみよう。

二人は、次のような**実験４**を行いました。

**実験4**

手順1　同じ布でできたシャツを3枚用意し、それぞれ水150gを吸収させ、プラスチックの箱の上にかぶせる。そして、箱とシャツの合計の重さをそれぞれはかる。

手順2　手順1のシャツとは別に、木綿でできたTシャツとポリエステルでできたTシャツを用意し、それぞれ重さをはかる。そして、**図5**のように、次の**カ**と**キ**と**ク**の状態をつくる。

**図5　カとキとクの状態**

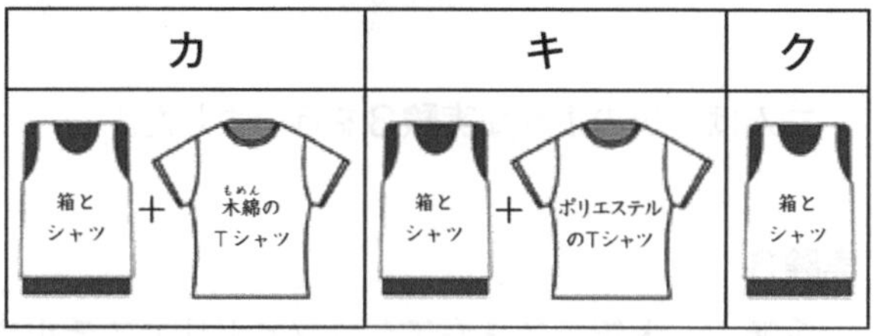


**カ**　箱とシャツの上に、木綿のTシャツをかぶせた状態

**キ**　箱とシャツの上に、ポリエステルのTシャツをかぶせた状態

**ク**　箱とシャツの上に何もかぶせない状態

手順3　手順2の**カ**と**キ**については、60分後にそれぞれのTシャツだけを取って、箱とシャツの合計の重さとTシャツの重さをそれぞれはかる。手順2の**ク**については、60分後に箱とシャツの合計の重さをはかる。

**実験4**の結果は、**表4**のようになりました。

**表4**　箱とシャツの合計の重さとTシャツの重さ

| | カ | | キ | | ク |
|---|---|---|---|---|---|
| | 箱とシャツ | Tシャツ | 箱とシャツ | Tシャツ | 箱とシャツ |
| はじめの重さ　(g) | 1648.3 | 177.4 | 1648.3 | 131.5 | 1648.3 |
| 60分後の重さ (g) | 1611 | 189.8 | 1602.4 | 150.3 | 1625.2 |

**花　子**：**表4**から、60分たつと、箱とシャツの合計の重さは、**カ**では37.3g、**キ**では45.9g、**ク**では23.1g、それぞれ変化しているね。

**太　郎**：Tシャツの重さは、**カ**では12.4g、**キ**では18.8g、それぞれ変化しているよ。

〔問題2〕（1）**実験3**で用いたポリエステルの布の方が**実験3**で用いた木綿の布に比べて水をより多く吸収するのはなぜですか。**図3**から考えられることと**図4**から考えられることをふまえて、説明しなさい。

（2）**実験4**の手順2の**カ**と**キ**と**ク**の中で、はじめから60分後までの間に、箱とシャツの合計の重さが最も変化しているのは、**表4**から**キ**であると分かります。蒸発した水の量の求め方を説明し、**キ**が最も変化する理由を答えなさい。

# 適性検査Ⅲ

**注　　意**

1　問題は **1** から **2** までで、１０ページにわたって印刷してあります。

2　検査時間は**４５分**で、終わりは**午後０時３５分**です。

3　声を出して読んではいけません。

4　計算が必要なときは、この問題用紙の余白を利用しなさい。

5　答えは全て解答用紙に明確に記入し、**解答用紙だけを提出しなさい。**

6　答えを直すときは、きれいに消してから、新しい答えを書きなさい。

7　**受検番号**を解答用紙の決められたらんに記入しなさい。

東京都立武蔵高等学校附属中学校

**1** **はるき**さん、**なつよ**さん、**あきお**さん、**ふゆみ**さんの４人は、休み時間に先週行った地域(ちいき)の子供(こども)フェスティバルの話をしています。

**はるき**：子供フェスティバルでは、いろいろなゲームがあって楽しかったね。
**なつよ**：私(わたし)は算数ビンゴゲームが一番楽しかったな。
**あきお**：どんなゲームだったかな。
**ふゆみ**：カードの縦(たて)３マス、横３マスの９マスに数字が入っていて、サイコロをふって出た数字と同じ数字に○をつけたね。縦、横、ななめに○の列をそろえるゲームだったね。
**はるき**：カードには、同じ数字が二つまでかかれていたね。
**なつよ**：そうだね。１列を早くそろえた人が勝ちで、私は残念ながらそろえることができなかったよ。
**あきお**：ぐう然ではなくて、できるだけ早く○の列をそろえられるカードはできるのかな。考えてみようよ。

**ルール**

1．カードは縦(たて)３マス、横３マスの９マスがあり、各マスに１～８までの好きな数字を2回までかくことができる。
2．１～８までの数字のうち、使わない数字があってもよい。
3．カードのとなり合っているマスには同じ数字をかくことはできない（ななめはとなりにふくまない）。
4．縦、横、ななめのいずれかの１列を早くそろえることができた人が勝ち。
5．○のつけ方は以下の通り。
　ア．１～６までの数字が出るサイコロと１～８までの数字が出るサイコロの二つのサイコロがある。
　イ．二つのサイコロをふって、大きい方の数字に○をつける。ただし、同じ数字が２マスかいてある場合は、好きな方の数字一つに○をつける。

**はるき：**６と７が出たら、７に○をつけられるということだね。
**なつよ：**そうだね。８は一番数が大きいから有利なのかな。考えてみよう。
**はるき：**とちゅうまで考えてみたけれど、続きをいっしょに考えてほしいな（**図１**）。

**図１　はるき**さんのカード

| | | |
|---|---|---|
| | ７ | ６ |
| | | |
| | | |

〔問題１〕 **図１**のカードに最も早く○の列をそろえられるように、全てのマスに１～８の数字を選んでかく。どのような考え方で数字をかくのかを説明し、解答らんの図を完成させなさい。

**なつよ：**算数ビンゴゲームのサイコロはお祭り用の大きいサイズで、サイコロの数字の背景（はいけい）には、直線でえがかれた格子状（こうしじょう）の模様（もよう）があったね。
**あきお：**その模様にぬってあった色は赤、青、緑の３色だったよね。それぞれの面には同じように模様があったけど、色のぬり方はさまざまで、お店の人の手作りみたいだね（**図２**）。
**ふゆみ：**はじめに模様をかいて、次に色をぬり、最後に１～６の数字をかいて完成させたんだね。
**はるき：**各面の模様にぬってある色は、となりとちがう色になるようにぬってあるね。他の模様でも考えてみよう。今回は、赤を「あ」、青を「い」、緑を「う」として考えよう（**図３**）。

**図２**　実際のサイコロ

**図３**　色を「あ」「い」「う」で表したもの

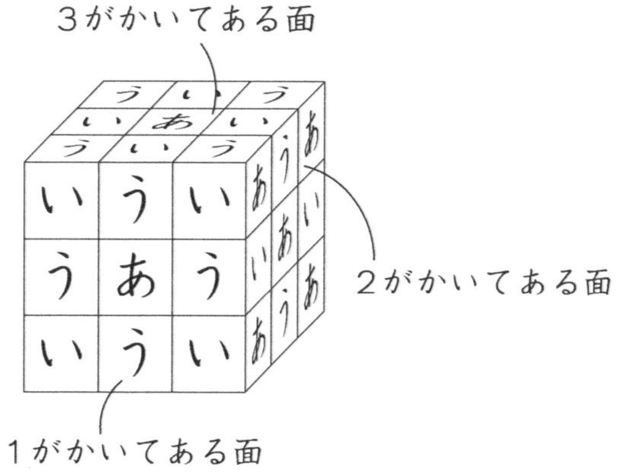

**なつよ**：サイコロを展開図（てんかいず）にすると分かりやすいね（**図4**）。これは、どんな模様でも３色が必要なのかな。

**図4**　**図3**の展開図（てんかいず）

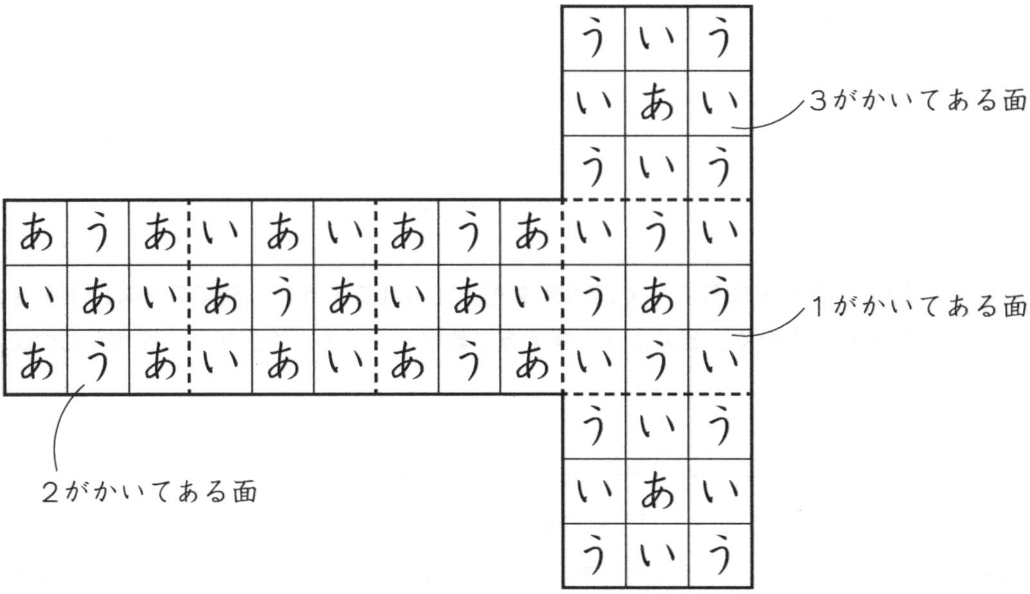


**あきお**：そうかな。いろいろな直線の引き方をすると２色で作られる模様がありそうだね。

〔問題２〕　**あきお**さんは「２色で作られる模様がありそうだね。」と言っています。サイコロの各面に、どのように直線をかけば２色でぬることができますか。以下の**ルール**に従（したが）い、解答らんには直線を記入すること。なお、色や数字の記入はしなくてよい。

**ルール**
1．６面全て同じ模様にすること。
2．**図3**と同じように、使う直線は各面４本で長さは自由とする。
3．それぞれの直線は交わってもよい。
4．色をぬるときは、となりとちがう色をぬる。

**あきお：** 子供フェスティバルでは、いろいろなゲームがあったね。景品をもらえたゲームもあったよ。

**はるき：** いいね。景品は何だったのかな。

**あきお：** 立体パズルだよ。２７個のブロックが入っていて、それを組み立てるパズルだよ。一つひとつのブロックの面に赤、青、緑の色がぬってあったね（**図5**）。

**なつよ：** ２７個のブロックを一つの大きな立方体にするにはどうしたらいいかな。これも赤を「あ」、青を「い」、緑を「う」として考えてみよう（**図6**）。それぞれの向かい合う面には同じ色がぬられているものとするよ。

**図5**　景品のブロックの一つ

**図6**　色を「あ」「い」「う」で表したもの

〔問題３〕 **図6**の２７個のブロックを組み立てて、**図7**のような縦3個、横3個、高さ３個の一つの大きな立方体にしたい。ブロックを積み上げるとき、となり合う面はちがう色になるように置き、また、接している面もちがう色になるように置く。このとき、解答らんにある３面の２７マスに色を表す「あ」、「い」、「う」をかきこみなさい。ただし、解答する面はどの角度から見える面でもよい。

**図7**　２７個のブロックを組み立てた様子

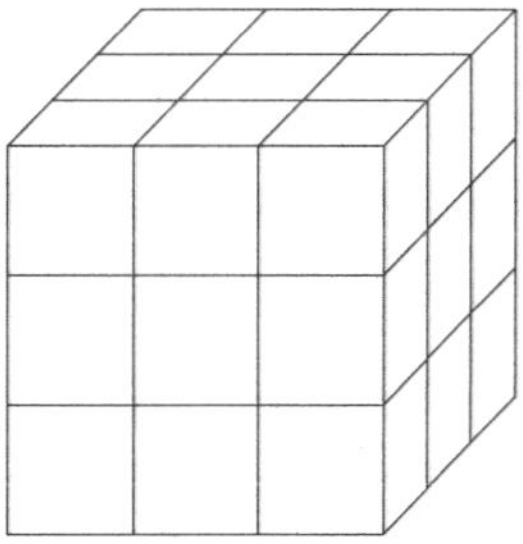

**2**　**はるき**さん、**なつよ**さん、**あきお**さん、**ふゆみ**さんの４人は駅のホームにいます。

**はるき**：次の電車は何分後に来るのかな。電光けい示板を見て確かめよう。
**あきお**：電光けい示板の中で文章が右から左に流れていくよ。
**ふゆみ**：一つひとつの電球が動いているわけではないのに、文字が流れるように動いて見えるね。
**はるき**：いつもはなんとなく見ていたけれど、よく見たらそうだね。
**あきお**：空港や美容室でも見たことがあるよ。縦型のけい示板で、文字が下から上に進むものもあるよね。
**ふゆみ**：電球以外で電光けい示板のように文字や模様が動いて見えるようにできるかな。
**はるき**：自分たちで作ってみたいね。学校で**先生**に相談してみよう。

４人は学校で**先生**に相談してみました。

**先　生**：電光けい示板を作ることは大変なので、ここにある、両面のそれぞれを、白と黒でぬり分けた平たい円ばん状になっているこま(**図１**)を使って表現するのはどうでしょうか。

**図１**　両面のそれぞれを、白と黒でぬり分けた平たい円ばん状になっているこま

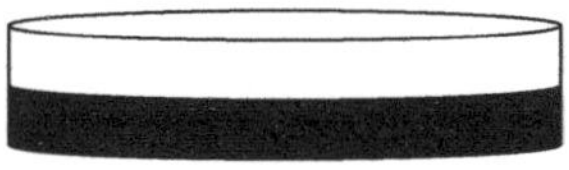

**あきお**：電球では「ついている」か「消えている」かの二つの状態しか表せないけれど、こまなら「白い面」、「黒い面」、「置かない」の三つの状態が表せるね。
**ふゆみ**：こまを置く９マスを横１行に並べて、右から左に「白」→「黒」→「置かない」という変化を伝えてみよう。
**はるき**：マスの位置には左から順に、アルファベットをマスの上に書いておこう。
**なつよ**：最初の何も置いていない状態から、１回変化を加えたものを「１回目」、次に変化を加えたものを「２回目」として、くり返し変化を伝えてみよう（**図２**)。

解答用紙

# 適性検査 I

**1**

〔問題1〕 15点

新しい命を感じさせるから。

30

ことを思わせる隙間（すきま）や傷（きず）のある家具などが、

20

〔問題2〕 25点

〔問題3〕 60点

20

100

※

※

※

※

※100点満点

| 受検番号 |
| --- |
| |

| 得点 |
| --- |
| ※ |

※のらんには、記入しないこと。

（5　武蔵）

# 解答用紙　適性検査Ⅱ

※100点満点

| 受　検　番　号 | 得　点 |
| --- | --- |
| | ※ |

※のらんには、記入しないこと

# 1

〔問題１〕 15点

〔道順〕

スタート　　　　　　　　　　　　　　　　　　倉庫

(　　　　) →　　　　　　　　　　　　　　　→ ケ

〔式と文章〕

※

〔問題２〕 15点

**ヒント（え）**：全ての電球の明かりが消えている状態で、

□と□と□のスイッチをおしたあと、

明かりがついていたのは①と②の電球であった。

**表５　太郎**さんと**花子**さんがさらに書きこんだ表

| | ①の電球 | ②の電球 | ③の電球 | ④の電球 |
|---|---|---|---|---|
| Ａのスイッチ | × | ○ | ○ | × |
| Ｂのスイッチ | | | | |
| Ｃのスイッチ | | | | |
| Ｄのスイッチ | × | | | |
| Ｅのスイッチ | ○ | | | |

※

# 解答用紙　適性検査Ⅲ

※100点満点

| 受　検　番　号 | 得　　　点 |
|---|---|
| | ※ |

※のらんには、記入しないこと

## 1

〔問題１〕 20点

説明

図

| | | |
|---|---|---|
| | 7 | 6 |
| | | |
| | | |

※

〔問題２〕 15点

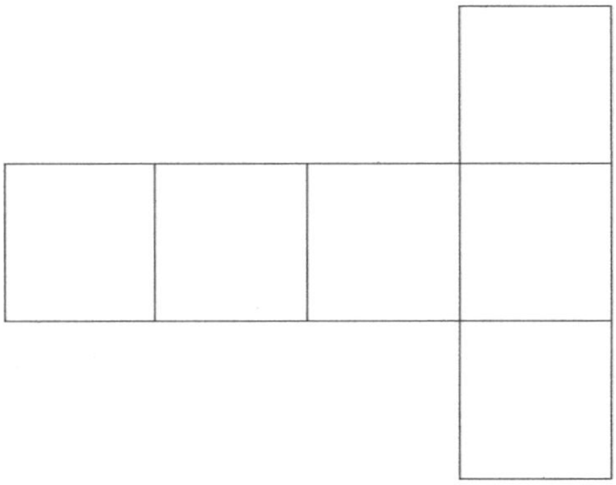

※

〔問題３〕 15点

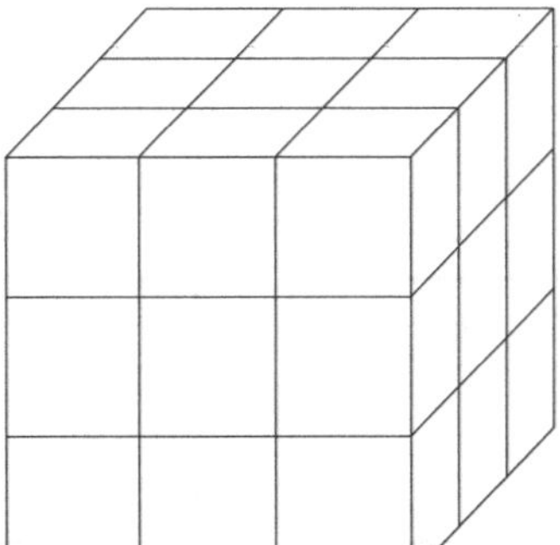

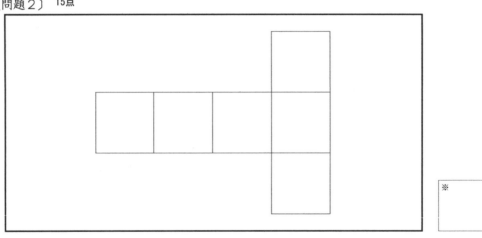

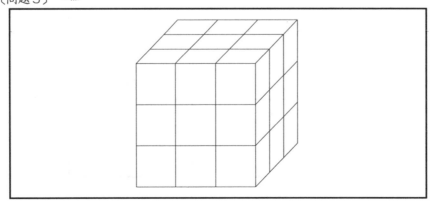

※

問題１） 16点

| A | B | C | D | E | F | G | H | I |
|---|---|---|---|---|---|---|---|---|
| | | | | | | | | |

理由：

※

問題２） 16点

| 最初の状態 | １回目 | ２回目 | ３回目 | ４回目 | ５回目 | ６回目 | ７回目 | ８回目 | ９回目 |
|---|---|---|---|---|---|---|---|---|---|
| | | | | | | | | | |

理由：

※

問題３） 18点

※

2

〔問題１〕 10点

※

〔問題２〕 20点

| 時代区分 | 説　　明 |
|---|---|
| | |
| | |

※

※

〔問題３〕 10点

※

3

〔問題１〕14点

| |
|---|
| （1） |
| （2） |

※

〔問題２〕16点

| |
|---|
| （1） |
| （2） |

※

（５　武蔵）

440 400 300 200

※



【解答用

**図2**　横１行、右から左にこまが移動していく様子

| | A | B | C | D | E | F | G | H | I |
|---|---|---|---|---|---|---|---|---|---|
| 最初の状態 | | | | | | | | | |
| １回目 | | | | | | | | | ○ |
| ２回目 | | | | | | | | ○ | ● |
| ３回目 | | | | | | | ○ | ● | |
| ４回目 | | | | | | ○ | ● | | ○ |
| ５回目 | | | | | ○ | ● | | ○ | ● |
| ６回目 | | | | ○ | ● | | ○ | ● | |
| ７回目 | | | ○ | ● | | ○ | ● | | ○ |
| ８回目 | | ○ | ● | | ○ | ● | | ○ | ● |
| ９回目 | ○ | ● | | ○ | ● | | ○ | ● | |
| １０回目 | ● | | ○ | ● | | ○ | ● | | ○ |

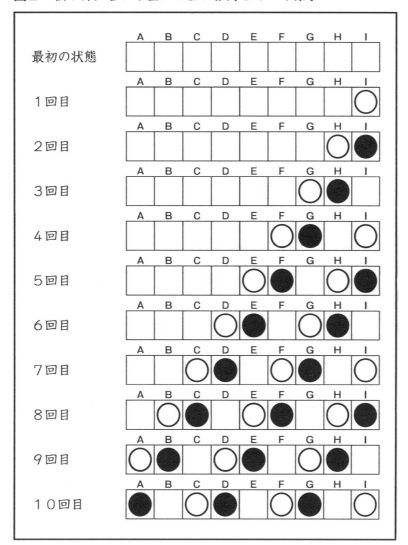

**なつよ：**右から左に変化が伝わっているのが分かるね。

**あきお：**１１回目は８回目と同じにもどり、この後は８回目、９回目、１０回目をずっとくり返していくのですね。

**ふゆみ：**片方(かたほう)からだけの動きは分かったので左からも同じように変化を伝えてみて、両側からそれぞれ反対向きに同時に変化を伝えたらどうなるのかな。

**はるき：**こまが重なったらどうしようか。

**先　生：**同じ色で重なった場合は２枚(まい)重ねて、ちがう色で重なった場合は何も置かない、というルールではどうでしょうか。

**なつよ：**分かりました。そのルールでやってみましょう（**図3**）。

**図3**　両側から変化が反対側に向かって進む様子

※こまに書かれた「2」という数字は２枚の同じ色のこまが重なっていることを示す。

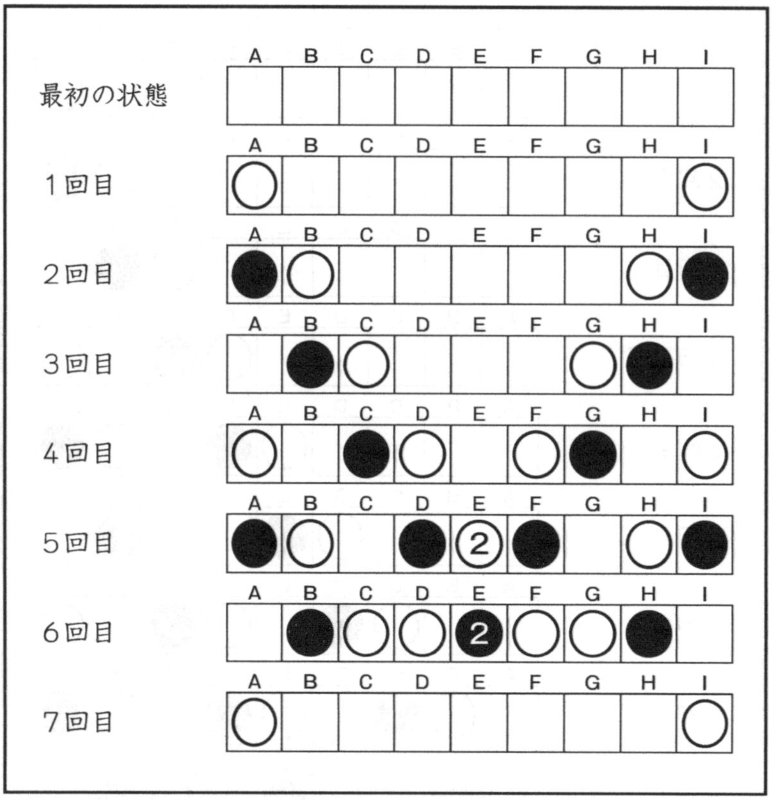


〔問題１〕 **図3**のように両側から「白」→「黒」→「置かない」という変化を伝え続けた場合、１３２８回目の配置はどのような配置になるか、こまの配置を解答用紙に図で表し、その理由を文章で説明しなさい。

**なつよ：** もっといろいろな変化を表すことはできるかな。

**あきお：** １行ではなく９行にして、正方形の中で表すというのはどうかな。

**ふゆみ：** 白い紙に９行９列のマスを書いてやってみよう。縦には数字をふっておこう。

**はるき：** 中心であるＥの５のマスから外側に広がっていくというのはおもしろそうだね。

**先　生：** まずは、「置かない→白→黒→白→置かない→白→黒→白→置かない→…」と中心を変化させ、それが周りに伝わっていく様子を表してみましょう（**図４**）。

**図４**　「置かない→白→黒→白→置かない→白→黒→白→置かない→…」の順でこまを置いたときの様子

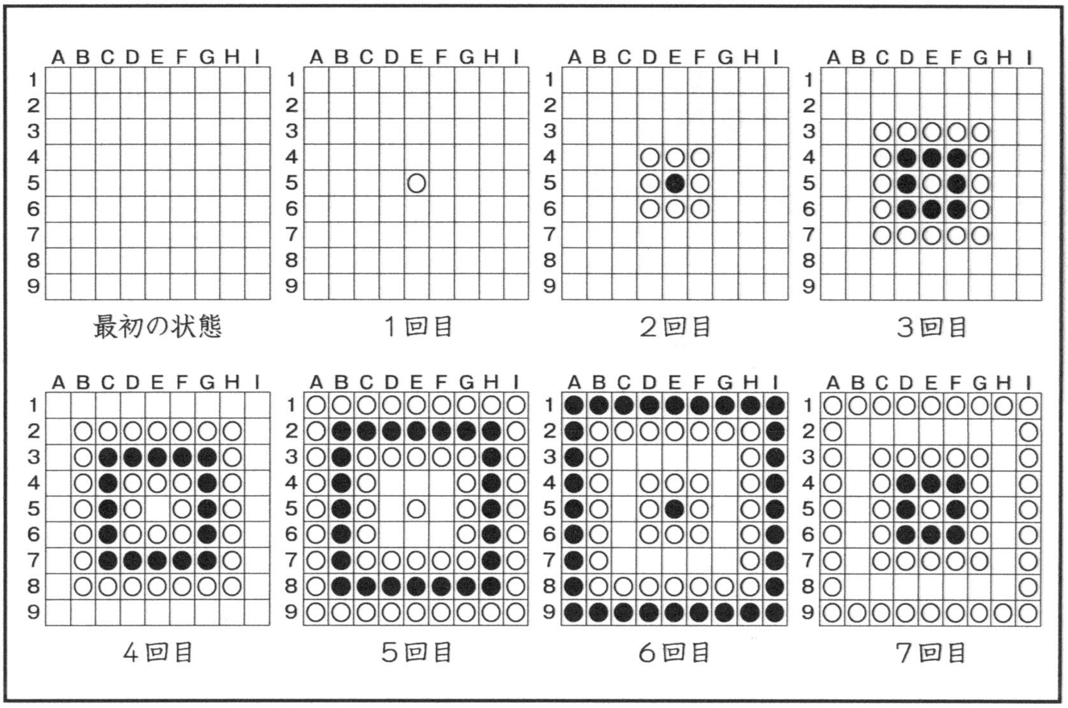


**なつよ：** きれいに変化が広がっていくのが分かるね。

**先　生：** 自分で順番をかえて模様を作ってもいいのではないでしょうか。最初の状態から始めて、もう一度中心にこまが置かれていない状態から次のセットが始まるとして、同じセットをくり返していきましょう。

**ふゆみ：** **図４**だと、最初の状態から３回目までが１セット目、４回目から７回目までが２セット目ということですね。

**先　生：** そうですね。

**あきお：** 分かりました。作ってみましょう。

〔問題２〕　４人が新しい順番で、**図１**のこまを使って模様を作ったら３回目と９回目は**図５**のようになりました。**図５**から変化を読み取り、最初の状態から９回目までの中心のマスのこまを解答用紙に図で表しなさい。なお、**図５**から読み取れない部分は「置かない・白・黒」のうちどれかを自分で考えて書き、そのように考えた理由も書きなさい。

**図５**　新しい順番でこまを置いていったときの３回目と９回目の様子

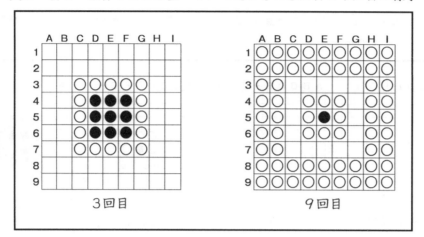

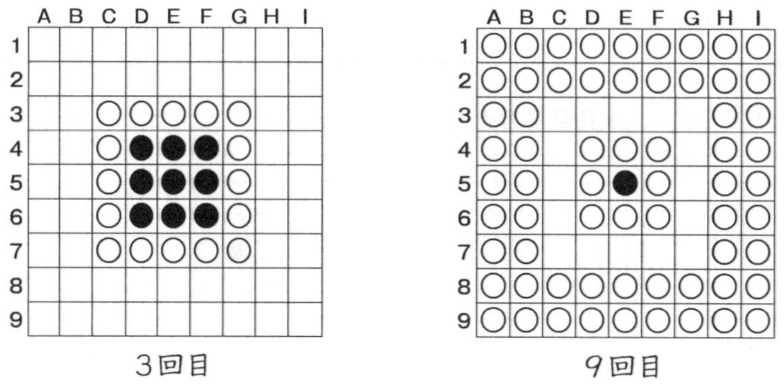

**なつよ：**動いていないのに伝わるものって他にはあるかな。
**ふゆみ：**伝言ゲームやバケツリレーなどもそうかな。
**はるき：**料理をする時になべが温まるのもそうかな。
**なつよ：**そうだね。金属は動いていないけれど、熱が伝わっていくものだね。
**あきお：**金属にもいろいろな種類があるよね。
**ふゆみ：**金属の種類によって、熱の伝わりやすさはちがうのかな。
**先　生：**おもしろいことに気が付きましたね。ここに**実験に使用できる道具**があるので、みんなで調べてみましょう。

**実験に使用できる道具**とその内容
「**金属板**」…… 縦（たて）、横、厚さが全て同じ長方形の鉄、アルミニウム、銅の３種類の板。
「**お湯**」……… 水の温度を６０℃のままに設定して水そうに入れたもの。
「**温度計**」…… 金属板につけて温度を測ることができるもの。
「**スタンド**」… 金属板をはさんで固定できるもの。
「**時計**」……… 時間を計ることができるもの。
「**ものさし**」… 長さを測ることができるもの。

〔問題３〕　金属の種類による熱の伝わりやすさのちがいを調べるには、どのような方法で実験をすればよいか、**実験に使用できる道具**を全て用いて述べなさい。説明するときには、実験を行っていく順番が分かるように「　」の中の単語を用いて説明すること。

④

# 適性検査Ⅰ

注意

1 問題は 1 のみで、6ページにわたって印刷してあります。
2 検査時間は四十五分で、終わりは午前九時四十五分です。
3 声を出して読んではいけません。
4 答えは全て解答用紙に明確に記入し、解答用紙だけを提出しなさい。
5 答えを直すときは、きれいに消してから、新しい答えを書きなさい。
6 受検番号を解答用紙の決められたらんに記入しなさい。

東京都立武蔵高等学校附属中学校

2022(R4) 武蔵高附属中
教英出版

問題は次のページからです。

**1**　次の **文章1** と **文章2** とを読み、あとの問題に答えなさい。
（＊印のついている言葉には本文のあとに〔注〕があります。）

**文章1**

異世界への扉は、思わぬところに潜んでいる。そして、その扉の存在に気づくきっかけもまた、思わぬところに潜んでいる。

「貝殻拾いって、だれもがついやっちゃいますよね」

知り合いの編集者が、会話の中でこんなひとことを発した。

あらたな異世界への扉への気づきは、このひとことが始まりだった。

自然は特別な人のためのものではない。「だれもがやれてしまうようなことで自然とつきあえるというのは、大事なこと」とつねづね思っていただけに、このひとことには意表を突かれた。そして、どんなに身近な自然でも、どんなに手軽な方法でも、相手が自然であれば、思わぬ世界に通じることのできる可能性が、そこにある。

「そうか。貝殻拾いにはまだ、あらたなおもしろさがあるかもしれない」

そう思う。

この編集者のひとことをきっかけに、もう一度、貝拾いを本格的に再開してみようと僕は思った。ただ、少年時代のころのように、ひたすらに、たくさんの種類を拾い集めることを目標にしても意味はない。

なぜ貝殻を拾うのか。

貝殻を拾って、なにかが見えてくるのか。

そんなことを考えてみる。

これまた思わぬことに、あらたな貝殻拾いのヒントは、少年時代に拾い集めた貝殻コレクションの中に隠されていた。

少年時代に拾い集めた貝殻のうち、「これは」と思う種類……たとえばめったに拾うことのできなかったタカラガイの仲間など……は、紙箱に入れられ、僕の行く先々にともにあった。一方、そうして選ばれることのなかった貝殻は、実家の軒下に放置されることになった。もう一度、貝殻拾いを見直してみようと思ったとき、僕は、そうして放置され、半ば＊雨ざらしになっていた貝殻をかきわけ、いくつか特徴的な貝殻を取り上げ、沖縄に持って帰ることにした。

このとき、まず気づいたことがある。それは、「貝殻は丈夫だ」ということだ。少年時代に拾い上げ、その後、軒下に放置されていたのにもかかわらず、貝殻の形は崩れておらず、色もそれほどあせていなかった。耐水インクで貝殻に直接書き込んであったデータもまだ読み取れた。さらに雨ざらし状態から「救出」してきた貝殻のひとつを、沖縄に戻ってまじまじと見たら、気になる二枚貝がひとつあることを発見してしまう。

擦り切れた二枚貝の片方の殻で、白くさらされた貝殻は、さらにねずみ色にうっすらと染まっていた。二枚貝にしては殻の厚い貝だ。書き込まれたデータには一九七五年一二月一三日 ＊沖ノ島とあったが、僕自身にはこのような貝殻を拾い上げた記憶はまったくなかった。少年時代につけていた貝殻採集の記録ノートを見返してみたが、当日の記録にも、該当する貝の記述はなかった。「うすよごれた二枚貝」として、さほど当時の僕は注目しなかったということだろう。

少年時代は拾い上げたことさえ認識していなかったこの貝は、あらためて図鑑で調べてみると、ハイガイという名前の貝であった。ハイガイというのは、殻の厚いこの貝を焼いて、石灰をつくったことによっている。興味深いことは、この貝の分布地が図鑑によると、*伊勢湾以南となっていることだ。つまり千葉は、本来の分布地よりも北に位置する。そんな貝が、なぜ僕の貝殻コレクションに含まれていたのだろう。

じつは、ハイガイは、今よりも水温の高かった縄文時代には*館山近辺にも生息していた。そのころの貝殻が、地層から洗い出されて海岸に打ち上がっていたわけだった。

これが、僕のあらたな貝殻拾いの視点のヒントとなる「発見」だった。貝殻は生き物そのものではなく、生き物のつくりだした構造物だ。そのため、かなり丈夫だ。それこそ、数千年前の縄文時代の貝殻が、海岸に転がっていても、*現生種の貝殻とすぐには見分けがつかないほどに。貝殻は丈夫であるので、時を超えることができる。

すなわち、「貝殻拾いをすると、*タイムワープができるのではないだろうか」……それが僕のあらたな貝殻拾いの視点となった。

そんな目で探してみると、「今はいないはずの貝」があちこちで拾えることに気がついた。それは、いったい、いつごろの貝か。そして、なぜ、その貝はいなくなったのか。

たとえば少年時代に僕が雑誌の紹介記事を読んであこがれた南の島が西表島だ。イリオモテヤマネコで有名な「原始の島」というイメージのある島であるが、その一方、古くからこの島には人々が住みついていた。そのため、西表島の海岸には、ところどころ貝塚が見られる。そうした貝塚の貝は、それこそ小さなころの僕が図鑑で見てあこがれたような貝……大型のタカラガイであるホシキヌタや、重厚なラクダガイ、これも大型の二枚貝であるシャコガイ類など……ばかりで、ついためいきをついてしまうのだが、それらの貝に混じってたくさんのセンニンガイの殻が見られる。センニンガイは*マングローブ林に生息する、細長い巻貝だ。貝塚から見つかるということは当然食用にされていたというわけだが、現在の西表島のマングローブ林では、このセンニンガイは一切見つからない。*黒住さんによると西表島や石垣島からは、センニンガイは一七世紀以降、消滅したと考えられるという。どうやら人間の*採取圧によって、個体数を減らし、ついには絶滅してしまったと考えられている（現在でも東南アジアに行くと、センニンガイを見ることができる。江ノ島などの観光地に行くと、外国産の貝殻の盛り合わせがパックされて売られているが、ときにこの、外国産のセンニンガイが含まれているパックも目にする）。

こんなふうに、人間の影響によって、地域で見られる貝が変わっていく。その移り変わりの歴史が、足元に転がる貝殻から見える。

そうした視点で貝殻拾いを始めたとき、僕は少年時代に拾えなかった貝があることにようやく気づいた。「なぜその貝がそこに落ちているのか」という問は、解決できるかどうかは別として、容易になしうる問だ。しかし、「なぜその貝がそこに落ちていないのか」という問は、その問に気づくこと自体が困難である。

　僕は貝殻の拾いなおしをし始めたことで、少年時代の自分の貝殻コレクションに、ハマグリが含まれていないのに初めて気づいたのである。ハマグリといえば、貝の名前をあまり知らない生徒や学生でも、「知っている」貝だろう。しかし、そんな貝を、少年時代にせっせと貝殻拾いに通っていたはずの僕が拾ったことがなかった……ただの一度も拾い上げたことがなかったのだった。それはなぜか。そして、どこに行ったらハマグリが拾えるのか。その謎解きが僕のあらたな貝殻拾いのひとつの目標となっていった。

（盛口　満「自然を楽しむ――見る・描く・伝える」による）

〔注〕

雨ざらし――――雨にぬれたままになっているさま。

沖ノ島――――千葉県南部の島。

伊勢湾――――愛知県と三重県にまたがる太平洋岸にある湾。

館山――――千葉県南部の館山湾に面する市。

現生種――――現在生きている種。

タイムワープができる――現実とは別の時間に移動できる。

マングローブ林――あたたかい地域の河口に生育する常緑の木からなる林。

黒住さん――――黒住耐二。貝の研究者。

採取圧――――むやみに採ること。

## 文章2

夕暮れの迫る空を、南から北に向かって、カラスは次々と飛んで行った。そして、口々に「カア」「カア」「カア、カア、カア」と鳴いていた。北の方にある森からは時折、カラスの集団が一斉に鳴き始める声が、遠い波音のように聞こえていた。口々に鳴く声は、まるで言葉を交わしているかのようだ。それなら、これだけたくさんのカラスがいるのだから、呼べば応えるカラスもいるかもしれないと思った。そこで、なるべくカラスっぽい声で「かー、かー」と鳴いてみた。

「カア」

「カア」

「カア」

カラスが上空から鳴き返してきた。次々と飛び過ぎる「友人たち」を見送りながら、私は、自分が*ドリトル先生か*シートンになったかのような気分を味わっていた。この経験が忘れられなくてカラスを研究しようと決心した、とまでは言わないけれども、何の影響もなかったとも決して言わない。

さて。*大学院に入り、それなりにカラスを研究した後、研究者の目で見返してみて、かつての自分の解釈は重大な*錯誤を含んでいる可能性に気づいた。それは、「カラスは果たして私の鳴き真似に応えたのか」ということだ。

「応える」とは何か。応えたと言うからには、ある個体が他個体の音声を認識し、その音声に対して反応した、という証拠がいる。だが自発的な行動と、他個体への反応をどのように区別するか。まして一〇〇羽を超えるカラスが、あるものは自発的に、あるものは返事として鳴いていたかもしれない場合、一体どのように判断すればよかったのか。

これは今から遡って検証することはできない。だが、当時の自分には「自発的に鳴いた場合と返事をした場合を区別する」という発想すらなかった。人間同士ならば返事をしたと感じられる程度の*タイムラグでカラスの一羽か二羽が鳴いた、という事実を、「自分に対して返事をした」と解釈しただけである。人間同士ならば、その解釈でもよいかもしれない。だが全く別種の生物を相手に、このような予断をもった判断をしてはいけない。

今なら自分にこう問い返すだろう。「普段からカアカア鳴き続けている相手がたまたまその時も鳴いたからって、自分に返事したとなぜ言えるの？」

動物学者として言おう。あのカラスの声が返事であったとしても、それは他のカラスの音声への反応だったろう。私の鳴き真似に返事をしたと考える積極的な根拠はない。

そして、さらに一五年あまり。私は山の中でカラスの分布を調べるため、*音声プレイバック法を用いてカラスを探す、という調査を行っている。カラスの声をスピーカーから流すと、縄張りを持った*繁殖個体は侵入者だと思って大声で鳴きながら飛んでくるからだ。

調査を始めた頃は適切な装備も方法もよくわからなかったので、機材がうまく動かないことや、機材を持っていないこともあった。そんな時でも、「本当にカラスいないのかな?」と疑った場合には、失敗覚悟で、自分の声で鳴き真似してみることはあった。とにかく何か刺激を与えてカラスを鳴かせるか飛ばせるかすれば、データは得られるからである。

　すると、思ったよりカラスは鳴くのである。こちらの鳴き真似からだいたい五分以内だ。しかも鳴き真似に合わせるように、鳴き方を調整しているように思えることが度々ある。こちらが四声鳴けば向こうも四声鳴き、「カー、カー、カアカア」と鳴けば向こうも「カー、カー、カアカアカア」などと途中で調子を変えて鳴く。もし発声が完全に自発的なものならば、発声の頻度はこちらの鳴き真似とは無関係なものとなり、「鳴き真似の後、数分以内の音声が多い」という結果にはならないであろう。そして、単に「おかしな声が聞こえて驚いたので鳴いただけ」なら、こちらの鳴き真似の特徴と高い確率で一致するのは妙だ。カラスはこちらの音声を認識した上で、その音声に反応している――つまり、私の鳴き真似に対して返事をしているのではないか。

　この不思議な二重唱がどんな生物学的基盤をもつのか、鳴き真似を本当にカラスの声だと勘違いしているのか、そういった点はまだわからないが、カラスは人間に対して鳴き返してくることが確かにあるのだ、とは言えそうである。

　直感から研究を始めなければならない場合は、確かにある。一方で科学者は、状況を説明しうる仮説を公平に捉え、自分に都合の良い結果さえも疑わなくてはならない。しかし、そうやって疑った先に、思いがけず心躍る景色が広がることもある。

　今、改めて動物学者として言おう。三〇年以上前のあの日、カラスは私に向かって応えたかもしれないのだ。

（松原　始「科学者の目、科学の芽」岩波科学ライブラリーによる）

〔注〕
ドリトル先生――児童文学作品の主人公である動物医師。
シートン――アメリカの動物文学作家。
大学院――大学卒業後に専門分野の学習と研究を行う機関。
錯誤――あやまり。
タイムラグ――時間のずれ。
音声プレイバック法――鳥の鳴き声を流し、これに反応して鳴き返してきた声で生息を確認する方法。
繁殖個体――巣をつくり、卵を産んで、ひなを育てているカラス。

〈問題1〉 心躍る景色とありますが、これは **文章1** ではどのように表現されていますか。解答らんに書きなさい。

〈問題2〉 **文章1**・**文章2** で筆者は、いずれも生き物を研究対象にしています。研究に対する筆者の姿勢に共通するのはどのような点ですか。解答らんに書きなさい。

〈問題3〉 あなたは、これからの六年間をどのように過ごしたいですか。**文章1**・**文章2** のいずれかの、筆者の研究や学問への向き合い方をふまえ、どちらをふまえたかを明らかにして自分の考えを書きなさい。なお、内容のまとまりやつながりを考えて段落に分け、四百字以上四百四十字以内で述べなさい。

ただし、下の〈きまり〉にしたがうこと。

---

〈きまり〉

○題名は書きません。

○最初の行から書き始めます。

○各段落の最初の字は一字下げて書きます。

○行をかえるのは、段落をかえるときだけとします。

○、や。や」などもそれぞれ字数に数えます。これらの記号が行の先頭に来るときには、前の行の最後の字と同じますめに書きます。（ますめの下に書いてもかまいません。）

○。と」が続く場合には、同じますめに書いてもかまいません。この場合、。」で一字と数えます。

○段落をかえたときの残りのますめは、字数として数えます。

○最後の段落の残りのますめは、字数として数えません。

# 適性検査Ⅱ

注　意

1　問題は 1 から 3 までで、１４ページにわたって印刷してあります。

2　検査時間は４５分で、終わりは午前１１時１０分です。

3　声を出して読んではいけません。

4　計算が必要なときは、この問題用紙の余白を利用しなさい。

5　答えは全て解答用紙に明確に記入し、解答用紙だけを提出しなさい。

6　答えを直すときは、きれいに消してから、新しい答えを書きなさい。

7　受検番号を解答用紙の決められたらんに記入しなさい。

東京都立武蔵高等学校附属中学校

問題は次のページからです。

**1**　来週はクラス内でお楽しみ会をします。係である**花子**さんと**太郎**さんは、お楽しみ会で渡すプレゼントの準備をしています。

**花　子**：プレゼントのお花のかざりができたよ。
**太　郎**：すてきだね。次は何を作ろうか。
**花　子**：モールで図形を作って、それを台紙にはったカードをいくつか作ろうよ。
**太　郎**：いいアイデアだね。カードのデザインはどうしようか。
**花　子**：わくわくするものがいいね。
**太　郎**：それならロケットはどうかな。デザインを考えてみるよ。

太郎さんは、**図1**のようなカードのデザインを考えました。花子さんと太郎さんは、モールを使って、**図2**のような図形を作り、それらを組み合わせて台紙にはり、**図3**のようなロケットのカードを作ることにしました。

**図1**　カードのデザイン

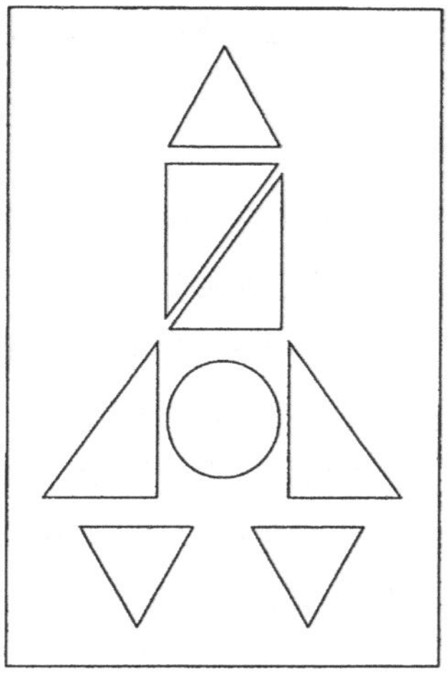

**図2**

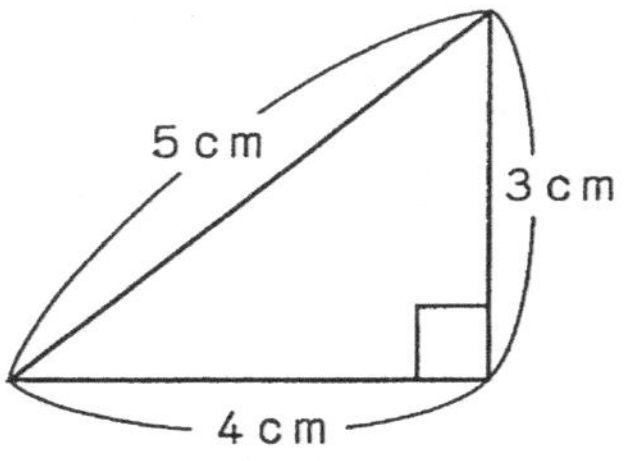


直角三角形

正三角形（1辺3cm）

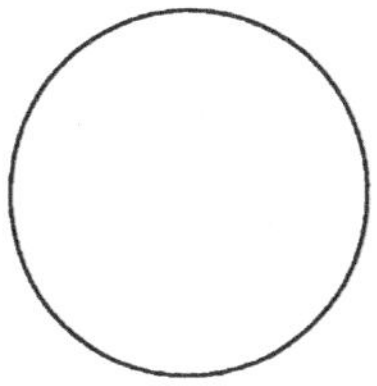

円（直径3cm）

**図3**　カードのイメージ

花　子：１ｍの長さのモールが６本あるね。

太　郎：私(わたし)は１本のモールを切って、直角三角形を作るよ。

花　子：できるだけ多く作ってね。

太　郎：直角三角形が８個作れたよ。箱に入れておくね。

花　子：私は別の１本のモールを切って、正三角形をできるだけ多く作ったよ。できた正三角形も同じ箱に入れておくね。

太　郎：次は、円をできるだけ多く作ってみようかな。

花　子：でも１枚(まい)のカードを作るのに、円は１個しか使わないよ。

太　郎：それなら１本のモールから、直角三角形と正三角形と円を作ってみようかな。それぞれ３個ずつ作れそうだね。

花　子：それぞれ３個ずつ作る切り方だとモールの余りがもったいないよ。できるだけ余りの長さが短くなるような切り方にしよう。

太　郎：そうだね。残りのモール４本を切る前に、カードは何枚作れるか考えよう。

〔問題１〕　１ｍのモールが４本と箱の中の図形があります。４本のモールで**図２**の直角三角形と正三角形と円を作り、箱の中の図形と組み合わせて**図３**のカードを作ります。モールの余りをつなげて図形を作ることはできないこととします。できるだけ多く**図３**のカードを作るとき、以下の問いに答えなさい。

ただし、円周率は３．１４とし、モールの太さは考えないこととします。

（１）　４本のモールの余りの長さの合計を求めなさい。

（２）　箱の中の図形のほかに、直角三角形と正三角形と円はそれぞれ何個ずつ必要か求めなさい。そのとき、それぞれのモールからどの図形を何個ずつ切るか、文章で説明しなさい。

花子さんと太郎さんは、お花のかざりや図3のロケットのカードをふくめて６種類のプレゼントを作りました。

花　子：プレゼントをどのように選んでもらおうか。
太　郎：６種類あるから、さいころを使って決めてもらったらどうかな。
花　子：それはいいね。でも、さいころは別のゲームでも使うから、ちがう立体を使おうよ。
太　郎：正三角形を６個組み合わせてみたら、こんな立体ができたよ。それぞれの面に数字を書いてみるね。

太郎さんは図4のような立体を画用紙で作り、1から6までの数字をそれぞれの面に１個ずつ書きました。

図4　３方向から見た立体

花　子：この立体を机（つくえ）の上で転がしてみよう。
太　郎：机に接する面は一つに決まるね。
花　子：転がし方が分かるように、画用紙に立体の面と同じ大きさの正三角形のマスをたくさん書いて、その上を転がしてみよう。

太郎さんは画用紙に図5のような正三角形のマスを書き、図4の立体の面が正三角形のマスと接するように置きました。置いた面の正三角形の１辺が動かないように立体を転がしてみると、あることに気づきました。

太　郎：立体の1の面が、アのマスに数字と文字が同じ向きで接するように置いたよ。転がしてアから○のマスまで移動させてみよう。
花　子：私は２回転（ころ）がして○のマスまで移動させたよ。○のマスに接する面が4になったよ。
太　郎：私は４回転（ころ）がして移動させてみたけど、○のマスに接する面は4ではなかったよ。
花　子：転がし方を変えると同じマスへの移動でも、接する面の数字が変わるんだね。

図5

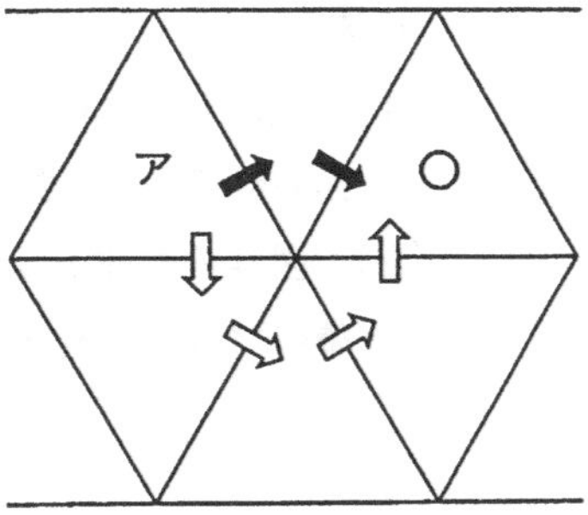


➡ は花子さんの転がし方
⇨ は太郎さんの転がし方

太郎さんは画用紙に図6のような正三角形のマスを書きました。花子さんと太郎さんは、図4の立体をイのマスから●のマスまでどのように転がすことができるか考えました。

図6

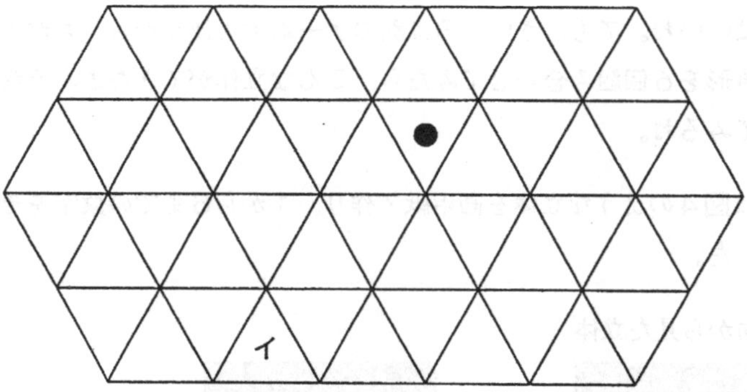


花　子：転がしているとき、一つ前のマスにはもどれないことにしよう。

太　郎：5回転がすと、イのマスから●のマスまで移動させることができたよ。

花　子：でも6回転がして、イのマスから●のマスまで移動させることはできなかったよ。

太　郎：けれど7回転がしたら、イのマスから●のマスまで移動させることができたよ。

花　子：5回の転がし方は1通りだけど、7回の転がし方は何通りかあるね。

太　郎：7回転がしたら、●のマスに接する面の数字も何種類かありそうだから、●のマスに接する面の数字に応じて、プレゼントを決められるね。

花　子：でも、イのマスに1の面を置いたとき、どのように転がしても●のマスに接しない面があるね。

太　郎：全ての面が●のマスに接するようにするには、くふうが必要だね。

〔問題2〕　図4の立体の1の面を、図6のイのマスに数字と文字が同じ向きで接するように置きます。図4の立体を7回転がして、イのマスから●のマスまで移動させます。ただし、転がしているとき、一つ前のマスにはもどれないこととします。以下の問いに答えなさい。

（1）　転がし方はいくつかありますが、そのうちの1通りについて、マスに接する面の数字を順に書きなさい。

（2）　図4の立体を7回転がして、イのマスから●のマスまで移動させたときに、●のマスに接する面の数字を全て書きなさい。

2　ある日の**武蔵**さんと**お父さん**の会話です。

**武　蔵**：今日の社会科の授業で、明治時代に日本の工業が大きく発展していったと習ったよ。
**父**　：そうだね。江戸時代の終わりに日本が開国し、アメリカやイギリスなど西洋の国ぐにとつきあいをはじめるとさまざまな技術が日本へ入ってきたんだよ。これにより、大きく発展していったんだ。
**武　蔵**：明治時代のはじめは、横浜港や神戸港を中心に貿易をして栄えていったんだよね。
**父**　：よく勉強しているね。今話に出た横浜港や神戸港を中心にさまざまな工場が建ちならぶようになったんだよ。
**武　蔵**：明治時代の日本は、どのようなものを外国へ輸出していたの。
**父**　：明治時代の日本は、主に綿糸や生糸などを生産し、輸出していたんだよ。もともと日本は、江戸時代から綿糸を作る紡績業や生糸を作る製糸業がさかんでね。その特徴を生かし、貿易で利益を得ていたんだ。
**武　蔵**：綿糸や生糸は、どのような方法で生産をしていたの。
**父**　：もともとは、手作業で綿や繭からせん維を取り出して、それをねじって糸を作ることが多かったんだけど、明治時代のはじめに手でハンドルを回すことで、綿をねじって引き出して糸を作るガラ紡という仕組みが考えられると綿糸の生産がしやすくなったんだよ。また、明治時代のはじめは、日本政府が全国各地にさまざまな種類の工場を作ったんだけど、それにならって、さまざまな人たちが工場をまねて作るようになったんだよ。
**武　蔵**：聞いたことがあるよ。官営模範工場という政府が作ったお手本の工場のことだよね。
**父**　：また、製糸業でももともとは、手でハンドルを回すことでせん維をねじって糸を作るやり方が主流だったんだけど、明治時代になると、水や蒸気の力を使って生糸を作る器械製糸がさかんになったんだ。
**武　蔵**：明治時代になるとさまざまな産業で蒸気などの力を使うことができるようになって、生産量が増えていったんだね。

**資料1**　日本における綿糸の生産と輸出入の変化

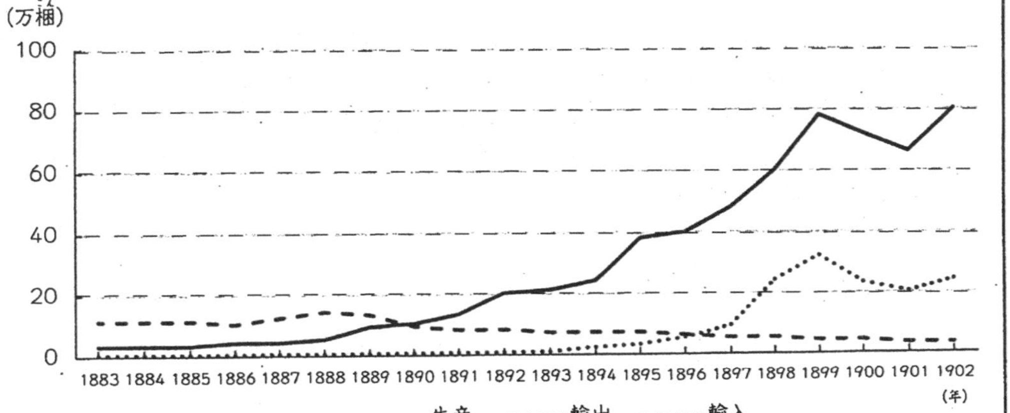

※梱…荷作りした荷物を数える単位。

(『日本経済統計総観』などより作成)

資料２　紡績業と製糸業にかかわる主な出来事

| 西暦（年） | 主な出来事 |
|---|---|
| １８７２ | 国が富岡製糸場を設立する。 |
| １８７７ | 第１回内国勧業博覧会で、ガラ紡が最高賞を取る。 |
| １８８３ | 民間の大規模な紡績会社である大阪紡績会社が、操業をはじめる。 |
| １８８６～１８９２ | このころ、約２０社の民間の紡績会社が設立される。 |
| １８９０ | 海外から輸入した蒸気を活用した紡績機が生産の主流になり、生産力が上がる。 |
| １８９６ | 綿花の輸入にかかる税金が廃止される。 |
| １９０２ | 紡績会社どうしの合併が進み、生産力の向上がはかられる。 |

（『日本経済統計総観』などより作成）

武　蔵：グラフや年表を見ると、紡績に関わる会社ができても、すぐに生産量が増えていないことが分かるね。何か理由があるの。

父　：会社が工場を建てても、綿糸を作る人が作業に慣れていなかったり、生産する設備がすべてそろっていなかったりしたので工場が完成しても生産量が増えるまで時間がかかるんだよ。

〔問題１〕　資料１・資料２と武蔵くんとお父さんの会話から、綿糸の生産量が大きく増えた理由について説明しなさい。なお説明するときに西暦（年）を使って時期を特定しなさい。

武　蔵：明治時代に日本が大きく工業発展をとげたことがよく分かったよ。次に大きく発展をとげるのはいつのころなの。

父　：それは、前の東京オリンピックがあった１９６０年代ごろかな。このころは、さまざまな工業で機械による生産ができるようになったり、大量に製品を生産もできるようになったりしたんだ。特に、以前からあった工業地帯だけではなくて、新しい工業地帯または工業地域もこの時代に発展していったんだよ。次は、１９６０年ごろからの工業の発展を見ていこう。

資料3　日本の工業地帯または工業地域の生産割合

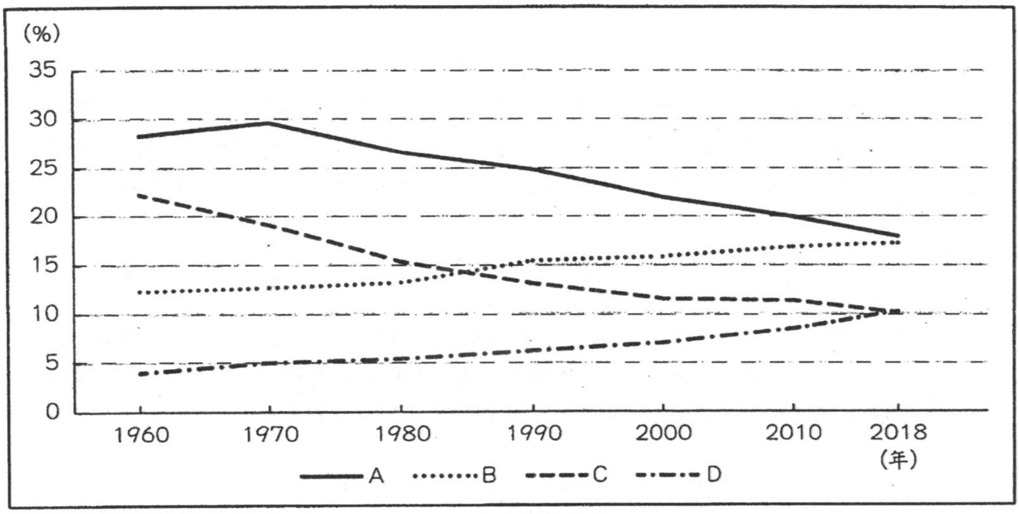


〔『工業統計表』（経済産業省）より作成〕

資料4　２０１８年における各工業地帯または工業地域の生産割合

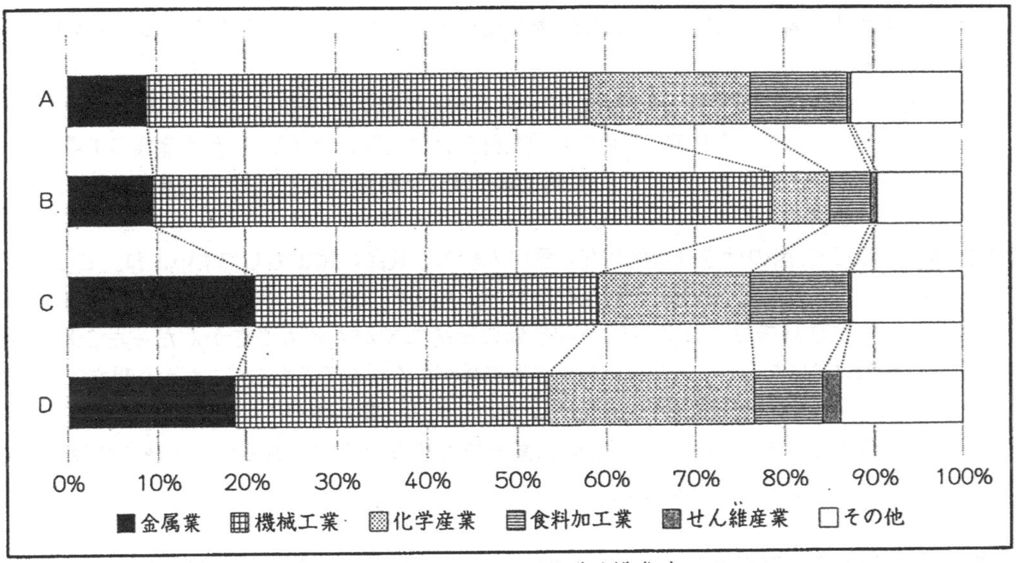


〔『平成３０年　工業統計表』（経済産業省）より作成〕

武　蔵：１９６０年から２０１８年までは、京浜工業地帯が一番の生産割合をほこっているね。これには何か理由があるの。

父　：多くの人口が集中した東京都やその周辺の地域に工場が集まり、特に機械工業に関連する工場が多く作られたんだ。また、横浜港や川崎港など大きな船が接岸できる港が多くあったから原料の輸入がしやすかったんだよ。

武　蔵：ただこの工業地帯は、１９７０年から生産割合がどんどん下がっているけど、何か理由があるの。

父　：いくつか理由はあると思うけど、東京都をふくめた周辺の地域で、土地の値段が高くなってしまい、会社の負担が大きくなったということもあるよね。だからこの地域の工業地帯の生産割合が下がっているんだ。ただ、現在は、空港が近かったり、たくさんの人が住んでいたりという利点を生かし、より高い価値のある製品をたくさん製造しているんだよ。

武　蔵：中京工業地帯では特に、１９８０年から１９９０年にかけて生産割合を増やしているね。これには何か理由があるの。

父　：この工業地帯は、海ぞいに大きな製鉄所や石油のタンクなどが多く、原料の輸入に向いた大きな港があるんだ。この地域に輸送機械の世界的な会社があって、関連工場も多くこの地域にあるから海外への輸出が増えて生産割合が増えているとも言われているよ。

武　蔵：それで、工業生産額にしめる機械の割合が高いんだね。

父　：ただこの工業地帯も都市のそばにあるため土地の値段が高くなってしまっているんだ。しかし二つの大きな工業地帯の間にある立地を生かしてさまざまな会社をこの地域に呼んできているんだよ。

武　蔵：瀬戸内工業地域は、他の工業地帯と比べて、化学産業の割合が高いね。何か理由があるの。

父　：この地方は、海を使った交易が昔からさかんでね。船を使い、他の地域との行き来がしやすいんだ。それで、石油などの原料を船で運ぶことが多い、化学産業の工場がたくさんできたんだよ。さらに、高速道路や鉄道が整備されたことで、周りの工業地帯への行き来がしやすくなったんだ。

武　蔵：なるほど、船の行き来が便利だと原料の輸入も製品の輸出もしやすいよね。ところで、阪神工業地帯は、金属業の割合がほかの工業地帯に比べて、高いね。何か理由があるの。

父　：この工業地帯は、江戸時代から金属の伝統工業がもともとさかんだったことから、明治時代になると、金属業に関係する工場がたくさんできたんだ。だから現在でも金属業に関係する中小工場があるんだ。また、大きな貿易港がそばにあったからたくさん工場ができたんだよ。ただこの工業地帯も都市のそばにあるため土地の値段が高くなってしまっているんだよ。

〔問題２〕 **資料３・資料４**と武蔵くんとお父さんの会話から、**資料３・資料４**のＡからＤにあてはまる工業地帯もしくは工業地域の名前を答えなさい。さらに、これらの工業地帯もしくは工業地域のうち二つを選んで、生産割合についてどのような共通点またはちがう点が見られるかと、その理由として考えられることを**資料３・資料４**・武蔵くんとお父さんの会話のうち、二つを使って説明しなさい。解答用紙には、共通点かちがう点のどちらかを選び、選んだものを○で囲みなさい。なお、どことどこの工業地帯もしくは工業地域について比べたかをＡからＤの記号を用いて書くこと。**資料３・資料４**のそれぞれＡからＤは、同じ工業地帯もしくは工業地域である。

資料5　河川・海の環境基準達成率の割合　　単位（%）

| | 1999年度 | 2004年度 | 2009年度 | 2014年度 | 2019年度 |
|---|---|---|---|---|---|
| 河川 | 81.5 | 89.8 | 92.3 | 93.9 | 94.1 |
| 海 | 74.5 | 75.5 | 79.2 | 79.1 | 80.5 |

（『環境省　ホームページより作成』）

資料6　２０１９年のある海における排水の種類の割合

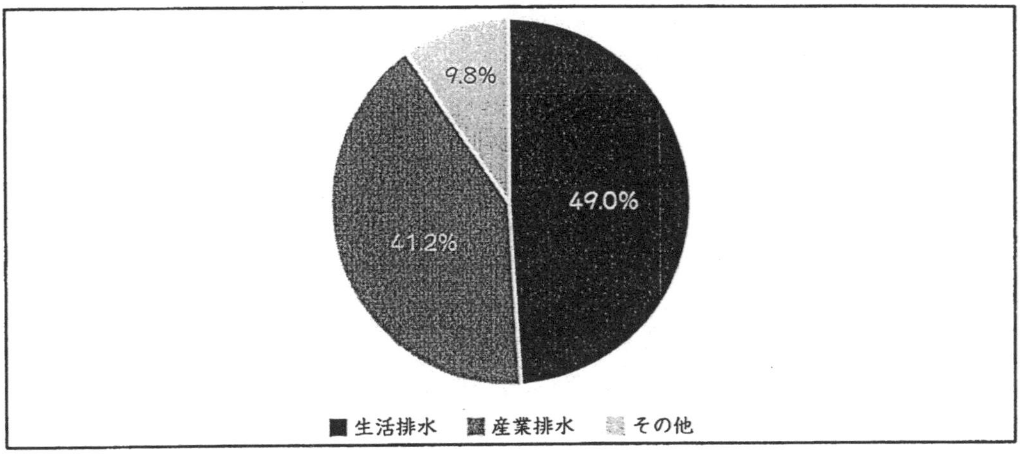


（『環境省　ホームページより作成』）

武　蔵：現在の日本の工業の発展について何か課題はあるの。

父　：現在、地球温暖化などの環境問題が注目される中で、工業も環境への配慮が求められているんだ。また、工業だけではなくて、さまざまな会社が環境に配慮した取り組みを行っているんだよ。

武　蔵：私は環境問題の中で水質の悪化について一番興味があるんだ。水質の悪化を防ぐためにどのような取り組みがされているのかな。

父　：水質の悪化は、今から約６０年ごろ前に日本で、大きな問題となったんだ。それ以来、工場から出る水から有害な物質を取り除いて出すようにしたり、一度使用した水を工場の中で再利用できるようにする機械を使用し、水自体を使う量を減らしたりしているんだ。また、植林するなど、水を守るための活動をしている会社も多くあるんだよ。

武　蔵：私たちも生活排水を出しているので、環境にも十分配慮した取り組みが大切になるよね。

〔問題３〕　**資料５・資料６**と武蔵くんとお父さんの会話から水質の状況について分析し、それを改善するための手立てについて説明しなさい。ただし、解答する時には、数値による比かくを必ず記入すること。

このページには問題は印刷されていません。

3　花子さん、太郎さん、先生が石けんと洗剤について話をしています。

花　子：家でカレーライスを食べた後、すぐにお皿を洗わなかったので、カレーのよごれを落としにくかったよ。食べた後に、お皿を水につけておくとよかったのかな。

太　郎：カレーのよごれを落としやすくするために、お皿を水だけにつけておくより、水に石けんやいろいろな種類の洗剤を入れてつけておく方がよいのかな。調べてみたいな。

先　生：それを調べるには、図1のようなスポイトを用いるとよいです。スポイトは液体ごとに別のものを使うようにしましょう。同じ種類の液体であれば、このスポイトから液体をたらすと、1滴の重さは同じです。

図1　スポイト

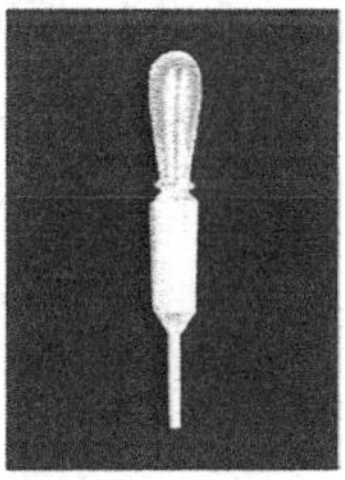

二人は、先生のアドバイスを受けながら、次のような**実験1**を行いました。

**実験1**

手順1　カレールウをお湯で溶かした液体を、**図2**のようにスライドガラスにスポイトで4滴たらしたものをいくつか用意し、12時間おく。

図2　スライドガラス

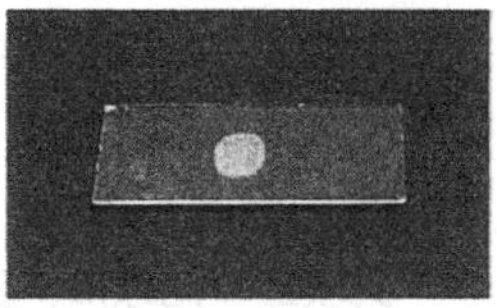

手順2　水100gが入ったビーカーを4個用意する。1個は水だけのビーカーとする。残りの3個には、スポイトを使って次の**ア**～**ウ**をそれぞれ10滴たらし、ビーカーの中身をよくかき混ぜ、液体**ア**、液体**イ**、液体**ウ**とする。

**ア**　液体石けん　　**イ**　台所用の液体洗剤　　**ウ**　食器洗い機用の液体洗剤

手順3　手順1で用意したスライドガラスを、手順2で用意したそれぞれの液体に、**図3**のように1枚ずつ入れ、5分間つけておく。

図3　つけておく様子

手順4　スライドガラスを取り出し、その表面を観察し、記録する。

手順5　観察したスライドガラスを再び同じ液体に入れ、さらに55分間待った後、手順4のように表面を観察し、記録する。

**実験1**の記録は、**表1**のようになりました。

**表1**　スライドガラスの表面を観察した記録

| | 水だけ | 液体**ア** | 液体**イ** | 液体**ウ** |
|---|---|---|---|---|
| 5分後 | よごれがかなり見える。 | よごれがほぼ見えない。 | よごれが少し見える。 | よごれがほぼ見えない。 |
| 60分後 | よごれが少し見える。 | よごれが見えない。 | よごれが見えない。 | よごれが見えない。 |

花　子：よごれが見えなくなれば、カレーのよごれが落ちているといえるのかな。

先　生：カレーのよごれには色がついているものだけでなく、でんぷんもふくまれます。

太　郎：でんぷんのよごれを落とすことができたか調べるために、ヨウ素液が使えるね。
先　生：けんび鏡で観察すると、でんぷんの粒（つぶ）を数えることができます。でんぷんのよごれの程度を、でんぷんの粒の数で考えるとよいです。

二人は、先生のアドバイスを受けながら、次のような**実験２**を行いました。

**実験２**

手順１　**実験１**の手順１と同様に、カレーがついたスライドガラスを新たにいくつか用意する。その１枚にヨウ素液を１滴たらし、けんび鏡を用いて１５０倍で観察する。**図４**のように接眼レンズを通して見えたでんぷんの粒の数を、液体につける前の粒の数とする。

**図４**　でんぷんの粒（つぶ）

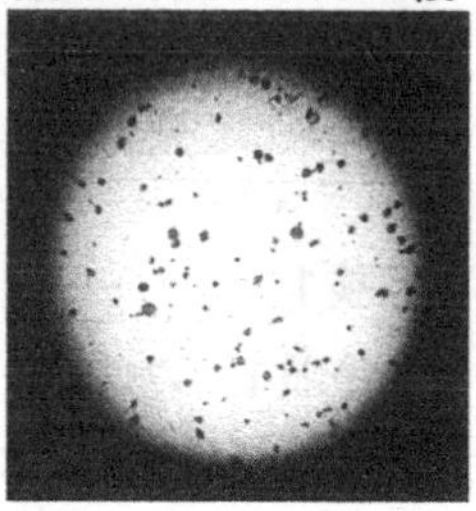

手順２　手順１で用意したスライドガラスについて、**実験１**の手順２～３を行う。そして、手順１のように観察し、それぞれのでんぷんの粒の数を５分後の粒の数として記録する。

手順３　手順２で観察したそれぞれのスライドガラスを再び同じ液体に入れ、さらに５５分間待った後、手順２のようにでんぷんの粒の数を記録する。

**実験２**の記録は、**表２**のようになりました。

**表２**　接眼レンズを通して見えたでんぷんの粒（つぶ）の数

| | 水だけ | 液体**ア** | 液体**イ** | 液体**ウ** |
|---|---|---|---|---|
| ５分後の粒の数（粒） | ８０４ | ６３２ | ５０４ | ４７６ |
| ６０分後の粒の数（粒） | ４８４ | ８２ | ６８ | １６６ |

花　子：手順１で、液体につける前の粒の数は１７７２粒だったよ。
先　生：どのスライドガラスも液体につける前の粒の数は１７７２粒としましょう。
太　郎：５分後と６０分後を比べると、液体**ウ**より水だけの方が粒の数が減少しているね。

〔問題１〕（１）　よごれとして、色がついているよごれとでんぷんのよごれを考えます。**実験１**と**実験２**において、５分間液体につけておくとき、よごれを落とすために最もよいと考えられるものを液体**ア**～**ウ**から一つ選びなさい。また、その理由を、**実験１**と**実験２**をもとに書きなさい。

（２）　**実験２**において、５分後から６０分後までについて考えます。水だけの場合よりも液体**ウ**の場合の方が、でんぷんのよごれの程度をより変化させたと考えることもできます。なぜそう考えることができるのかを、**実験２**をもとに文章を使って説明しなさい。

花　子：台所にこぼしたサラダ油を綿のふきんでふき取ったのだけれど、ふきんから油を落とすために洗剤の量をどれぐらいにするとよいのかな。

太　郎：洗剤の量を多くすればするほど、油をより多く落とすことができると思うよ。

先　生：図1のようなスポイトを用いて、水に入れる洗剤の量を増やしていくことで、落とすことができる油の量を調べることができます。

二人は、次のような**実験3**を行い、サラダ油5gに対して洗剤の量を増やしたときに、落とすことができる油の量がどのように変化するのか調べました。

**実験3**

手順1　20.6gの綿のふきんに、サラダ油5gをしみこませたものをいくつか用意する。

手順2　**図5**のような容器に水1kgを入れ、洗剤を**図1**のスポイトで4滴たらす。そこに、手順1で用意したサラダ油をしみこませたふきんを入れる。容器のふたを閉め、上下に50回ふる。

**図5**　容器

手順3　容器からふきんを取り出し、手でしぼる。容器に残った液体を外へ流し、容器に新しい水1kgを入れ、しぼった後のふきんを入れる。容器のふたを閉め、上下に50回ふる。

手順4　容器からふきんを取り出し、よくしぼる。ふきんを日かげの風通しのよいところで24時間おき、乾燥させる。乾燥させた後のふきんの重さを電子てんびんではかる。

手順5　手順1～4について、**図1**のスポイトでたらす洗剤の量を変化させて、乾燥させた後のふきんの重さを調べる。

**実験3**の結果は、**表3**のようになりました。

**表3**　洗剤の量と乾燥させた後のふきんの重さ

| 洗剤の量（滴） | 4 | 8 | 12 | 16 | 20 | 24 | 28 | 32 | 36 | 40 |
|---|---|---|---|---|---|---|---|---|---|---|
| ふきんの重さ（g） | 24.9 | 24.6 | 23.5 | 23.5 | 23.0 | 22.8 | 23.8 | 23.8 | 23.8 | 23.9 |

花　子：調理の後、フライパンに少しの油が残っていたよ。少しの油を落とすために、最低どのくらい洗剤の量が必要なのか、調べてみたいな。

太　郎：洗剤の量をなるべく減らすことができると、自然環境を守ることになるね。洗剤に水を加えてうすめていって、調べてみよう。

先　生：洗剤に水を加えてうすめた液体をつくり、そこに油をたらしてかき混ぜた後、液体の上部に油が見えなくなったら、油が落ちたと考えることにします。

二人は、次のような**実験４**を行いました。

**実験４**

手順１　ビーカーに洗剤１gと水１９gを加えて２０gの液体をつくり、よくかき混ぜる。この液体を液体Ａとする。液体Ａを半分に分けた１０gを取り出し、**試験管Ａ**に入れる。液体Ａの残り半分である１０gは、ビーカーに入れたままにしておく。

手順２　手順１でビーカーに入れたままにしておいた液体Ａ１０gに水１０gを加えて２０gにし、よくかき混ぜる。これを液体Ｂとする。液体Ｂの半分を**試験管Ｂ**に入れる。

手順３　ビーカーに残った液体Ｂ１０gに、さらに水１０gを加えて２０gとし、よくかき混ぜる。これを液体Ｃとする。液体Ｃの半分を**試験管Ｃ**に入れる。

手順４　同様に手順３をくり返し、**試験管Ｄ**、**試験管Ｅ**、**試験管Ｆ**、**試験管Ｇ**を用意する。

手順５　**試験管Ａ～Ｇ**に**図１**のスポイトでそれぞれサラダ油を１滴入れる。ゴム栓(せん)をして**試験管Ａ～Ｇ**を１０回ふる。試験管をしばらく置いておき、それぞれの試験管の液体の上部にサラダ油が見えるか観察する。

手順６　もし、液体の上部にサラダ油が見えなかったときは、もう一度手順５を行う。もし、液体の上部にサラダ油が見えたときは、そのときまでに試験管にサラダ油を何滴入れたか記録する。

**実験４**の記録は、**表４**のようになりました。

**表４**　加えたサラダ油の量

| | 試験管Ａ | 試験管Ｂ | 試験管Ｃ | 試験管Ｄ | 試験管Ｅ | 試験管Ｆ | 試験管Ｇ |
|---|---|---|---|---|---|---|---|
| サラダ油の量（滴(てき)） | ５９ | ４１ | ３８ | １７ | ５ | １ | １ |

〔問題２〕（１）　太郎さんは、「洗剤の量を多くすればするほど、油をより多く落とすことができると思うよ。」と予想しました。その予想が正しくないことを、**実験３**の結果を用いて説明しなさい。

（２）　フライパンに残っていたサラダ油０．４gについて考えます。新たに用意した**実験４**の**試験管Ａ～Ｇ**の液体１０gに、サラダ油０．４gをそれぞれ加えて１０回ふります。その後、液体の上部にサラダ油が見えなくなるものを、**試験管Ａ～Ｇ**からすべて書きなさい。また、**実験４**から、サラダ油０．４gを落とすために、**図１**のスポイトを用いて洗剤は最低何滴(てき)必要ですか。整数で答えなさい。

ただし、**図１**のスポイトを用いると、サラダ油１００滴の重さは２．５g、洗剤１００滴の重さは２gであるものとします。

# 適性検査Ⅲ

注　　意

1　問題は 1 から 2 までで、１０ページにわたって印刷してあります。

2　検査時間は４５分で、終わりは午後０時３５分です。

3　声を出して読んではいけません。

4　計算が必要なときは、この問題用紙の余白を利用しなさい。

5　答えは全て解答用紙に明確に記入し、解答用紙だけを提出しなさい。

6　答えを直すときは、きれいに消してから、新しい答えを書きなさい。

7　受検番号を解答用紙の決められたらんに記入しなさい。

東京都立武蔵高等学校附属中学校

**1** はるきさん、なつよさん、あきおさん、ふゆみさんの４人がなつよさんの家で、自由研究の課題について話をしています。

はるき：みんなは自由研究で何をするのかな。

あきお：私はまだ考えているところかな。

なつよ：私は万げ鏡を自分で作っているよ。

ふゆみ：万げ鏡は円形のつつの穴をのぞきながらつつを回すといろいろな模様が次々とできていくおもちゃだよね。私も小さいころ、万げ鏡で遊んだよ（図１）。

はるき：どういう仕組みになっているのかな。

なつよ：円形のつつの中に、３枚の長方形の鏡の板を内側が鏡の面になるように、のぞき穴から見て正三角形になるようにぴったり入れる（図２）と鏡どうしが映りあって、つつの中に入れたビーズや細い色つきの棒がきれいな模様を作るよ。ビーズや細い色つきの棒は、うすいとう明な入れ物に入れてつつの先の方に付けておくよ。

ふゆみ：万げ鏡をのぞいたときに、実際に見るのは正三角形の内側だけだから、図２のように正三角形の外側にある棒の部分は見えないね。

あきお：円の中にぴったり入る正三角形を作るのは難しそうだね。

はるき：円の大きさによって、中に入る正三角形の１辺の長さも変わりそうだね。円の直径を決めたとき、正三角形の１辺の長さはどうなるのかな。

なつよ：円の直径が６ｃｍのとき、円の内側に直線を引くと直径にあたるところが一番長いから、正三角形の１辺の長さは６ｃｍよりも短くなるね。

図１

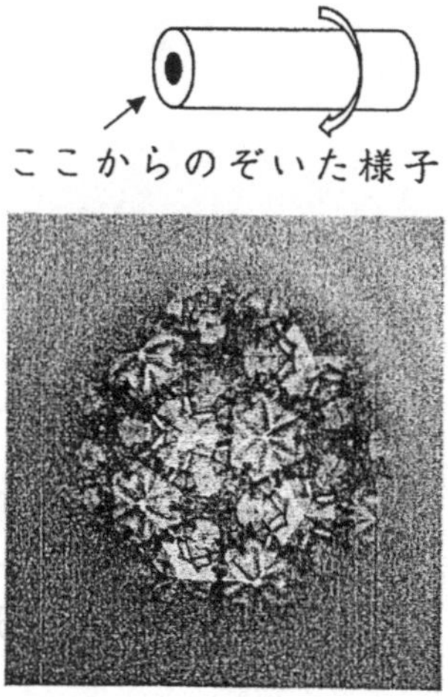


図２

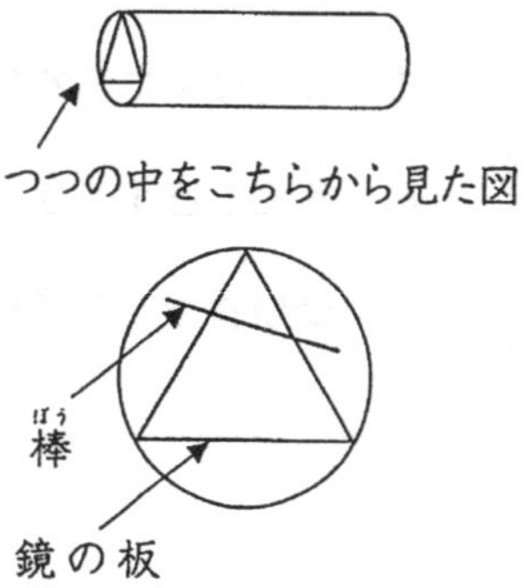

〔問題1〕 なつよさんは円の直径が６ｃｍのとき、円の内側に直線を引くと直径にあたるところが一番長いから、正三角形の１辺の長さは６ｃｍよりも短くなるね。と言っています。

円の直径が６ｃｍのとき、正三角形の１辺の長さは直径の６ｃｍより短くなる理由を言葉と図を使って説明しなさい。なお、図については、定規を使わずにかいてもよい。

はるき：つつをのぞくと元の正三角形の周りに鏡が映りあって、同じ三角形がたくさんあるように見えるね。

なつよ：試しに２本の棒を入れてつつを回していたら、太線でかかれた元の正三角形と、鏡に映った正三角形の一部分に模様ができたよ（図３）。

あきお：鏡を境目に、鏡に映った部分は元の部分の線対称になるね。つつを回すと他にもいろいろな模様ができるよ。中に入れる棒の数を変えてもいろいろな模様ができそうだね。

図３　つつから見えた一部分

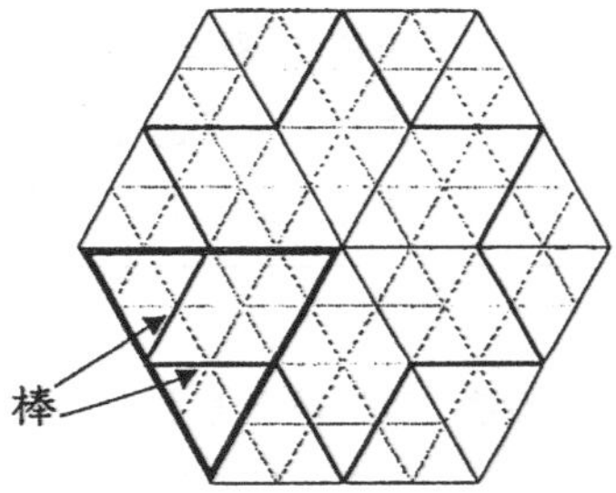


ふゆみ：図３と同じ正六角形の部分に注目して他にもどんな模様ができるのか探してみよう。

〔問題２〕 万げ鏡を縦にして、上からのぞきながら棒を動かす操作を行う。図４にある正三角形（太線部分）に次のページのルールに従って棒を置く。

このとき、図４に図５の模様の面積の１．５倍の大きさになる模様をかきなさい。ただし、鏡の厚さは考えないものとし、図４と図５の点線は、元の正三角形を１６個の同じ大きさの正三角形に分けるものとする。

図４

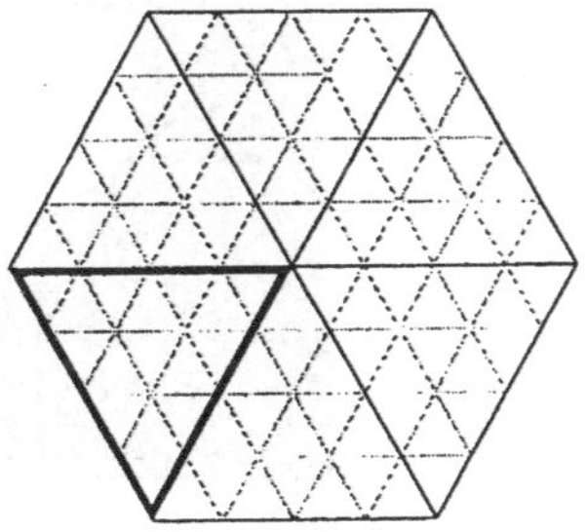

図５

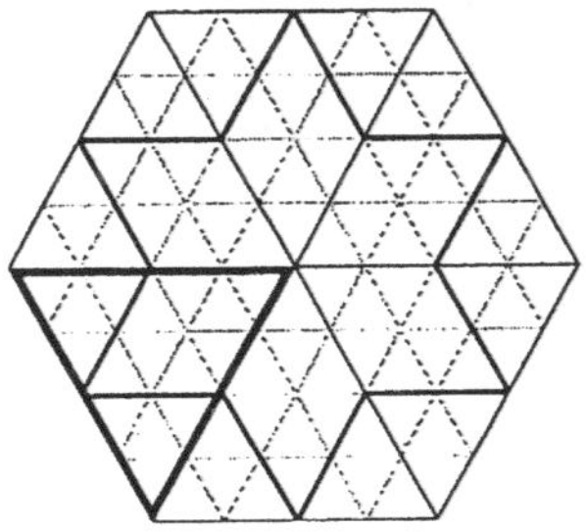

**ルール**

1．使う棒の数は１本以上であり、長さはつつの直径よりも短いものを使うこと。

2．棒のはしは、太線と太線、太線と点線、点線と点線が交わる部分にあるように置くこと。また、太線上にぴったり重なるようには置かないこととする。

3．模様は、図４の中心をふくみ、棒および鏡に映った棒で囲まれた面積が求められるような形であること。また、いくつかの面積が考えられるような模様になった場合、最も小さい面積が解答になるとする。

はるき：万げ鏡のように、周りが鏡で囲まれたものを見ると、いろいろな形ができるね。立体を使って同じようなことができないかな。

なつよ：３枚の鏡の置き方を変える必要がありそうだね。

ふゆみ：立体を使ったときにいろいろな角度から鏡に映るように、図６のように、底面に１枚の鏡を置いて、その鏡に２枚の鏡Ａと鏡Ｂをそれぞれ垂直になるように立てた鏡の模型を作ったよ。さらに、この模型の３枚の鏡面がぴったりと付く点Ｐに頂点の一つが重なるように立方体を一つ置いてみたよ（図７）。

図６

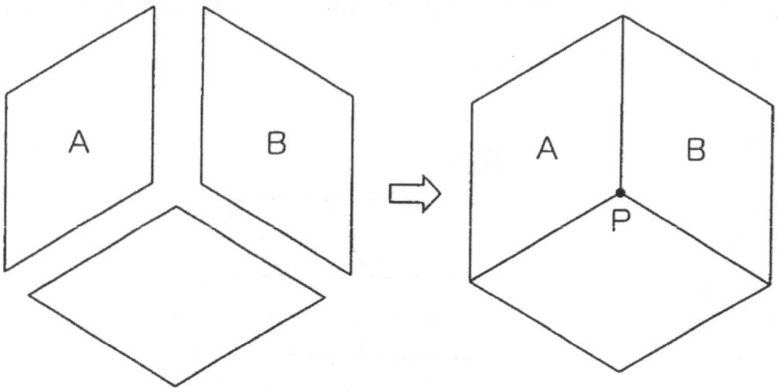


図７

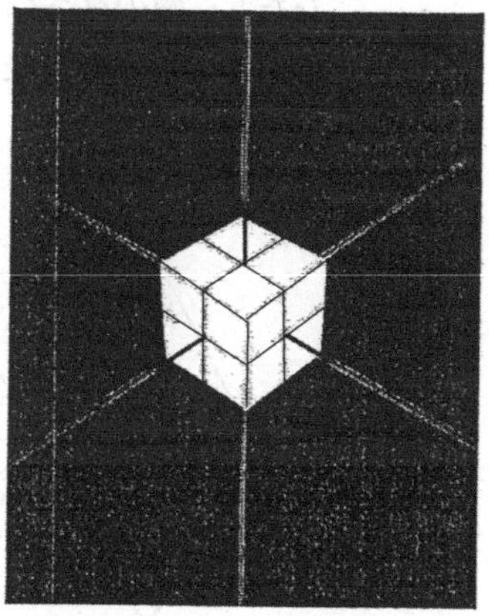

あきお：鏡に映った部分もふくめると、空間にういた大きな立方体ができているように見えるね。

はるき：後ろの方に見えない部分もあるけど、元の立方体が８個合わさってできた、面が六つある一つの大きな立体と見ることができそうだね。

なつよ：この立体は、縦または横に回転させても同じ立体に見えるね。

あきお：いくつかの立方体を**図６**の模型に置くとき、その置き方によって見える立体も変わりそうだね。**図６**の模型を二つ用意し、模型①、模型②として立方体の置き方がちがう二つの立体を作ってみよう。

ふゆみ：模型①を点Ｐを立体の中心として、縦または横に回転させると、模型②の立体と同じに見えるような立方体の置き方があるね。

〔問題３〕　模型①と模型②を用意して、底面の上に、五つずつの同じ大きさの立方体を次のページの**ルール**に従ってそれぞれ置く。次に、模型①に**図８**のように五つの立方体を置いた。模型②には、**図８**の置き方とちがう置き方で立方体を置く。このとき、点Ｐを立体の中心として、縦または横に回転させると**図８**の模型①にできた立体と同じに見える模型②の立方体の置き方を答えなさい。

　ただし、解答用紙は**図６**を真上から見たものとし、点Ｐは３枚の鏡が重なった点、ＡとＢはそれぞれ垂直に立っている鏡Ａと鏡Ｂの面であるとする。また、立方体を置いた場所は、**図９**の例のようにしゃ線でぬりなさい。

**図８**　模型①にできた立体

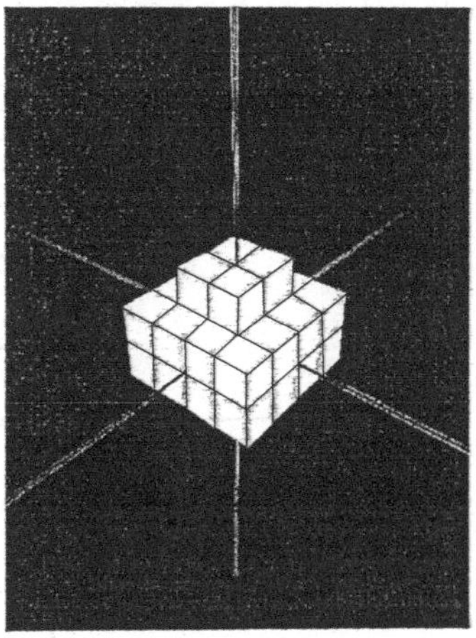

**図９**　「**図８**　模型①にできた立体」を表した場合の例

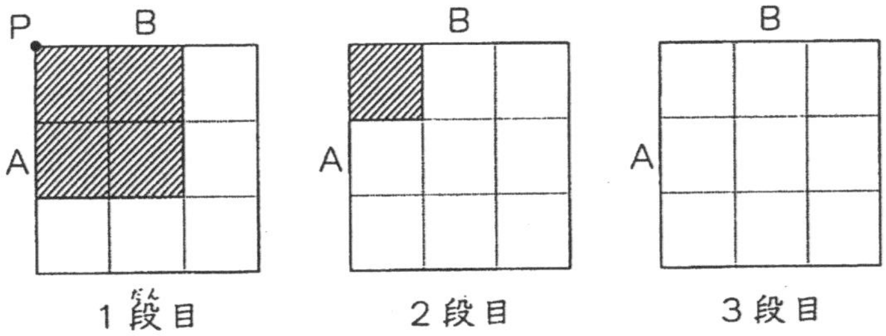

ルール

1．立方体の一つは図７と同様の位置に置くこと。

2．立方体どうしは他の立方体と少なくとも１面がぴったりと重なるように置くこと。
また、立方体の上に立方体を乗せることができる。

3．立方体を置く場所は、解答用紙にあるように下から１段目の９か所、その上の２段目の９か所、その上の３段目の９か所のはんいに置くこと。

4．鏡に映った部分もふくめた、立方体が組み合わさってできた立体は、図１０のように一つの立体とする。

図１０

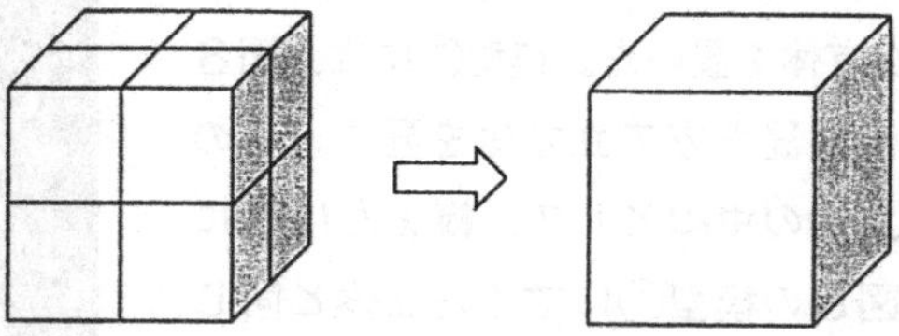

解答用紙

# 適性検査Ⅰ

1

〔問題1〕 10点

〔問題2〕 30点

〔問題3〕 60点

20

100

※100点満点

| 受検番号 |
| --- |
| |

| 得点 |
| --- |
| ※ |

※のらんには、記入しないこと。

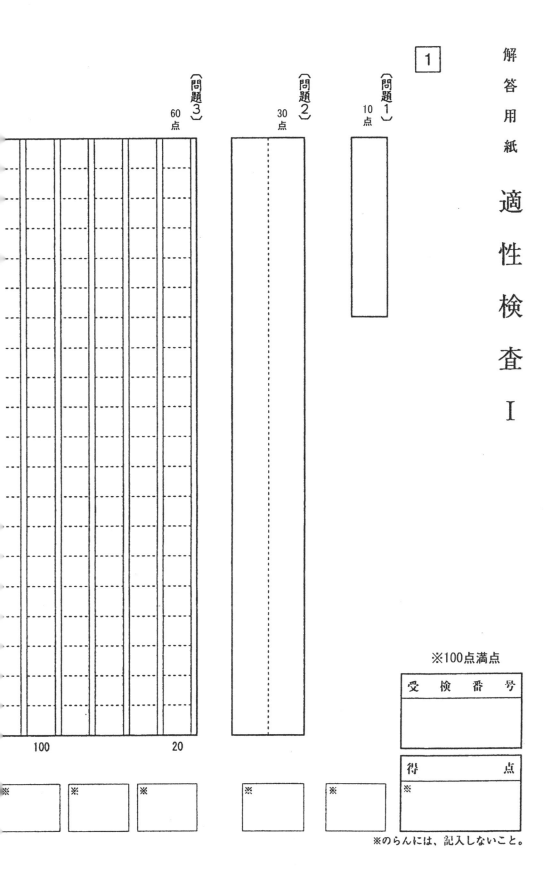

# 解 答 用 紙　適 性 検 査 Ⅱ

※100点満点

| 受　検　番　号 |
| --- |
| |

| 得　　　点 |
| --- |
| ※ |

※のらんには、記入しないこと

**1**

〔問題１〕 15点

| | | | |
|---|---|---|---|
| （1） | cｍ | | |
| （2） | 〔直角三角形〕<br><br>個 | 〔正三角形〕<br><br>個 | 〔円〕<br><br>個 |
| | 〔説明〕 | | |

※

〔問題２〕 15点

| | |
|---|---|
| （1） | イ 1 → □ → □ → □ → □ → □ → □ → □ ● |
| （2） | |

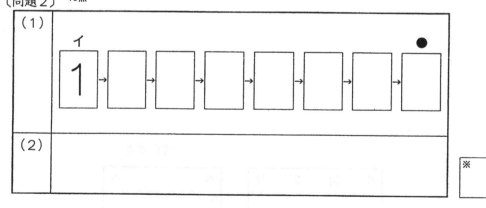

※

# 解答用紙　適性検査Ⅲ

※100点満点

| 受　検　番　号 |
| --- |
| |

| 得　点 |
| --- |
| ※ |

※のらんには、記入しないこと

**1**

〔問題１〕　15点

説明

※

〔問題２〕　20点

図４

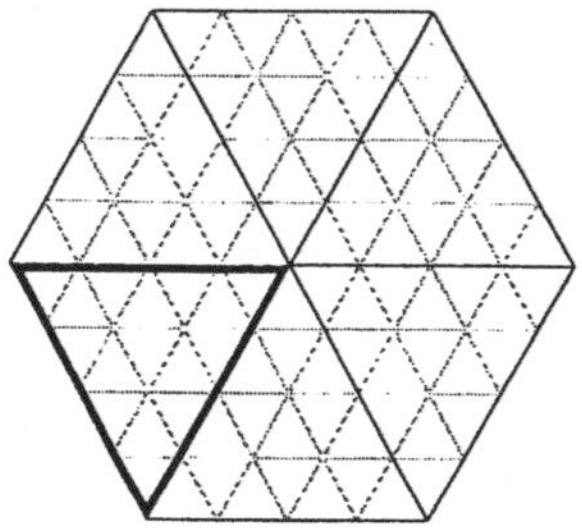

※

〔問題３〕　15点

立方体の置き方

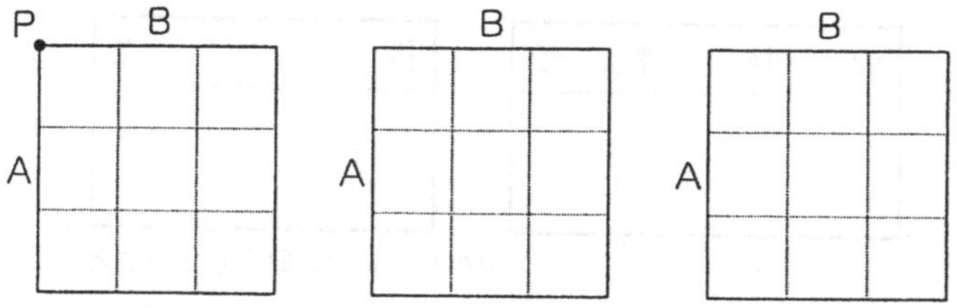


１段目　　２段目　　３段目

※

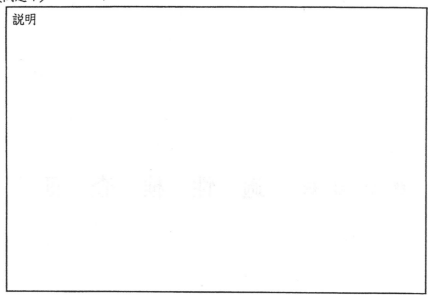

2

〔問題１〕　15点

比べ方：

| | インパラ | オオカンガルー | トノサマバッタ |
|---|---|---|---|
| 計算結果 | | | |
| 順位 | | | |

※

〔問題２〕　25点

読み取れること

①（　　　　　）

②（　　　　　）

③（　　　　　）

考えられること

・（　　　　）

・（　　　　）

※

〔問題３〕　10点

仮説（　　　　）

（１）

（２）

※

# 2

〔問題1〕　5点

| |
|---|
| |

※

〔問題2〕　A～D．8点　説明…12点

| | |
|---|---|
| A | B |
| C | D |

※

| 共通点　・　ちがう点 |
|---|
| |

※

〔問題3〕　15点

| |
|---|
| |

※

3

〔問題１〕　14点

| |
|---|
| （１）〔選んだもの〕 |
| 〔理由〕 |
| （２） |

※

〔問題２〕　16点

| | |
|---|---|
| （１） | |
| （２）〔サラダ油が見えなくなるもの〕 | |
| 〔洗剤〕 | 滴 |

※

（4　武蔵）

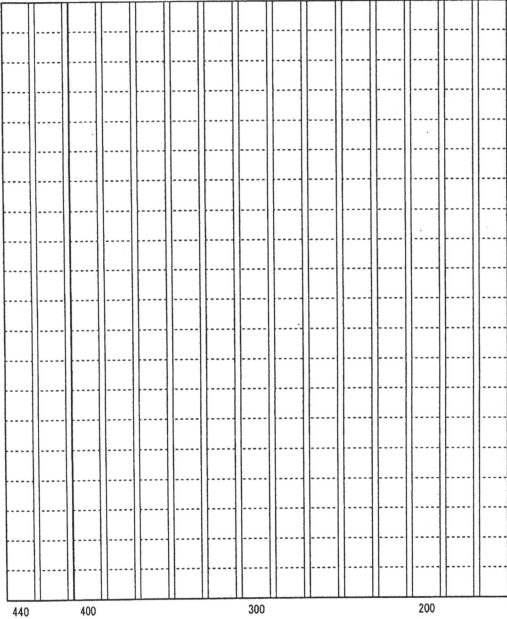

440　400　300　200

※

2　はるきさん、なつよさん、あきおさん、ふゆみさんの４人は、総合的な学習の時間にグループで取り組む調査について相談しています。

はるき：生き物について何か調べてみたいと思っているのだけれど、どうかな。

なつよ：私は調べるだけでなく、数値を比べる調査をしてみたいな。

ふゆみ：それは難しそうだね。でもだれが見てもきちんと比べられるように、数値にして表すということは大切なのだと思うよ。

はるき：それってたとえば、体の大きさを表すときに、「大きい」、「小さい」という言葉ではなく、「何ｃｍ」のようにして表すということかな。

なつよ：たとえば私はハムスターを飼っているので、ネコやイヌを見ると大きいなって思ってしまうよ。

あきお：そうだね、ネコやイヌを小さい動物と思う人もいるものね。大きさは、その人によってとらえ方がちがうね。

ふゆみ：そう。だから、数値にして表しておけば、人によってちがうということがなくなると思うんだ。

４人は、数値にして表すということに着目して、まずは資料を探してみることにしました。

あきお：図鑑や百科事典を調べていたらおもしろそうなものを見つけたよ。動物が１回のジャンプで移動できるきょりを比べたものなのだけれど、インパラは１２．５ｍ、オオカンガルーは１０ｍ、トノサマバッタは７５ｃｍだって。

はるき：インパラというのはどういう動物なのかな。

あきお：シカの仲間みたいだね。

なつよ：そうすると、この３種類の動物が１回のジャンプで移動できるきょりを比べると、順位はそのままになるね。

ふゆみ：確かに、きょりをそのまま比べるとそうだけど、トノサマバッタは他の動物よりも体が小さいから、大きい動物の方がきょりが大きくなるのは当たり前じゃないかな。

あきお：そうだね。じゃあ体の大きさや重さについても調べてみたから、表にしてみるね。

**表１**　３種類の動物の１回のジャンプで移動できるきょり、体長、体重

| 動物名 | インパラ | オオカンガルー | トノサマバッタ |
|---|---|---|---|
| １回のジャンプで移動できるきょり | 12.5m | 10m | 75cm |
| 体長 | 160cm | 150cm | 7.3cm |
| 体重 | 80kg | 60kg | 1.4g |

（「ニューワイド　学研の図鑑（ずかん）　動物」などより作成）

**なつよ：** 図鑑にのっている数値も代表的な値（あたい）だったり、およその値だったりするだろうから、必ずこの表の値になるとは限らないと思うけど、比べてみることはできそうだね。

**はるき：** この表の中の体長や体重の値も使って、１回のジャンプで移動できるきょりをそのまま比べるのではなく、なにか工夫（くふう）して比べられないかを考えてみようよ。

〔問題１〕　１回のジャンプで移動できるきょりの数値をそのまま比べるのではなく、**表１**中のほかの数値も使用して、ちがう比べ方を考えなさい。また、実際に計算して結果を求め、どのような順位になったかを示しなさい。計算結果が割（わ）り切れないときは、小数第２位を四捨五入（ししゃごにゅう）して、小数第１位までの数で答えなさい。なお、計算して小数第２位を四捨五入した結果、順位が同じになることがない比べ方を考えること。

なつよ：数値にして表すといっても、工夫の仕方があっておもしろいね。私たちのグループで調べるときも、ただ数値にして表すだけでなく、工夫ができるといいね。

ふゆみ：そうだね。それに、大きさや重さのように、すぐに数値にして表せることだけではなく、動物の行動についても数値にして表すことができたらおもしろそうだね。

あきお：それはおもしろそうだね。そういえば、オスのアゲハチョウが同じ仲間のメスのアゲハチョウを見つける時に、何を目印にしているのかを調べるために実験した本を見つけたよ。アゲハチョウは、黒色に黄色の模様（もよう）があることで同じ仲間のアゲハチョウであるということを見分けていることが分かっているらしいよ。そのことについて調べた実験の結果があったよ（図１）。

なつよ：まずはこの実験について、結果を読み取ることと、結果からどのようなことが言えるかということを、みんなで考えてみようよ。

図１　いろいろな模様（もよう）に対して近寄っていったアゲハチョウの割合（わりあい）

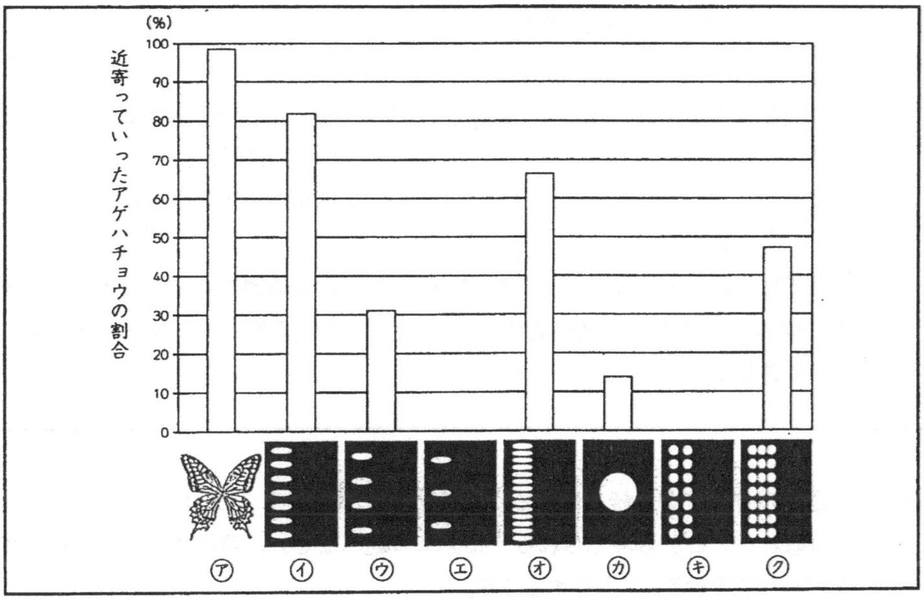


（日高敏隆（ひだかとしたか）「チョウはなぜ飛ぶか」より作成）

【図１の資料についての説明】

・実験をした模様の種類について

㋐：メスのはねをそのまま使用。

㋑：メスのはねにある細長い黄色い模様と同じ形の物を、７ｍｍ間隔で黒色の紙にならべたもの。

㋒：㋑の模様の間隔を１４ｍｍに変えたもの。

㋓：㋑の模様の間隔を２１ｍｍに変えたもの。

㋔：㋑の模様の間隔を１ｍｍに変えたもの。

㋕：大きな円形の模様が一つ。模様の面積は㋑の模様の面積の合計と同じ。

㋖：小さな円形の模様を等間隔にならべたもの。小さな円形の模様一つの面積は、㋑の模様一つの面積の３分の１の大きさ。

㋗：㋖の小さな円形の模様の間に同じ小さな円形の模様を入れたもの。

・メスのはねをそのまま置いたとき（㋐）と、はねと同じくらいの大きさのボール紙を黒くぬり、黄色い模様を付けたとき（㋑〜㋗）とで比べて実験した。

・㋑〜㋔は、もともとアゲハチョウのはねにある模様と同じ形の模様を使い、㋕〜㋗は、アゲハチョウのはねにはない形の模様を使った。

・実験の結果は、はねまたはボール紙から半径１ｍ以内を通過したオスのアゲハチョウのうち、はねまたはボール紙に近づいていったオスのアゲハチョウの割合〔％〕を棒グラフで表している。

〔問題２〕 **図１**のグラフから読み取れることを㋐〜㋗に着目して三つ書きなさい。さらに、読み取れたことから考えられることを二つ述べなさい。解答するときには、以下の**答え方の注意**を守って解答すること。

**答え方の注意**

・読み取れることを解答するときには、**図１**の中のどの部分を読み取ったかが分かるように、㋐〜㋗までの記号を解答用紙の（　　　）の中に二つ以上記入して説明すること。

・考えられることを解答するときには、すでに解答した三つの読み取れることのうち、どのことから考えたことなのかが分かるように、①〜③までの数字を解答用紙の（　　　）の中に一つ以上記入して説明すること。

はるき：アゲハチョウの行動の様子も数値にして表すことができるね。
なつよ：私たちにもこういう実験ができるかな。なにか新しく実験を考えてみたいね。
ふゆみ：実験を計画するに当たって、まずは仮説を考えるところから始めてみましょうよ。
あきお：そうだね。実験や観察することを考えると、身近にいる生き物の方がよさそうだね。

４人は、これまで話し合ってきたことをふまえて、それぞれが新たな仮説を考えてくることにしました。

はるき：みんな何か仮説は思いついたかな。
あきお：私は飼っているキンギョについて調べてみたいから、こういう仮説を考えてみたよ。

| **仮説１**　「水が温かい方がキンギョは元気」 |
|---|

なつよ：私はよく部屋にお花をかざっているので、こういう仮説を考えてみたよ。

| **仮説２**　「気温が低い冬の方が切花は元気」 |
|---|

はるき：２人とも「元気」という言葉を使っているのだね。確かに生き物の様子を見ていると、元気だなって思うときとそうでないときがあるよね。
ふゆみ：それをどうやって数値にして表すかを考えないと実験ができないから、そこを考えるところからみんなで相談して、実験の計画を立てていきましょう。

〔問題３〕 **仮説１**、**仮説２**のどちらかを選び、解答用紙の（　　　）の中に数字を記入して、以下の（1）（2）に答えなさい。
（1）「元気」をどのように数値にして表すのかを自分で決めなさい。
（2）（1）を調べるための実験方法を述べなさい。
実験を行うに当たって、**仮説１**の場合、水温２５℃、１０℃にそれぞれ設定できる水そうが、**仮説２**の場合、気温２５℃、１０℃にそれぞれ設定できる小さな実験室が用意され、それを使って実験するものとします。
なお、キンギョについて実験をするときには、キンギョを傷（きず）つけるようなことはしないこと。

③

# 適性検査Ⅰ

注意

1 問題は **1** のみで、**6ページ**にわたって印刷してあります。
2 検査時間は**四十五分**で、終わりは**午前九時四十五分**です。
3 声を出して読んではいけません。
4 答えは全て解答用紙に明確に記入し、**解答用紙だけを提出しなさい。**
5 答えを直すときは、きれいに消してから、新しい答えを書きなさい。
6 **受検番号**を解答用紙の決められたらんに記入しなさい。

東京都立武蔵高等学校附属中学校

**1** 次の **文章1** と **文章2** とを読み、あとの問題に答えなさい。
（＊印の付いている言葉には、本文のあとに〈注〉があります。）

**文章1**

中国を最近、訪問した。中国の人たちと話し合っていて、＊孔子の教えが今も生きていることが感じられた。それにつけても思い出したのは、＊桑原武夫先生の『論語』である。桑原先生の名解説で、＊『論語』が「孔子とその一門とのいきいきとした＊言行録」として捉えられ、いわゆる＊道学者としてではなく、人間、孔子の姿を生き生きと浮かびあがらせてくる書物であることが示される。

いろいろ好きな言葉があるが、ここに掲げたのは、＊雍也第六 二十の＊「子曰く、之れを知る者は之れを好む者に如かず、之れを好む者は之れを楽しむ者に如かず」の後半である。ここには、知る、好む、楽しむ、という三つの動詞があげられており、その重みが異なることを＊端的に示している。

最近は情報化社会という表現がもてはやされて、誰もが新しい情報をできるだけ多く、そして早くキャッチすることに力をつくしている。確かに「知る」ことは大切だ。しかし、そのことに心を使いすぎると、それに疲れてしまったり、情報量の多さに押し潰されてしまって、それに主体的にかかわっていく力がなくなってしまう。

「好む」者は、つまり「やる気」をもっているので、積極性がある。情報は与えられてくるので、人を受動的にする。人間の個性というものは、何が好きかというその人の積極的な姿勢のなかに現れやすい。＊私はカウンセリングのときに、何か好きなものがあるかを問うことがよくある。好きなことを中心に、その人の㋐個性が開花してくる。

孔子は、「好む」の上に「楽しむ」があるという。これはなかなか味わいのある言葉である。桑原先生の解説によれば、『楽』は＊客体の中に入ってあるいはそれと一体化して安住することであろう。最初の二つの段階を経て、第三段階の安らぎの理想像に達するとする」ということになる。

「好む」は積極的だが、下手をすると気負いすぎになる。それは「近所迷惑」を引き起こすことさえある。「楽しむ」はそれを超え、あくまで積極性を失ってはいないが安らぎがある。これはまさに「理想像」である。これを提示するのに、「知」、「好」の段階を置いたところに孔子の知恵が感じられる。

（河合隼雄「『出会い』の不思議」による）

〈注〉

孔子（こうし）――古代中国の思想家。

桑原武夫（くわばらたけお）先生の『論語（ろんご）』――フランス文学者である桑原武夫氏による『論語』の解説書。

『論語』――中国の古典。

言行録――言ったことや行（おこな）ったことを書き記したもの。

道学者――道徳を説く人。

雍也（ようや）第六 二十――『論語』の章の一つ。

「子曰（いわ）く、之（こ）れを知る者は之れを好む者に如（し）かず、之れを好む者は之れを楽しむ者に如かず」――孔子が言う、知るということだけでは、まだ、これを愛好することに及（およ）ばない。愛好するということは、これを楽しむことには及ばない。

端的（たんてき）――遠回しでなく、はっきりと表すさま。

私（わたし）はカウンセリングのときに――筆者はカウンセリングを仕事としている。

客体――はたらきかけるさいの、目的となるもの。対象。

**文章2**

（以前からあこがれのあった小鼓を京都で習ってみることになった筆者は、着物をきちんと着付けてもらい、緊張しながらお稽古の場にのぞんだ。）

いよいよ部屋を移動して＊小鼓に触ってみることになった。

「まずは簡単に小鼓について説明します。鼓は馬の皮でできておりまして、表と裏があります。桜の木でできた胴という部分があり、麻の紐を縦と横に組み合わせただけの打楽器です」

目の前に小鼓を置いていただくと、「本物だあ」という無邪気な感動があった。

「構えると打撃面が見えないというのが、小鼓の特徴です」

打撃面が見えない、というのがどういうことなのか咄嗟には理解できないまま頭の中で必死にメモをとる。

「まずは固定観念なしでいっぺん打っていただきます」

とはいえ、どう持っていいのかもわからない。手をこうやって、親指はこの形にして、くるりとまわして、と言われるままにおそるおそる小鼓を持ち上げて、右肩に掲げた。

「イメージ通りに打ってみてください」

勢いよく腕を振って、小鼓を手のひらでばしりと叩いた。テレビなどでよく見る映像の真似っこだ。イメージと勢いに反して、ぺん、という間抜けな音が出た。

「いろいろやってみてください」

何度打っても、ぺん、ぱん、という、机を叩いているような間の抜けた音しか出ない。

打撃面が見えない、という意味が打ってみてわかった。自分の手のひらがどんな動きをしているのか、鼓のどの辺を打っているのか自分ではわからないのだ。

「案外、鳴らないものでしょう」

先生の言葉に、「はい」としみじみ頷いた。

じゃあ、と、先生が姿勢と持ち方を正してくださった。

「手をぶらぶらにして」

言われた通りに手首から力を抜く。先生が腕をもって一緒に打ってくださった。

ぽん！　ぽん！

さっきとは比べ物にならない大きな音が出て驚いた。周りの空気がぶるぶる震える感じがする。騒音の振動とはまったく違う、部屋の空気がびりっと引き締まるような震えだ。

「鼓はいかに力を抜くことができるかということが大事です。鼓は、実はこの打った面ではなく、こっちの後ろから音が出ていきます。ちょっと私の言うことを聞いていただけると、すぐ鳴るんです」

本当にその通りで、魔法みたいだったので、感動して何度も「はい！」と頷いた。

「息を吸ったり吐いたりすると、もっといい音が出ます。吸う、ぽん」

息を吸い込んで打つと、ぽん、という音がもっと大きくなった。
「村田さんらしい鼓の音というのが必ずあって、同じ道具を打っても人によって違う音が出ます。ここにいらっしゃる方がそれぞれ手に取ったら、それぞれ違う音が出ます」
上手な人はみんな完璧な音を打っていて、それは同じ音色なのだろうと勝手に想像していたので、驚くと同時に、自分らしい音とはどんな音なのか、と胸が高鳴った。
「今、村田さんが打った鼓を、何もすることなしに私が打ってみます」
先生が打つと、美しい響きに、部屋の空気がびりびりと気持ちよく震えた。凛とした振動に呼応して、部屋の空気が変化して一つの世界として完成された感覚があった。
「鼓には五種類の音があります」
説明をしながら先生が鼓を打つ。さっきまで自分が触っていた鼓から、魔法のように複雑に、いろいろな音が飛び出す。
「今日みたいに湿気がある日は、小鼓にとってはとってもいい日なんです」
たまたま来た日がよく音が出る日だという偶然が、なんだか自分が小鼓とご縁があったみたいでうれしくなった。
今度は掛け声をかけて鼓を打ってみた。
「掛け声も音の一つです」
少し恥ずかしかったが、自分の身体も楽器の一つだと思うと、少し勇気が出た。先生の*謡に合わせて、
「よー」
と掛け声を出し、ぽん、と打った。もっと大きく響かせたいと思っても、なかなかお腹から力が出なかった。声に気をとられて、鼓の音もまた間抜けになってしまった。
「音が出ないのも楽しさの一つです。少しのアドバイスで音が鳴るようになります、素直な人ほどぽんと鳴ります」
先生の言葉に、とにかく素直に！　としっかり心に刻み付けた。
「村田さんが来てくれて一番の喜びは、これで鼓を触ったことがない人が一人減ったということです。日本の楽器なのに、ドレミは知っていても小鼓のことはわからないという人が多い。鼓を触ったことのない人が減っていくというのが、自分の欲というか野望です」
先生の中にごく自然に宿っている言葉が、何気なくこちらに渡されてくる。先生の言葉も、鼓と同じように、生徒によって違う音で鳴るのだろうと感じた。
「*お能の世界は非日常の世界なのですけれど、やはり日常に全て通じているんです」
最後にもう一度、鼓を構えて音を鳴らした。
とにかく素直に、素直に、と自分に言い聞かせて、身体の全部を先生の言葉に任せるような感覚で、全身から力を抜いた。
ぽん！
今日、自分ひとりで出した中で一番の大きな音が、鼓からぽーんと飛んでいった。

「とても素直な音ですね」

先生の言葉にうれしくなってしまい、もっと鳴らそうと思うと、㋑今度は変な音が出た。

「今度はちょっと欲張ってきましたね」

音でなんでもわかってしまうのだなと恥ずかしくなった。

「ありがとうございました」

お稽古の最後に、敬意を込めて先生に深く頭を下げた。お礼の言葉は日常でも使っているが、先生に向かって、「学ばせてくださってありがとうございました」という気持ちを込めて発するその言葉は、普段とは意味合いが違っていた。

その夜はずっと鼓のことを考えていた。ぽーんと気持ちよく鳴った音だけではなく、先生の言葉に込められた「日本らしさ」ということ。鼓を触ったことのない人間が、今日一人減って、それが私だということ。

短い時間だったけれど、私の中に何かが宿った気がした。思った以上に忘れられない経験として、自分の中に刻まれていた。

鼓から飛んでいった私だけの「音」の感覚が、今も身体に残っている。ぽーん、と響いた、私だけの音。あの音にもう一度会いたいと、東京に戻った今も、たまに手首をぶらぶらさせながら想い続けている。

（村田沙耶香「となりの脳世界」朝日新聞出版による）

〔注〕

小鼓――日本の伝統的な打楽器の一つ。（図1）

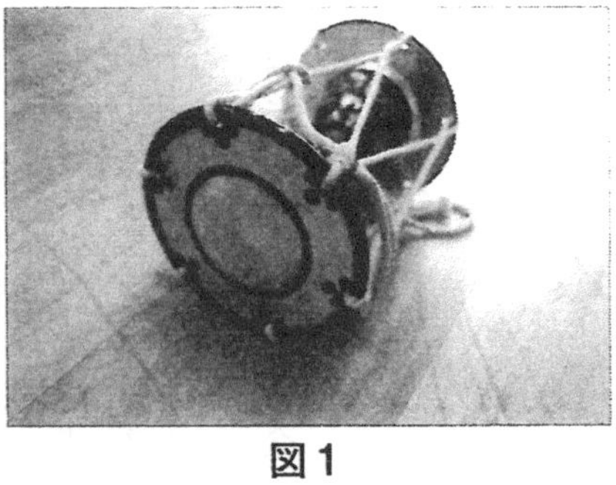

図1

謡――日本の古典的芸能の一つである能楽の歌詞をうたうこと。

お能――能楽。室町時代に完成した。

〈問題1〉 ㋐個性 とありますが、これは、**文章2** ではどのような形で表れていますか。会話文以外の部分から、五字以上十字以内でぬき出しなさい。

〈問題2〉 ㋑今度は変な音が出た。 とありますが、それはなぜですか。ただし、**文章1** の表現も用いること。十五字以上二十字以内で説明しなさい。

〈問題3〉 **文章2** のお稽古(けいこ)の場面では、**文章1** の「知る、好む、楽しむ」のどの段階(だんかい)まで表されていると言えるでしょうか。あなたの考えを四百字以上四百四十字以内で書きなさい。ただし、次の条件と下の〈きまり〉にしたがうこと。

条件 次の三段落構成(さんだんらくこうせい)にまとめて書くこと

①第一段落では、「知る」、「好む」、「楽しむ」のどの段階まで表されていると考えるか、自分の意見を明確に示す。

②第二段落では、「①」の根拠(こんきょ)となる箇所(かしょ)を **文章2** から具体的に示し、**文章1** と関係付けて説明する。

③第三段落では、「①」で示したものとはちがう段階だと考える人にも分かってもらえるよう、その人の考え方を想像してそれにふれながら、あなたの考えを筋道(すじみち)立てて説明する。

〈きまり〉
○題名は書きません。
○最初の行から書き始めます。
○各段落(だんらく)の最初の字は一字下げて書きます。
○行をかえるのは、段落をかえるときだけとします。
○、や。や」なども それぞれ字数に数えます。これらの記号が行の先頭に来るときには、前の行の最後の字と同じますめに書きます(ますめの下に書いてもかまいません)。
○。と」が続く場合には、同じますめに書いてもかまいません。この場合、。」で一字と数えます。
○段落をかえたときの残りのますめは、字数として数えます。
○最後の段落の残りのますめは、字数として数えません。

# 適性検査Ⅱ

注　　意

1　問題は 1 から 3 までで、１４ページにわたって印刷してあります。

2　検査時間は４５分で、終わりは**午前１１時１０分**です。

3　声を出して読んではいけません。

4　計算が必要なときは、この問題用紙の余白を利用しなさい。

5　答えは全て解答用紙に明確に記入し、**解答用紙だけを提出しなさい。**

6　答えを直すときは、きれいに消してから、新しい答えを書きなさい。

7　**受検番号**を解答用紙の決められたらんに記入しなさい。

東京都立武蔵高等学校附属中学校

問題を解くときに、問題用紙や解答用紙、ティッシュペーパーなどを実際に折ったり切ったりしてはいけません。

**1** **花子**さん、**太郎**さん、**先生**が、２年生のときに習った九九の表を見て話をしています。

**花　子**：２年生のときに、１の段から９の段までを何回もくり返して覚えたね。
**太　郎**：九九の表には、たくさんの数が書かれていて、規則がありそうですね。
**先　生**：どのような規則がありますか。
**花　子**：９の段に出てくる数は、一の位と十の位の数の和が必ず９になっています。
**太　郎**：そうだね。９も十の位の数を０だと考えれば、和が９になっているね。
**先　生**：ほかには何かありますか。

**表1**

| | 1 | 2 | 3 | 4 | 5 | 6 | 7 | 8 | 9 |
|---|---|---|---|---|---|---|---|---|---|
| 1 | 1 | 2 | 3 | 4 | 5 | 6 | 7 | 8 | 9 |
| 2 | 2 | 4 | 6 | 8 | 10 | 12 | 14 | 16 | 18 |
| 3 | 3 | 6 | 9 | 12 | 15 | 18 | 21 | 24 | 27 |
| 4 | 4 | 8 | 12 | 16 | 20 | 24 | 28 | 32 | 36 |
| 5 | 5 | 10 | 15 | 20 | 25 | 30 | 35 | 40 | 45 |
| 6 | 6 | 12 | 18 | 24 | 30 | 36 | 42 | 48 | 54 |
| 7 | 7 | 14 | 21 | 28 | 35 | 42 | 49 | 56 | 63 |
| 8 | 8 | 16 | 24 | 32 | 40 | 48 | 56 | 64 | 72 |
| 9 | 9 | 18 | 27 | 36 | 45 | 54 | 63 | 72 | 81 |

**太　郎**：**表1**のように４個の数を太わくで囲むと、左上の数と右下の数の積と、右上の数と左下の数の積が同じ数になります。
**花　子**：４×９＝３６、６×６＝３６で、確かに同じ数になっているね。

**先　生**：では、**表2**のように６個の数を太わくで囲むと、太わくの中の数の和はいくつになるか考えてみましょう。

**表2**

| | 1 | 2 | 3 | 4 | 5 | 6 | 7 | 8 | 9 |
|---|---|---|---|---|---|---|---|---|---|
| 1 | 1 | 2 | 3 | 4 | 5 | 6 | 7 | 8 | 9 |
| 2 | 2 | 4 | 6 | 8 | 10 | 12 | 14 | 16 | 18 |
| 3 | 3 | 6 | 9 | 12 | 15 | 18 | 21 | 24 | 27 |
| 4 | 4 | 8 | 12 | 16 | 20 | 24 | 28 | 32 | 36 |
| 5 | 5 | 10 | 15 | 20 | 25 | 30 | 35 | 40 | 45 |
| 6 | 6 | 12 | 18 | 24 | 30 | 36 | 42 | 48 | 54 |
| 7 | 7 | 14 | 21 | 28 | 35 | 42 | 49 | 56 | 63 |
| 8 | 8 | 16 | 24 | 32 | 40 | 48 | 56 | 64 | 72 |
| 9 | 9 | 18 | 27 | 36 | 45 | 54 | 63 | 72 | 81 |

**花　子**：６個の数を全て足したら、２７３になりました。

**先　生**：そのとおりです。では、同じように囲んだとき、６個の数の和が１３５になる場所を見つけることはできますか。

**太　郎**：６個の数を全て足せば見つかりますが、大変です。何か規則を用いて探(さが)すことはできないかな。

**花　子**：規則を考えたら、６個の数を全て足さなくても見つけることができました。

〔問題１〕　６個の数の和が１３５になる場所を一つ見つけ、解答らんの太わくの中にその６個の数を書きなさい。

また、花子さんは「規則を考えたら、６個の数を全て足さなくても見つけることができました。」と言っています。６個の数の和が１３５になる場所をどのような規則を用いて見つけたか、**図１**の**A**から**F**までを全て用いて説明しなさい。

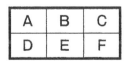

**図１**

| | | |
|---|---|---|
| A | B | C |
| D | E | F |

**先　生**：九九の表（**表3**）は、１から９までの２個の数をかけ算した結果を表にしたものです。ここからは、１けたの数を４個かけて、九九の表にある全ての数を表すことを考えてみましょう。次の〔**ルール**〕にしたがって、考えていきます。

**表3**　九九の表

| | 1 | 2 | 3 | 4 | 5 | 6 | 7 | 8 | 9 |
|---|---|---|---|---|---|---|---|---|---|
| 1 | 1 | 2 | 3 | 4 | 5 | 6 | 7 | 8 | 9 |
| 2 | 2 | 4 | 6 | 8 | 10 | 12 | 14 | 16 | 18 |
| 3 | 3 | 6 | 9 | 12 | 15 | 18 | 21 | 24 | 27 |
| 4 | 4 | 8 | 12 | 16 | 20 | 24 | 28 | 32 | 36 |
| 5 | 5 | 10 | 15 | 20 | 25 | 30 | 35 | 40 | 45 |
| 6 | 6 | 12 | 18 | 24 | 30 | 36 | 42 | 48 | 54 |
| 7 | 7 | 14 | 21 | 28 | 35 | 42 | 49 | 56 | 63 |
| 8 | 8 | 16 | 24 | 32 | 40 | 48 | 56 | 64 | 72 |
| 9 | 9 | 18 | 27 | 36 | 45 | 54 | 63 | 72 | 81 |

〔**ルール**〕
(1)　立方体を４個用意する。
(2)　それぞれの立方体から一つの面を選び、「●」を書く。
(3)　**図2**のように全ての立方体を「●」の面を上にして置き、左から順に**ア**、**イ**、**ウ**、**エ**とする。
(4)　「●」の面と、「●」の面に平行な面を底面とし、そのほかの４面を側面とする。
(5)　「●」の面に平行な面には何も書かない。
(6)　それぞれの立方体の全ての側面に、１けたの数を１個ずつ書く。ただし、数を書くときは、**図3**のように数の上下の向きを正しく書く。
(7)　**ア**から**エ**のそれぞれの立方体から側面を一つずつ選び、そこに書かれた４個の数を全てかけ算する。

**図2**

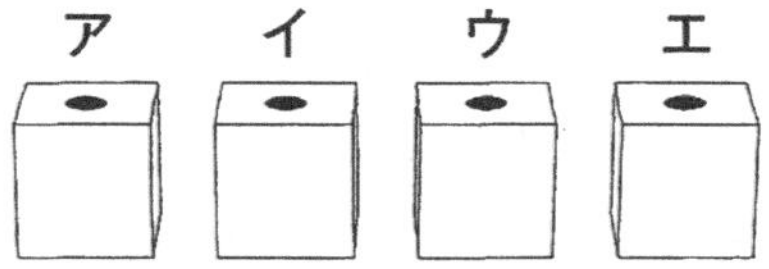


**図3**

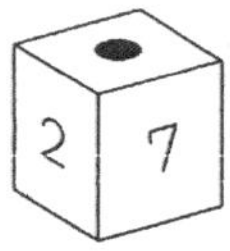

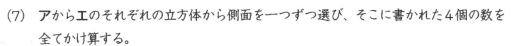

**先　生**：例えば**図4**のように選んだ面に２、１、２、３と書かれている場合は、２×１×２×３＝１２を表すことができます。側面の選び方を変えればいろいろな数を表すことができます。４個の数のかけ算で九九の表にある数を全て表すには、どのように数を書けばよいですか。

**図4**

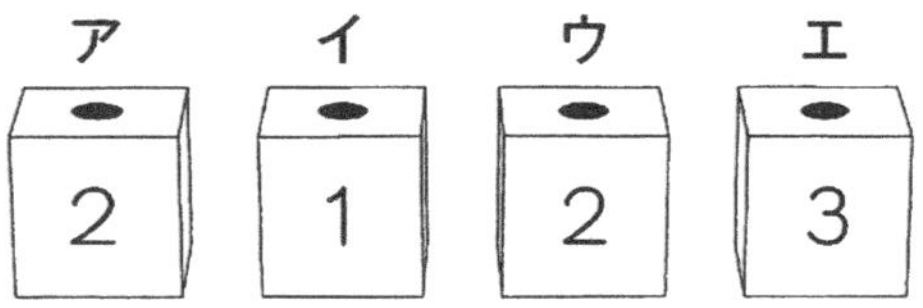

**太　郎：**４個の立方体の全ての側面に１個ずつ数を書くので、全部で１６個の数を書くことになりますね。

**花　子：**１けたの数を書くとき、同じ数を何回も書いてよいのですか。

**先　生：**はい、よいです。それでは、やってみましょう。

太郎さんと花子さんは、立方体に数を書いてかけ算をしてみました。

**太　郎：**先生、側面の選び方をいろいろ変えてかけ算をしてみたら、九九の表にない数も表せてしまいました。それでもよいですか。

**先　生：**九九の表にある数を全て表すことができていれば、それ以外の数が表せてもかまいません。

**太　郎：**それならば、できました。

**花　子：**私もできました。私は、立方体の側面に１から７までの数だけを書きました。

〔問題２〕**〔ルール〕**にしたがって、**ア**から**エ**の立方体の側面に１から７までの数だけを書いて、九九の表にある全ての数を表すとき、側面に書く数の組み合わせを１組、解答らんに書きなさい。ただし、使わない数があってもよい。

　また、**ア**から**エ**の立方体を、**図５**の展開図のように開いたとき、側面に書かれた４個の数はそれぞれどの位置にくるでしょうか。数の上下の向きも考え、解答らんの展開図に４個の数をそれぞれ書き入れなさい。

**図５**　展開図

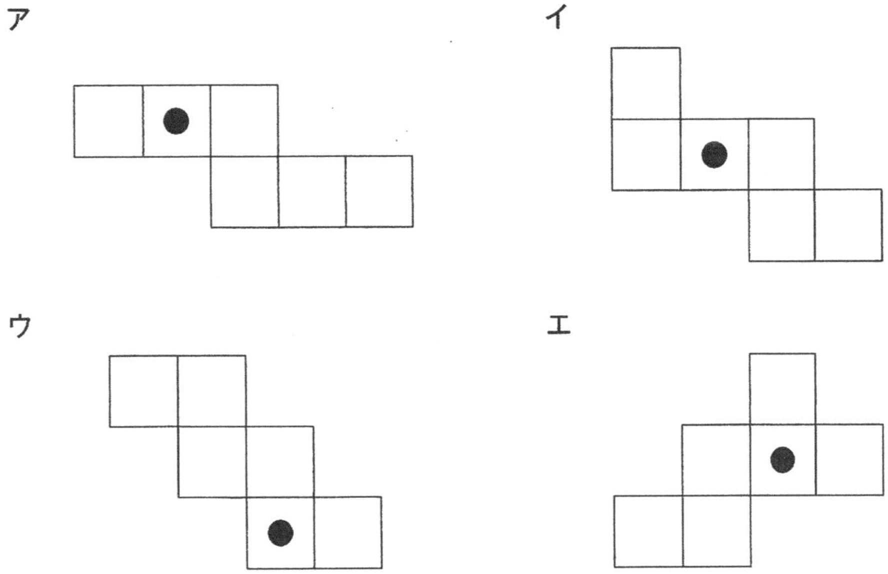

**2**　ある日の**武蔵**さんと**お父さん**の会話です。

**武　蔵**：今日、学校の授業でキャベツとレタスの栽培について学習したよ。地図帳で調べるとキャベツやレタスが生産されている地域がよく分かったよ。

**父**　：私たちが住んでいる東京都には、全国各地からさまざまな野菜が毎日のように届いているんだ。

**武　蔵**：では、キャベツとレタスがどこからどのくらい東京都中央卸売市場に届くかを調べてみよう。

**図1**　2018年におけるキャベツの産地別入荷割合

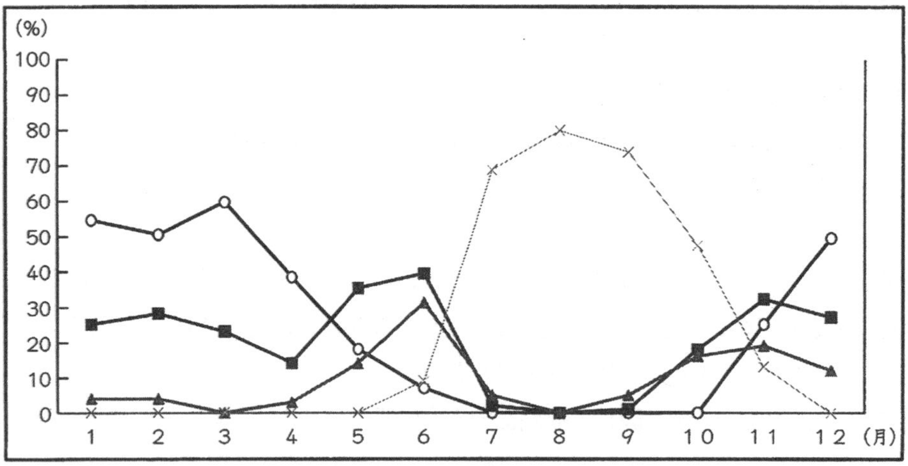


（東京都中央卸売市場　統計資料より作成）

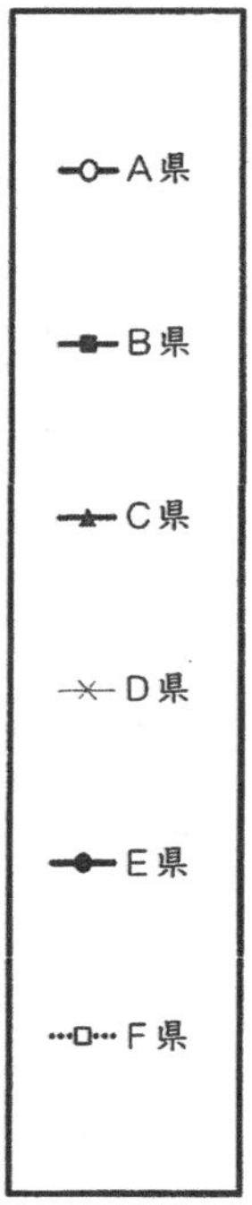


**図2**　2018年におけるレタスの産地別入荷割合

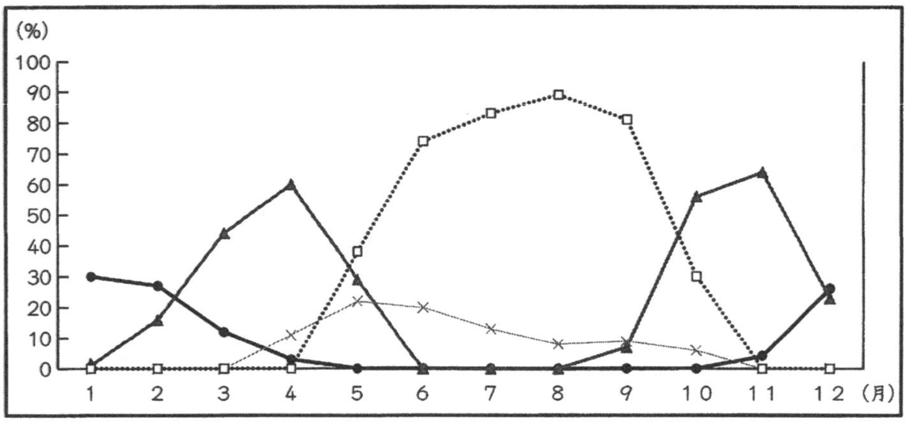


（東京都中央卸売市場　統計資料より作成）

父　：**図１**と**図２**は、それぞれ東京都中央卸売市場におけるキャベツとレタスの東京都以外の県からの入荷割合を月ごとにまとめた図だよ。

武　蔵：キャベツもレタスもさまざまな県から入荷されているんだね。

父　：キャベツは、季節により栽培場所を変えるリレー栽培で生産されているんだよ。

武　蔵：愛知県からの、１２月から４月の入荷割合が他の３県に比べて高くなっているね。

父　：愛知県では、暖流の影響で冬でも暖かい気候を生かしてキャベツの栽培を行っているんだよ。

武　蔵：千葉県からの、５月と６月と１１月の入荷割合が他の３県より高いね。一方、茨城県からは６月に千葉県に次いで入荷割合が高くなっているね。

父　：千葉県や茨城県は、近郊農業といって大都市である東京都に距離が近い地域で栽培する農業が行われているんだ。東京都に距離が近いという特ちょうを生かして東京都中央卸売市場に出荷されているんだよ。愛知県や千葉県、茨城県は、７月から９月に気温が高くなるので、入荷割合が低いんだ。

武　蔵：群馬県からの、７月から１０月の入荷割合が他の３県より高いね。

父　：群馬県の標高の高い地域では、キャベツの栽培をしているんだ。特に、夏でもすずしい気候と東京都に距離が近いという特ちょうを生かしているんだね。

武　蔵：レタスは、どうなのかな。茨城県からの入荷割合が３月と４月、１０月と１１月に他の３県より高いね。

父　：レタスもキャベツと同じように、気温が高くなる地域では入荷割合が低くなるんだ。

武　蔵：６月から９月にかけては、東京都中央卸売市場に入荷されるレタスの９割以上を群馬県と長野県がしめているね。特に長野県は入荷割合の７割以上をしめているね。

父　：長野県も、標高１０００メートルをこえる高い地域が多いんだ。

武　蔵：冬になると、どこがレタスの栽培に向いているのかな。

父　：キャベツと同じで、冬でも暖かい気候の静岡県や茨城県で栽培することが多くなるんだ。

武　蔵：農家やさまざまな人たちの努力により、安定して供給されるようにしていることがよく分かったよ。
キャベツやレタスの価格はどのように１年間で変わるのかな。

父　：２０１８年におけるキャベツとレタスの月ごとの１キログラム当たりの平均価格が分かる表を用意したよ（**表１**）。これらのことからどのようなことが分かるかな。

**表１**　2018年におけるキャベツとレタスの月ごとの1キログラム当たりの平均価格

| | 1月 | 2月 | 3月 | 4月 | 5月 | 6月 | 7月 | 8月 | 9月 | 10月 | 11月 | 12月 |
|---|---|---|---|---|---|---|---|---|---|---|---|---|
| キャベツ（円） | 198 | 253 | 139 | 90 | 63 | 80 | 102 | 100 | 78 | 87 | 84 | 72 |
| レタス（円） | 399 | 326 | 156 | 138 | 129 | 110 | 119 | 125 | 151 | 182 | 128 | 147 |

（東京都中央卸売市場　統計資料より作成）

〔問題1〕(1) 武蔵さんとお父さんの会話をもとに、**図1**と**図2**のA県からF県に当てはまる県名を書きなさい。ただし、A県からF県に当てはまる県は全て本文中に登場した県である。

(2) キャベツかレタスのどちらかを選び、解答用紙に選んだものを○で囲んだ上で、平均価格が最も高い月は、平均価格が最も低い月の何倍の金額になるかを計算しなさい。ただし、計算で割り切れない場合は、小数第三位を四捨五入し、小数第二位まで求めなさい。

(3) **図1**、**図2**、**表1**と武蔵さんとお父さんの会話をもとにキャベツとレタスの生産の特ちょうを一つ説明しなさい。

武　蔵：最近は、地元の食材を地元で消費する地産地消が進んでいるよね。この間、給食で江戸野菜の小松菜と千寿ネギを使ったハンバーグが出たよ。

父　：地元で作られたものは、遠くへ運ぶ必要がないから安く手に入るし、いつ、どこで、どんな人が作った食材なのか分かると食べる人は安心だよね。

武　蔵：地元でどのような食材が作られているかを知るよい機会になるね。地産地消に関して、今はどのような取り組みをしているの。

父　：現在は、農家だけではなく、会社も農業に参加して地産地消に積極的に取り組んでいるんだよ。例えば、スーパーマーケットやコンビニエンスストアが自分の会社で田んぼや畑を借りて、米や野菜などを栽培しているんだよ。

武　蔵：いろいろな会社が農業に参加しているんだね。

父　：会社だけではなく農業の発展を支えるために協力しようという団体も増えてきているんだよ。**図3**は、農業に参加している会社などの団体数の変化を示した図だよ。また**表2**はなぜ会社などの団体が農業に参加するのか。その理由をまとめた表だよ。

**図3**　農業に参加している会社などの団体数の変化

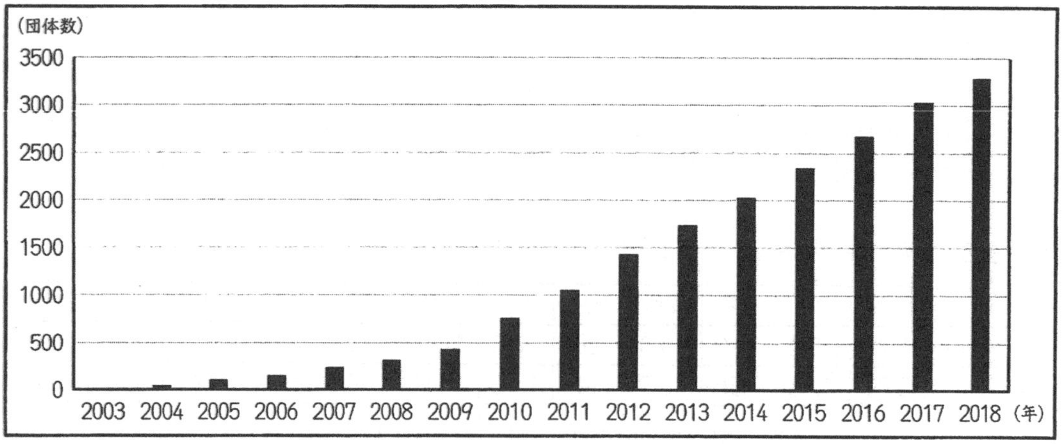


(2018年度　農林水産省　経営局　ホームページより作成)

**表2**　農業に参加する理由

| 理由 | 理由の説明 |
| --- | --- |
| 農業は大きな利益を上げられる | ●安心・安全な農作物を食べたいという人が増えており、日本産の野菜などを買う人が増えており、利益が見こめるから。 |
| 地域に貢献できる | ●はばの広い人材を集めるため、地域の人たちを雇い、働く場をつくることができるから。 |
| 会社が参加しやすい | ●機械や技術など各会社にもともとあるものを生かしやすくなったから。 |
| 土地を借りやすい | ●農地法の改正により、ふつうの農家と同じように会社も土地を借りられるようになったから。 |

（鳥取県農林水産部経営支援課　ホームページより作成）

父　：２００３年に、いわゆる特区法という法律ができて国が地域を指定して、会社などの団体が農業をすることを認めたんだ。２００４年には、それを全国に拡大していったんだ。

武蔵：最初は、どんな団体が農業に参加していったの。

父　：国も農業に関わりがもともとある会社などの団体から認めていったんだ。例えば、農業の機械を作る会社や農作物の種を作っていた会社などがあげられるね。

武蔵：たしかに、農業の知識が少しでもないと農業に関わるのが難しいよね。

父　：しかし、２００８年から国は、農業に関係しない会社などの団体も全国で農業ができるようにしたんだよ。

武蔵：だから２０１０年ごろから急に農業に参加する会社などの団体の数が増えているんだね。どうして、もともと農業に関係しない会社が農業に参加していったのかな。

父　：現在、少子高れい化などの影響で農業をする人が減っていっているんだ。そこで、農業をする人を増やすために国が、農業を行う会社の税金を下げることで、農業をする人を増やそうとしたからなんだよ。また、会社にとっても農業に新しく参加することで、会社の将来の可能性を広げることになるんだ。あとは、農業に参加することで日本の食を支えることができるという気持ちもそれに関係していると言われているよ。

武蔵：たくさんの人びとが農業に関わることで、農作物の価格が安定したり、年間を通して野菜などを供給できるようになったりするね。でも、農業をしていく上で大変なことはないのかな。

父　：たしかに、さまざまな苦労があると思うよ。**図４**は、実際に農業を行っている会社などの団体に対して、農業をする上でどんな苦労を抱えているかを答えてもらったアンケートの結果だよ。

**図4　農業を行う上での課題**

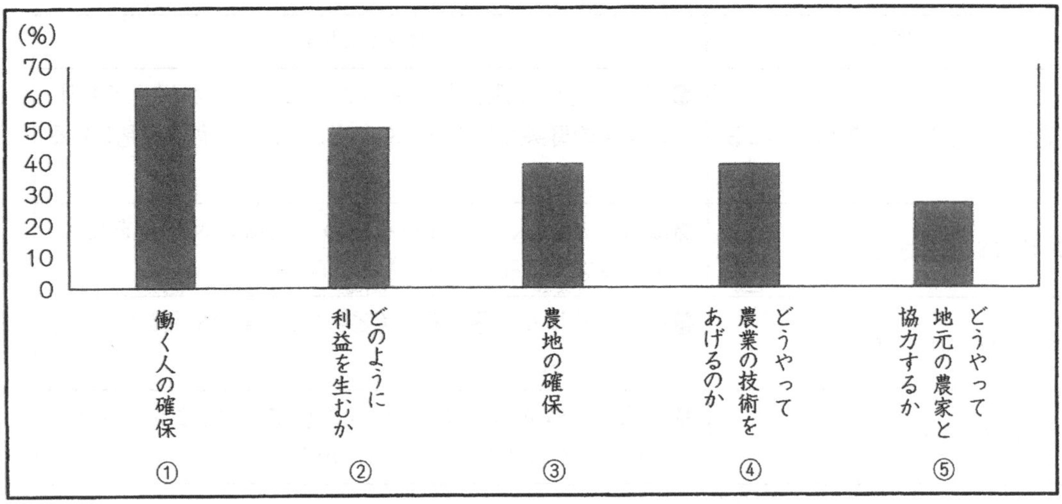


（2018年　日本政策金融公庫　「農林水産部調査」より作成）

**武　蔵**：働く人の確保を課題と考えている会社などの団体が60%以上、どのように利益を生むかを課題と考えている会社などの団体が50%以上いるんだね。

**父**　：解決するための取り組みとしては、例えば、農作物の販売を拡大させるために、地元のレストランや小中学校の給食で活用してもらっているんだ。そうすれば、その会社が作った農作物がおいしいというのが広まり、販売が拡大していくよね。

**武　蔵**：給食やレストランでおいしいと分かると家の近所なこともあって、買いに行こうと思うからね。

**父**　：あとは、地元の働く人の確保にも役立っているんだ。別の会社を退職してまだ働きたいと思っている人たちや短時間なら働ける人たちを積極的に採用して、多くの人たちに生産に関わってもらっているんだよ。

**武　蔵**：だれでも同じように野菜や果物を生産することができるのかな。

**父**　：それは、地元の農家などの協力を得て、だれでも簡単に同じ味を出せるような栽培の説明書を作成して、会社などに配っているんだ。これがあれば、だれでも同じ品質で同じ味の野菜や果物を作ることができるんだよ。

**武　蔵**：多くの人たちを雇うとたくさん農地も必要になるよね。

**父**　：日本には、昔は田んぼや畑だったところが、現在は空き地になっているところが多いんだ。それを、会社が借りて再び農業に使ってもらうことで、大規模に農業を行えて、生産にかかる費用をおさえることができるんだ。また、その空き地の持ち主にしても、賃料が入るから両方が得するしくみなんだよ。

**武　蔵**：たしかに、僕の小学校のまわりでも、昔は畑だったけど、今は空き地になっている場所がたくさんあるよ。この取り組みが進めば、たくさん野菜や果物を栽培できて、日本の食を支えることもできるようになるね。

**父**　：そうなんだ。現在でも農業ではさまざまな取り組みを国が行ったり、農家や会社などが努力して新しい農業を行ったりしているんだよ。日本の農業には、さまざまな可能性があふれているね。

〔問題2〕（1） **図3**より、２０１０年ごろから農業に参加する会社などの団体が急に増えている。その理由を武蔵さんとお父さんの会話と**表2**をふまえて二つ説明しなさい。

（2） **図4**より、日本の会社などの団体は、農業をするに当たり、さまざまな課題に直面している。その解決に向けての努力を武蔵さんとお父さんとの会話をふまえて、二つ説明しなさい。その際、**図4**のどの課題に着目したのかが分かるように①から⑤の番号を解答らんに書きなさい。

**3** **花子**さん、**太郎**さん、**先生**が磁石について話をしています。

**花　子**：磁石の力でものを浮かせる技術が考えられているようですね。

**太　郎**：磁石の力でものを浮かせるには、磁石をどのように使うとよいのですか。

**先　生**：**図1**のような円柱の形をした磁石を使って考えてみましょう。この磁石は、一方の底面が**N**極になっていて、もう一方の底面は**S**極になっています。この磁石をいくつか用いて、ものを浮かせる方法を調べることができます。

**図1**　円柱の形をした磁石

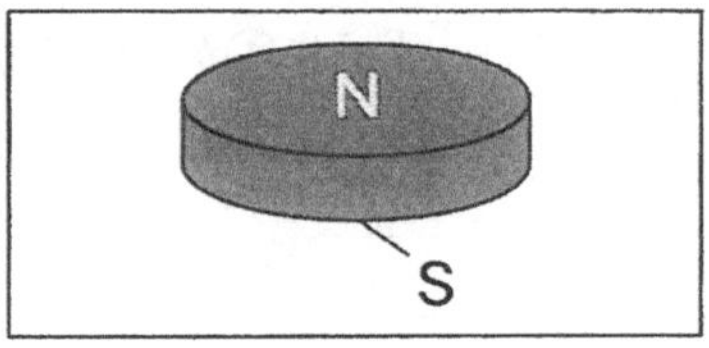

**花　子**：どのようにしたらものを浮かせることができるか実験してみましょう。

二人は先生のアドバイスを受けながら、次の手順で**実験1**をしました。

**実験1**

手順1　**図1**のような円柱の形をした同じ大きさと強さの磁石をたくさん用意する。そのうちの1個の磁石の底面に、**図2**のように底面に対して垂直にえん筆を接着する。

手順2　**図3**のようなえん筆がついたつつを作るために、透明なつつを用意し、その一方の端に手順1でえん筆を接着した磁石を固定し、もう一方の端に別の磁石を固定する。

手順3　**図4**のように直角に曲げられた鉄板を用意し、一つの面を地面に平行になるように固定し、その鉄板の上に4個の磁石を置く。ただし、磁石の底面が鉄板につくようにする。

手順4　鉄板に置いた4個の磁石の上に、手順2で作ったつつを**図5**のように浮かせるために、えん筆の先を地面に垂直な鉄板の面に当てて、手をはなす。

手順5　鉄板に置いた4個の磁石の表裏や位置を変えて、つつを浮かせる方法について調べる。ただし、上から見たとき、4個の磁石の中心を結ぶと長方形になるようにする。

**図2**　磁石とえん筆

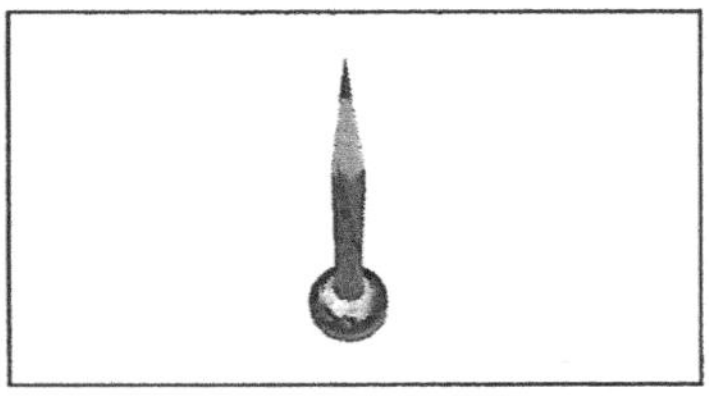

**図3**　えん筆がついたつつ

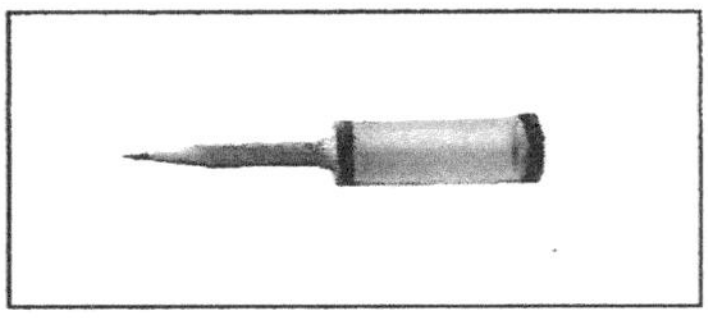

**図4**　鉄板と磁石4個

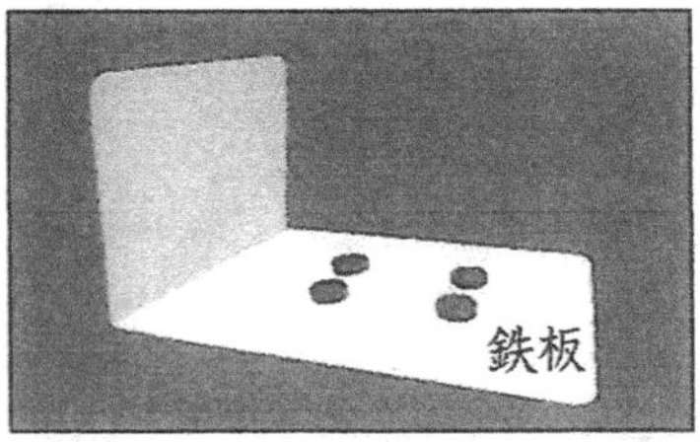


**図5**　磁石の力で浮かせたつつ

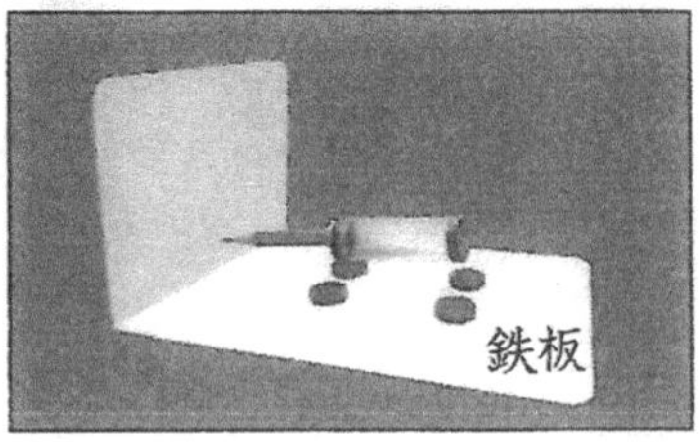

**太　郎**：つつに使う２個の磁石の**N**極と**S**極の向きを変えると、**図6**のように(あ)～(え)の４種類のえん筆がついたつつをつくることができるね。

**図6**　４種類のつつ

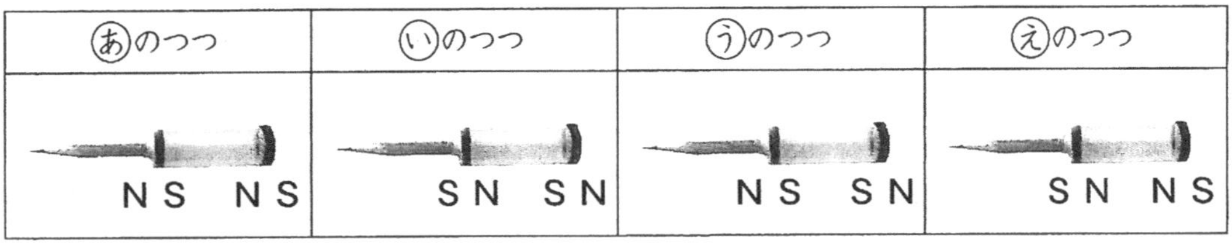


**花　子**：(あ)のつつを浮かせてみましょう。

**太　郎**：鉄板を上から見たとき、**図7**の**ア**や**イ**のようにすると、**図5**のように(あ)のつつを浮かせることができたよ。

**図7**　上から見た(あ)のつつと、鉄板に置いた４個の磁石の位置と上側の極

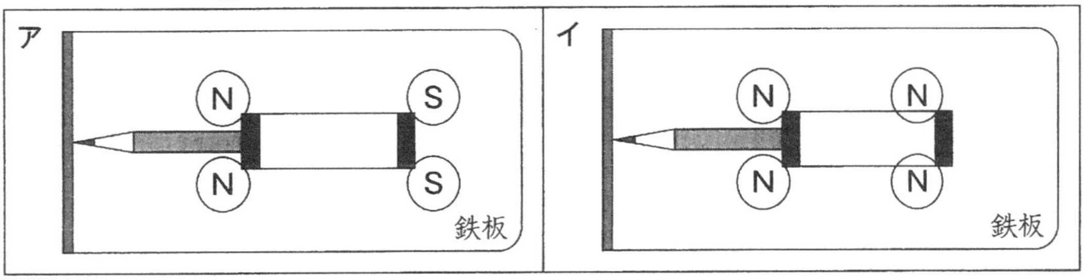


**花　子**：(あ)のつつを浮かせる方法として、**図7**の**ア**と**イ**の他にも組み合わせがいくつかありそうだね。

**太　郎**：そうだね。さらに、(い)や(う)、(え)のつつも浮かせてみたいな。

〔問題1〕（1）**実験1**で**図7**の**ア**と**イ**の他に(あ)のつつを浮かせる組み合わせとして、４個の磁石をどの位置に置き、上側をどの極にするとよいですか。そのうちの一つの組み合わせについて、解答らんにかかれている８個の円から、磁石を置く位置の円を４個選び、選んだ円の中に磁石の上側が**N**極の場合は**N**、上側が**S**極の場合は**S**を書き入れなさい。

（2）**実験1**で(え)のつつを浮かせる組み合わせとして、４個の磁石をどの位置に置き、上側をどの極にするとよいですか。そのうちの一つの組み合わせについて、（1）と同じように解答らんに書き入れなさい。また、書き入れた組み合わせによって(え)のつつを浮かせることができる理由を、(あ)のつつとのちがいにふれ、**図7**の**ア**か**イ**をふまえて文章で説明しなさい。

花　子：黒板に画用紙をつけるとき、**図8**のようなシートを使うことがあるね。

太　郎：そのシートの片面(かためん)は磁石になっていて、黒板につけることができるね。反対の面には接着剤(せっちゃくざい)がぬられていて、画用紙にそのシートを貼(は)ることができるよ。

花　子：磁石となっている面は、**N**極と**S**極のどちらなのですか。

先　生：磁石となっている面にまんべんなく鉄粉をふりかけていくと、鉄粉は**図9**のように平行なすじを作って並(なら)びます。これは、**図10**のように**N**極と**S**極が並んでいるためです。このすじと平行な方向を、**A**方向としましょう。

太　郎：接着剤がぬられている面にさまざまな重さのものを貼り、磁石となっている面を黒板につけておくためには、どれぐらいの大きさのシートが必要になるのかな。

花　子：シートの大きさを変えて、**実験2**をやってみましょう。

**図8**　シートと画用紙

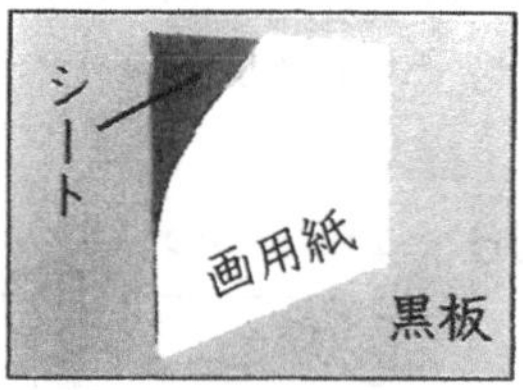


**図9**　鉄粉の様子

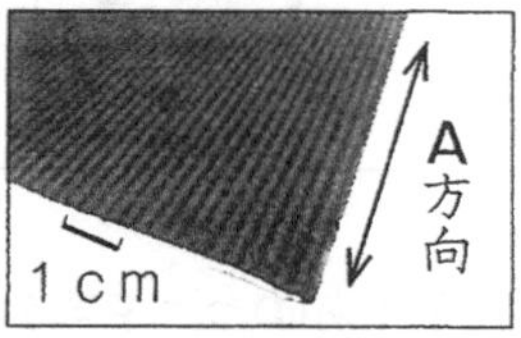


**図10**　N極とS極

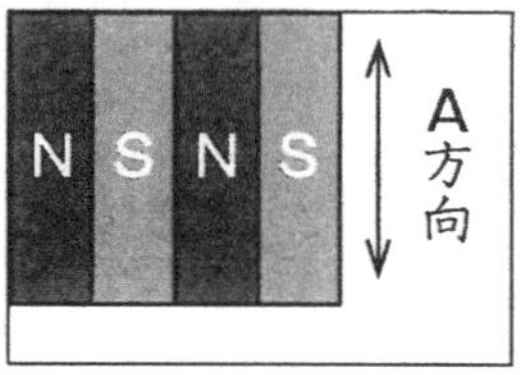


二人は次の手順で**実験2**を行い、その記録は**表1**のようになりました。

**実験2**

手順1　表面が平らな黒板を用意し、その黒板の面を地面に垂直に固定する。

手順2　シートの一つの辺が**A**方向と同じになるようにして、1辺が1cm、2cm、3cm、4cm、5cmである正方形に、シートをそれぞれ切り取る。そして、接着剤がぬられている面の中心に、それぞれ10cmの糸の端(はし)を取り付ける。

手順3　**図11**のように、1辺が1cmの正方形のシートを、**A**方向が地面に垂直になるように磁石の面を黒板につける。そして糸に10gのおもりを一つずつ増やしてつるしていく。おもりをつるしたシートが動いたら、その時のおもりの個数から一つ少ない個数を記録する。

手順4　シートを**A**方向が地面に平行になるように、磁石の面を黒板につけて、手順3と同じ方法で記録を取る。

手順5　1辺が2cm、3cm、4cm、5cmである正方形のシートについて、手順3と手順4を行う。

**図11**　**実験2**の様子

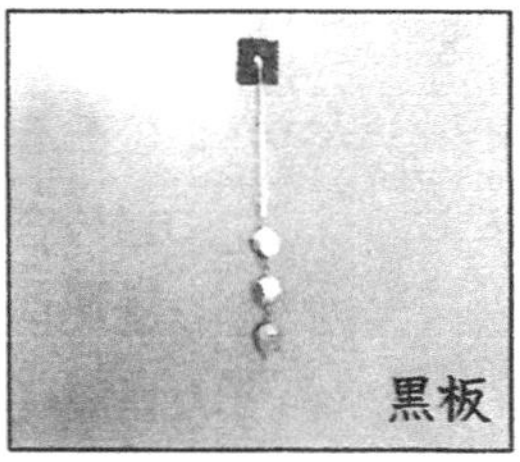


**表1**　**実験2**の記録

| 正方形のシートの1辺の長さ（cm） | 1 | 2 | 3 | 4 | 5 |
|---|---|---|---|---|---|
| A方向が地面に垂直(すいちょく)なときの記録（個） | 0 | 2 | 5 | 16 | 23 |
| A方向が地面に平行なときの記録（個） | 0 | 2 | 5 | 17 | 26 |

**太　郎：** さらに多くのおもりをつるすためには、どうするとよいのかな。

**花　子：** おもりをつるすシートとは別に、シートをもう１枚(まい)用意し、磁石の面どうしをつけるとよいと思うよ。

**先　生：** それを確かめるために、**実験２**で用いたシートとは別に、一つの辺が**A**方向と同じになるようにして、１辺が１ｃｍ、２ｃｍ、３ｃｍ、４ｃｍ、５ｃｍである正方形のシートを用意しましょう。次に、そのシートの接着剤がぬられている面を動かないように黒板に貼って、それに同じ大きさの**実験２**で用いたシートと磁石の面どうしをつけてみましょう。

**太　郎：** それぞれのシートについて、**A**方向が地面に垂直であるときと、**A**方向が地面に平行であるときを調べてみましょう。

二人は新しくシートを用意しました。そのシートの接着剤がぬられている面を動かないように黒板に貼りました。それに、同じ大きさの**実験２**で用いたシートと磁石の面どうしをつけて、**実験２**の手順３～５のように調べました。その記録は**表２**のようになりました。

**表２**　磁石の面どうしをつけて調べた記録

| 正方形のシートの１辺の長さ（ｃｍ） | １ | ２ | ３ | ４ | ５ |
|---|---|---|---|---|---|
| **A**方向が地面に垂直なシートに、<br>**A**方向が地面に垂直なシートをつけたときの記録（個） | ０ | ３ | ７ | １６ | ２７ |
| **A**方向が地面に平行なシートに、<br>**A**方向が地面に平行なシートをつけたときの記録（個） | １ | ８ | １９ | ４３ | ５０ |
| **A**方向が地面に垂直なシートに、<br>**A**方向が地面に平行なシートをつけたときの記録（個） | ０ | ０ | １ | ２ | ３ |

〔問題２〕（１）　１辺が１ｃｍの正方形のシートについて考えます。**A**方向が地面に平行になるように磁石の面を黒板に直接つけて、**実験２**の手順３について２ｇのおもりを用いて調べるとしたら、記録は何個になると予想しますか。**表１**をもとに、考えられる記録を一つ答えなさい。ただし、糸とシートの重さは考えないこととし、つりさげることができる最大の重さは、１辺が３ｃｍ以下の正方形ではシートの面積に比例するものとします。

（２）　次の①と②の場合の記録について考えます。①と②を比べて、記録が大きいのはどちらであるか、解答らんに①か②のどちらかを書きなさい。また、①と②のそれぞれの場合について**A**方向とシートの面の**N**極や**S**極にふれて、記録の大きさにちがいがでる理由を説明しなさい。

① **A**方向が地面に垂直なシートに、**A**方向が地面に平行なシートをつける。

② **A**方向が地面に平行なシートに、**A**方向が地面に平行なシートをつける。

# 適性検査Ⅲ

注　　意

1　問題は **1** から **2** までで、**9ページ**にわたって印刷してあります。

2　検査時間は**45分**で、終わりは**午後0時35分**です。

3　声を出して読んではいけません。

4　計算が必要なときは、この問題用紙の余白を利用しなさい。

5　答えは全て解答用紙に明確に記入し、**解答用紙だけを提出しなさい。**

6　答えを直すときは、きれいに消してから、新しい答えを書きなさい。

7　**受検番号**を解答用紙の決められたらんに記入しなさい。

東京都立武蔵高等学校附属中学校

**1**　**はるき**さん、**なつよ**さん、**あきお**さん、**ふゆみ**さんの４人は、学校で行われる夏休みの研究発表に向けて準備をしています。

４人は、クラスの人たちに向けて、日本の伝統的な建造物で使われている技術をしょうかいすることにしました。

**はるき**：日本の伝統的な木造建築の中には、くぎやボルトなどを使わないで組み立てられたものもあるよ。

**ふゆみ**：組木（くみき）といって、二つの角材をぴったり一体化させることで、高い強度をもつように設計されているということを聞いたことがあるよ。

**あきお**：私（わたし）たちでもみんなに分かりやすく組木の仕組みをしょうかいできないかな。

**なつよ**：図書館で調べてみよう。

４人は図書館に行き、いろいろな組木がのっている本を調べました。

**はるき**：**図１**のように木材を延長（えんちょう）する方法ならば実際に作ってしょうかいできそうだね。

**なつよ**：組木の特ちょう的なつなぎ方を分かりやすくみんなにしょうかいするための、模型（もけい）の作り方を考えよう。

**図１**

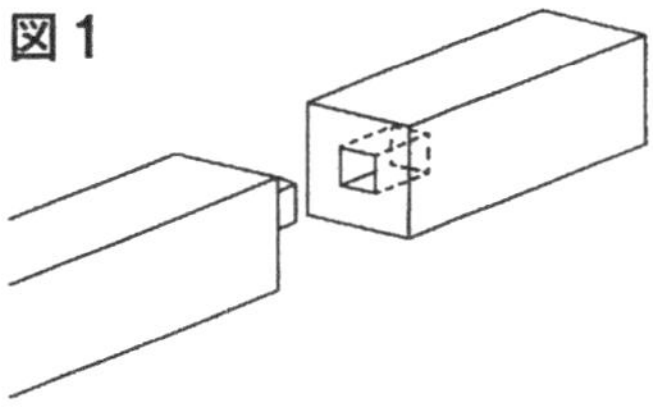

〔問題１〕　**図２**の立方体①を切断して**図２**の立体②、③、④に分ける。立体②の高さは立方体①の高さの３分の２である。また、立体③は底面を正方形とする直方体である。立体⑤は立体③と立体④を重ねた図形である。立体②と立体⑤の体積が同じとき、立体②の体積は、立体③の体積の何倍であるか求めなさい。また、そのときの立方体①の１辺の長さと立体③の底面の正方形の１辺の長さを求めなさい。ただし、立方体①の１辺の長さは１０ｃｍ～１５ｃｍの整数の値（あたい）とする。

**図２**

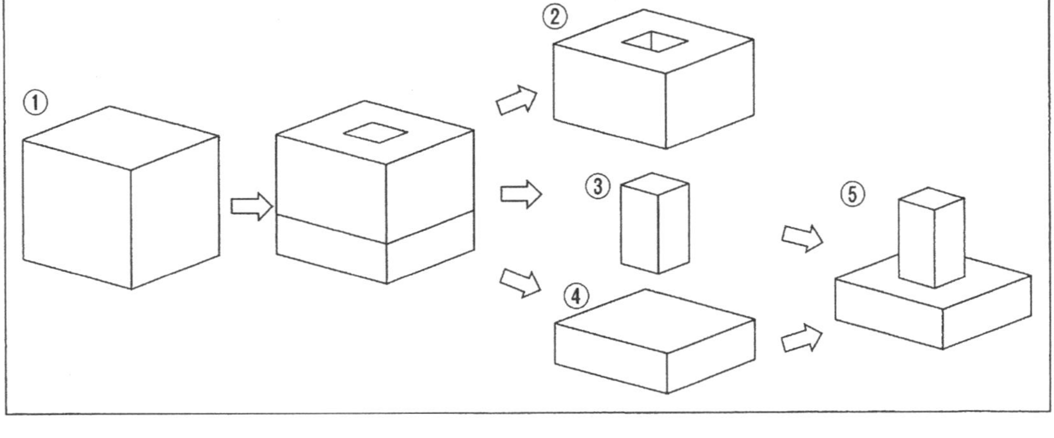

**ふゆみ**：私は、日本の伝統的な建造物の色に注目してみたよ。社寺建築には、日本画をかくときの特別な絵の具が使われていることが多いみたいだね。色をぬる目的だけではなく、ふ敗を防ぐ目的もあるようだよ。

**なつよ**：お寺で使われる色は、しゅ色、白色、黄色、黒色、ぐんじょう色が多いようだね。せっかくだから、色のしょうかいもしたいので５色の絵の具を使って、**図２**の立体②にいくつかの**ルール**を決めて色をぬってみよう。

**ふゆみ**：**図３**のように、**図２**の立体②の机（つくえ）に接している面と、その向かい側の面を底面とし、底面にはさまれた立体の外側の４か所の面を側面、内側の４か所の面を内部の面としよう。

**はるき**：５色の絵の具を使って**ルール**に従（したが）い、**図３**に色をぬるときに、ぬり方は何通りあるのかな。

**図３**

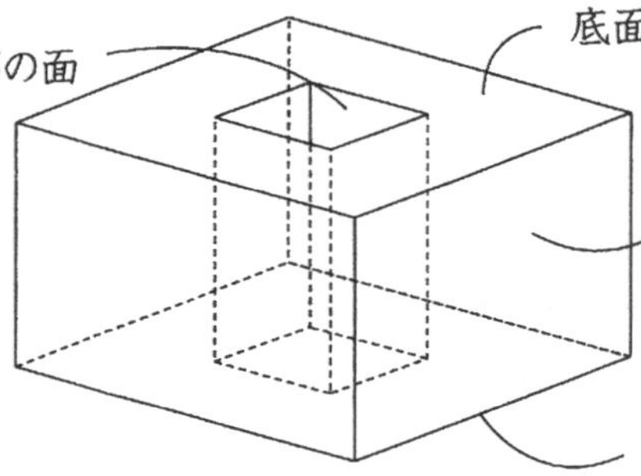

## ルール

1．**図3**の立体をしゅ色、白色、黄色、黒色、ぐんじょう色の５色の絵の具でぬる。

2．絵の具はまぜない。

3．一つの面は１色の絵の具で全面にぬる。

4．**図3**の立体の二つの底面は同じ色でぬる。

5．側面、二つの底面、内部の面には、それぞれとなり合った面とはちがう色をぬる。

6．側面の４か所は全てちがう色を使う。

7．内部の面の４か所は全てちがう色を使う。

8．**図3**の立体を回転させて一致するぬり方は同じものとみなす。

例　**図2**の立体③の直方体の側面をぬった場合、以下のぬり方は同じものとみなす。

〔問題２〕　**図3**の面のぬり方は全部で何通りあるか答えよ。また、答えを導き出すために、どのようにして考えたのか言葉や式を使って説明しなさい。ただし、面のぬり方は**ルール**に従ってぬられているものとする。

なつよ：組木の特ちょう的なつなぎ方とお寺でよく使われる５色の絵の具のぬり方が決まったので、発表のための模型を作って展示しよう。

４人は学校から１辺が３０ｃｍの立方体の木材と大きい方眼紙をもらった。展示用の大きな机の上に方眼紙をしき、その上に組木の模型を置くことにした。また、展示物がよく見えるように高さ６０ｃｍの電灯を用意してもらった。

あきお：電灯を置くと、かげができたよ。電灯の位置によって、かげの大きさが変わるね。
なつよ：電灯は、大きな机の上にあるレールＡＢ上を移動することができるみたいだね。（**図４**、**図５**）
ふゆみ：電灯をＡＢ上のどの地点においても、立体⑥の内部の面に囲まれた方眼紙の部分は常にかげになっているよ。
はるき：かげはちょうどよい大きさにすると、展示物がきれいに見えるね。
ふゆみ：展示の条件を**ルール**にすると下のようにまとめられるね。

**ルール**

１．立体⑥と立体⑦を**図５**のように一辺が５ｃｍの方眼紙の上に配置する。
２．**図４**、**図５**のようにレールＡＢ上を電灯⑧が１０ｃｍごとに移動できる。
３．電灯⑧の高さは６０ｃｍである。
４．立体⑥がつくるかげは、立体⑦にかかってはならない。
５．かげの面積は１５００$cm^2$以上１８００$cm^2$以下とする。
　　ただし、かげの面積は方眼紙上のものにかぎる。

**図４**

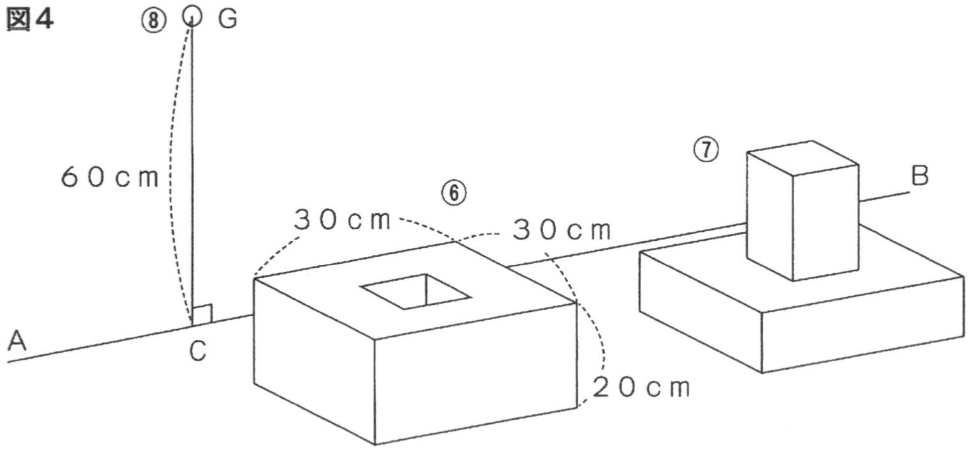

解答用紙

# 適性検査Ⅰ

**1**

〔問題1〕

5

10

10点 ※

〔問題2〕

15

20

20点 ※

〔問題3〕

20

100

70点 ※ ※ ※

※100点満点

| 受検番号 |
| --- |
| |

| 得点 |
| --- |
| ※ |

※のらんには、記入しないこと。

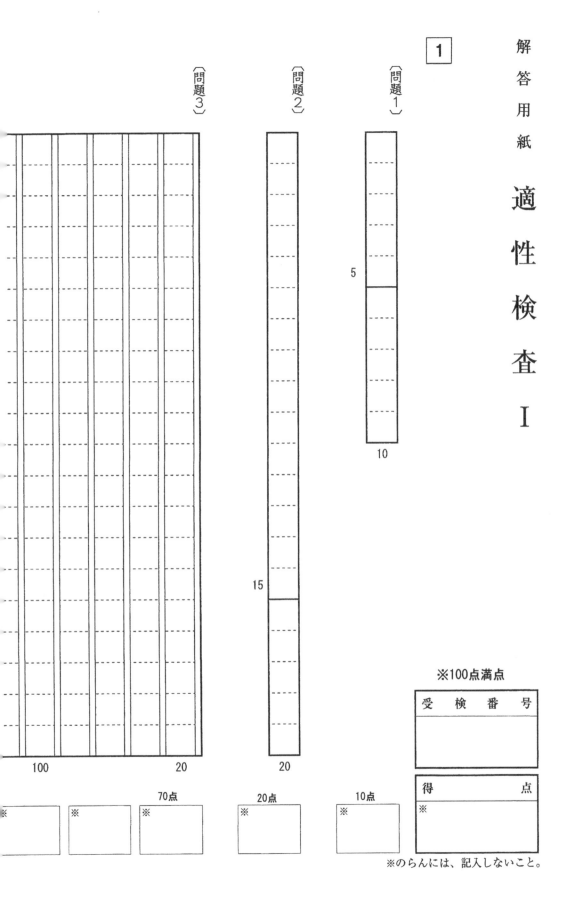

（3　武蔵）

# 解答用紙　適性検査Ⅱ

※100点満点

| 受検番号 | 得点 |
| --- | --- |
| | ※ |

※のらんには、記入しないこと

**1**

〔問題１〕 12点

〔説明〕

※

〔問題２〕 18点

〔アの側面に書く４個の数〕

〔イの側面に書く４個の数〕

〔ウの側面に書く４個の数〕

〔エの側面に書く４個の数〕

〔アの展開図〕

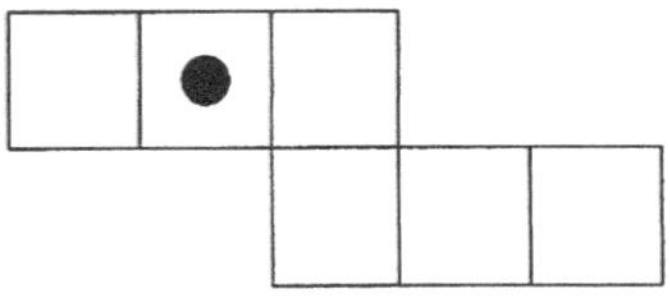

〔イの展開図〕

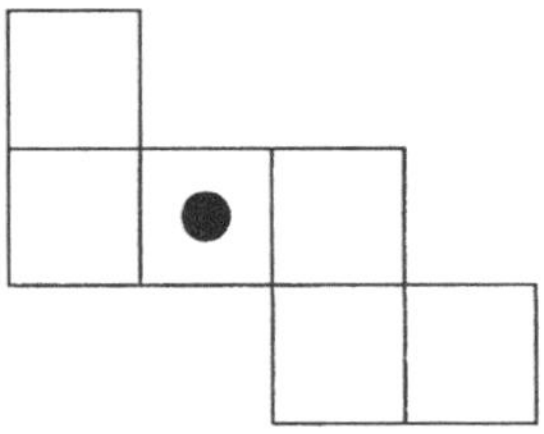

〔ウの展開図〕

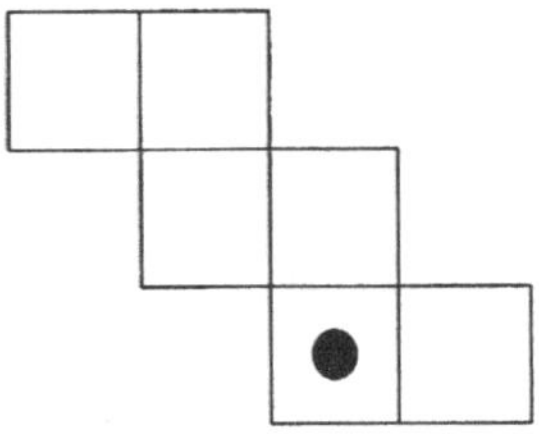

〔エの展開図〕

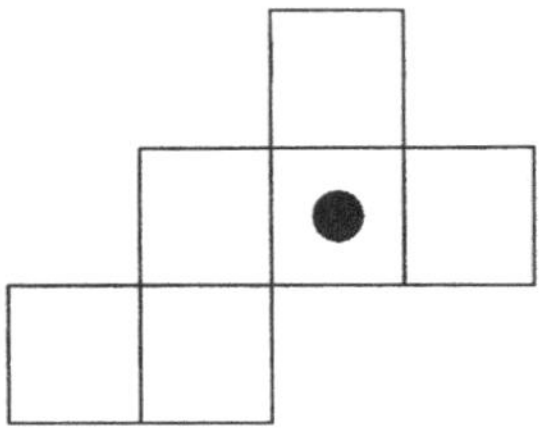

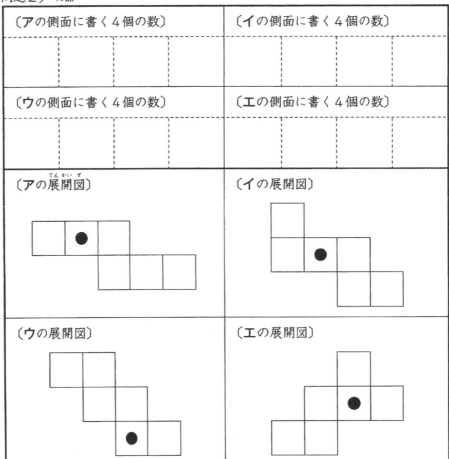

※

（3　武蔵）

# 解答用紙　適性検査Ⅲ

※100点満点

| 受検番号 | 得点 |
|---|---|
| | ※ |

※のらんには、記入しないこと

# 1

〔問題１〕　５点×２

| | |
|---|---|
| 立体②の体積は、<br>立体③の体積の　　　　倍 | |
| 立方体①の<br>１辺の長さ　　　　ｃｍ | 立体③の底面の<br>正方形の１辺の長さ　　　　ｃｍ |

※

〔問題２〕　面のぬり方…５点　説明…15点

面のぬり方　　　　通り

説明

※

〔問題３〕　10点×２

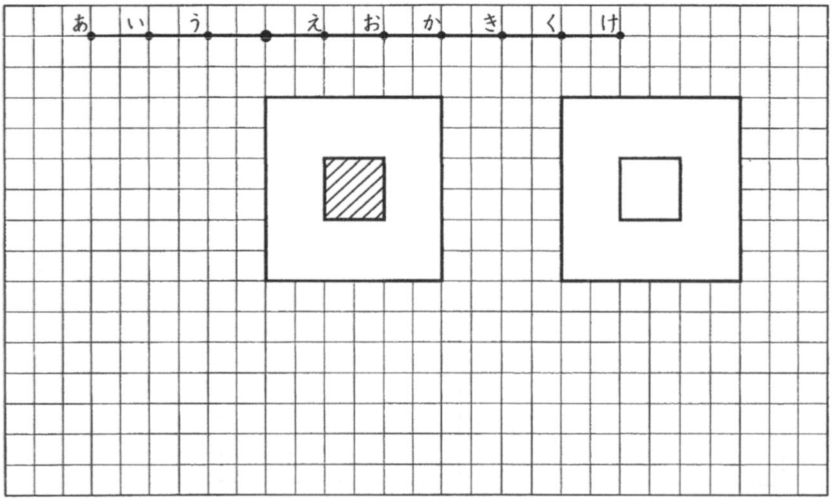


電灯⑧の位置〔　　　　〕　かげの部分の面積〔　　　　〕$cm^2$

※

問題１）　10点

（　　　　　）さんの調べ方に追加すること

※

問題２）　20点

選んだこん虫の名前：（　　　　　　　　　）

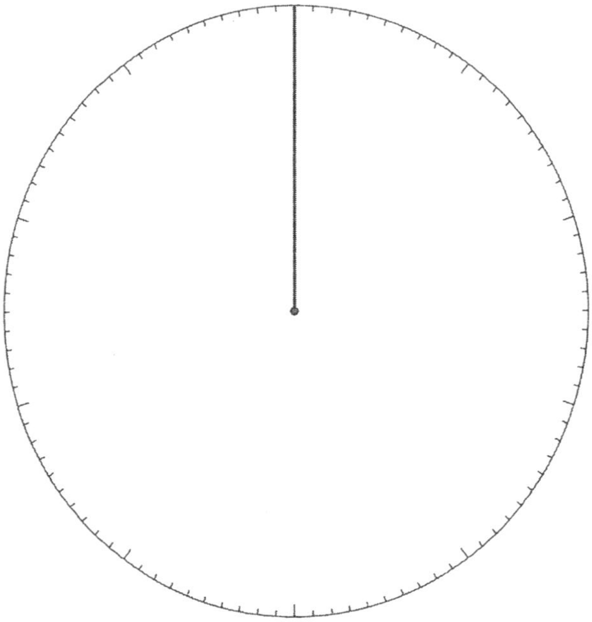

※

問題３）　20点

図（　　）から読み取れること：

図（　　）から読み取れること：

考えた仮説：

※

2

〔問題１〕（１）　12点

| | |
|---|---|
| Ａ県 | Ｂ県 |
| Ｃ県 | Ｄ県 |
| Ｅ県 | Ｆ県 |

※

（２）　２点

キャベツ　・　レタス　は　［　　　］　倍の差がある。

※

（３）　４点

※

〔問題２〕（１）　５点×２

［理由１］

［理由２］

※

（２）　６点×２

| | |
|---|---|
| ［番号］ | ［努力１］ |
| ［番号］ | ［努力２］ |

※

# 3

〔問題１〕 14点

（１）

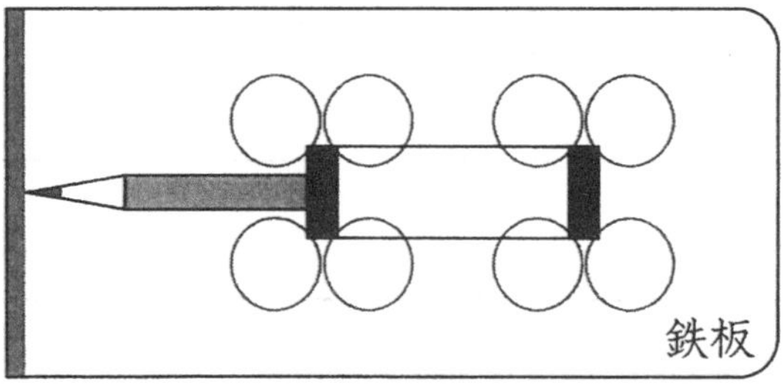


（２）

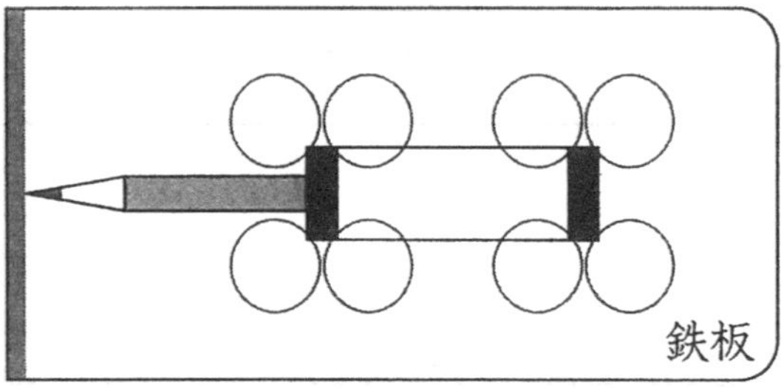


〔理由〕

※

〔問題２〕 16点

| | |
|---|---|
| （１） | 個 |
| （２）〔大きい場合〕 | |
| 〔理由〕 | |

※

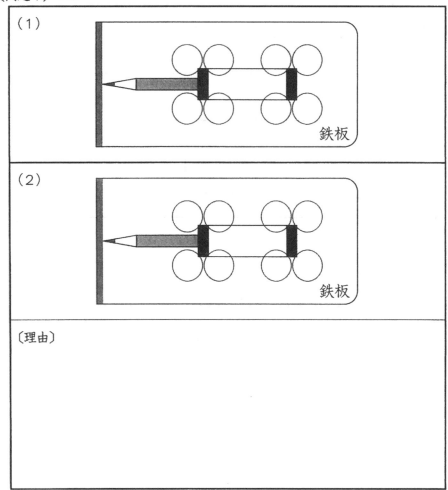

（３　武蔵）

440 400 300 200

※

**図5**　電灯⑧の位置がCのとき

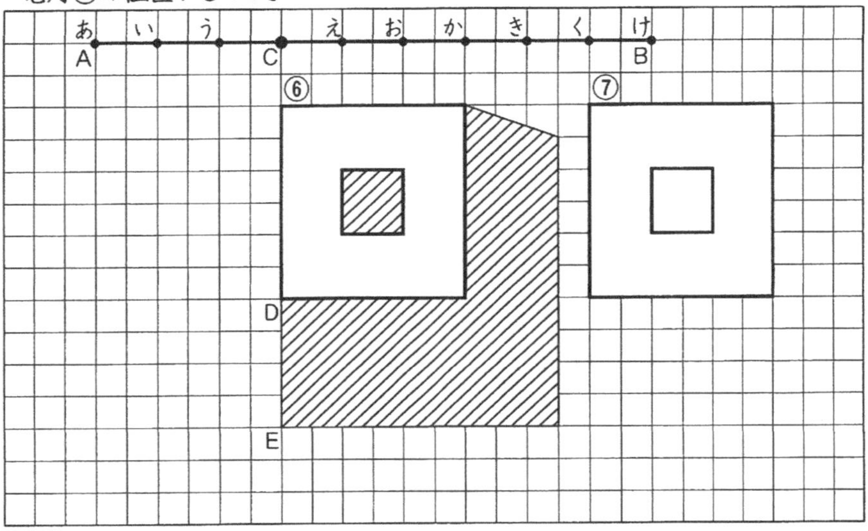


**なつよ**：C地点に電灯があると立体⑥がつくるかげの長さ（DE）が20cmになったよ。

**あきお**：電灯⑧の高さは60cmで、レールと立体⑥は10cmはなれているね。

**はるき**：あれ、C地点からかげの先端（せんたん）Eまでの長さと、電灯⑧の高さが同じ長さになっているね。また、かげの長さと、立体⑥の高さも同じ長さになっているよ。電灯⑧の位置Gからかげの先端Eを結ぶと直角三角形になるね。

**図6**

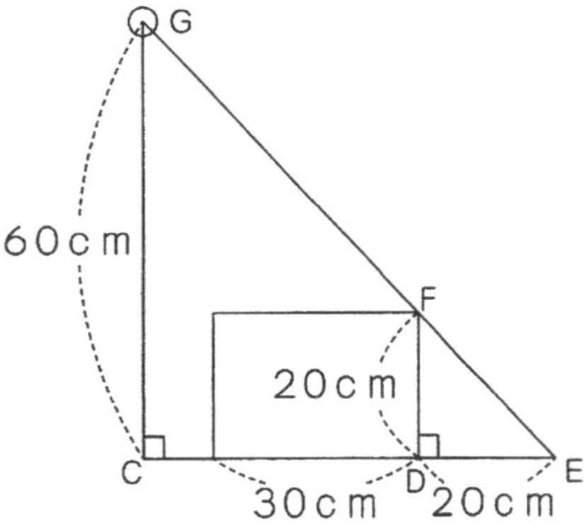


**ふゆみ**：直角三角形EDFを3倍に拡大（かくだい）すると直角三角形ECGになるね。また、電灯⑧の高さは立体⑥の高さの3倍になっているよ。電灯の高さと立体の高さの比が直角三角形EDFと直角三角形ECGの辺の長さの比になっているようだね。

**はるき**：電灯⑧によって立体⑥がつくるかげの大きさについて考えてみよう。

〔問題3〕　かげの大きさが1500 $cm^2$ 以上1800 $cm^2$ 以下となるような電灯⑧の位置をあ～けの中から1つ選びなさい。またそのときの立体⑥がつくるかげの形を**図5**のようにわくで囲み、しゃ線でかきなさい。さらにかげの部分の面積を求めなさい。

**2**　**はるき**さん、**なつよ**さん、**あきお**さん、**ふゆみ**さんの４人は、総合的な学習の時間にグループで取り組む調査について相談しています。

**はるき**：ニュースで地球温暖化という言葉をよく聞くけど、それについて何か調べられないかな。
**なつよ**：気温が上がるとどのようなことが起こるのかな。
**あきお**：気温が変わってきたことで生き物の様子が変わることがあると聞いたことがあるよ。
**ふゆみ**：私も聞いたことがあるよ。クマゼミというセミは、日本では四国や九州といった西日本で主に観察されていたけれど、最近は関東地方でも多く観察されるようになってきたようだよ。東京でもだんだんとクマゼミの数が増えてきたようだよ。
**はるき**：それは興味深いね。私たちでも調べられるかもしれないから、考えてみようよ。
**ふゆみ**：まず、本当に東京の私たちが住む町で他のセミと比べてクマゼミが増えているのかを調べる必要がありそうだね。どうやって調べたらいいかな。
**あきお**：たとえば地域の人にアンケートをとってみたらいいのではないかな。
**なつよ**：実際に探しに行ってみてもいいかもしれないね。

| 【**あきお**さんの調べ方】 |
|---|
| 「クマゼミの鳴き声を聞いたことがありますか？」というアンケートを取り、回答結果を記録する。 |

| 【**なつよ**さんの調べ方】 |
|---|
| 家の近くの公園に行き、クマゼミのぬけがらを探し、その数を記録する。 |

**ふゆみ**：なるほど。でも２人の調べ方では、どちらもクマゼミが他のセミよりも増えていることをより正確に調べるには不十分ではないかな。
**はるき**：そうだね。もう少し正確に調べる方法を考えてみよう。

〔問題１〕　【**あきお**さんの調べ方】と【**なつよ**さんの調べ方】よりもクマゼミが他のセミよりも増えていることをより正確に調べるには、それぞれの方法に、さらにどのようなことを追加して調べればよいですか。どちらか１人の調べ方を選び、追加して調べる方法を具体的に述べなさい。

**はるき**：そもそもクマゼミはどんな生き物なんだろう。

**なつよ**：クマゼミはこん虫の仲間で、セミはとても長い時間土の中で過ごすと聞いたことがあるよ。

**あきお**：学校で学習したチョウは、卵（たまご）から幼虫（ようちゅう）が生まれて、さなぎになって、成虫になるんだったね。セミも同じかな。

**ふゆみ**：セミはさなぎにならないみたいだよ。

**はるき**：そうなんだ。知らない人もいるかもしれないから、そういうことも調べて、一緒（いっしょ）にまとめておこう。

**ふゆみ**：クマゼミとモンシロチョウについての本があったから、それを参考にして、それぞれの一生を比べてみよう。

**あきお**：幼虫でいる時間を見てもけっこうちがいがあるんだね。

**はるき**：数字だけで見比べても分かりづらいから、グラフにしてみようよ。

**なつよ**：それぞれの時間の単位が異なっているので、割合（わりあい）を求めて円グラフで表すと、比べやすそうだね。

**ふゆみ**：この本にかいてある時間をまとめてみたよ。

| 【**ふゆみ**さんのメモ】 |
|---|
| クマゼミ<br>卵（たまご）：１年、幼虫（ようちゅう）：７年、成虫：１か月<br>モンシロチョウ<br>卵：５日、幼虫：１２日、さなぎ：１０日、成虫：１４日 |

**はるき**：モンシロチョウは必ず卵から５日で幼虫になるのかな。

**ふゆみ**：いいえ、そうとは限らないみたいだよ。季節によってもちがったりするようだから、クマゼミもモンシロチョウも、どちらもおよその時間だと、本には書いてあるよ。

**なつよ**：発表するときにはそのことも伝えておかないといけないね。

**あきお**：そうだね。今回グラフを作るのには、この【**ふゆみ**さんのメモ】に書いてある時間を使おう。

**はるき**：では、みんなでグラフの作成を分担（ぶんたん）しよう。

〔問題２〕　クマゼミまたはモンシロチョウのどちらかのこん虫を選び、一生のうちのそれぞれの時間の長さの割合を百分率で求め、円グラフにしなさい。それぞれの割合は百分率で表した数の小数第二位を四捨五入（ししゃごにゅう）し、小数第一位まで求めなさい。また、円グラフは実線の位置からかき始め、一生の流れが分かるようにかきなさい。なお、それぞれの時間の割合（％）を、数値（すうち）が分かるように工夫（くふう）して記入すること。

**はるき**：ここまで自分たちで調べてきたけれど、調べた結果からさらにどのように調査を進めていけばいいかな。

**あきお**：同じようなことをこれまでに他のだれかが調べたりしていないかな。それがあれば参考にできるかもしれないね。

**ふゆみ**：一度先生に相談してみたらどうかな。

４人は先生のところへ行き、自分たちのグループの調査について先生に相談することにしました。

**先　生**：なるほど、みなさんよく考えていますね。例えば実際に大阪（おおさか）で行われた調査では、他のセミよりも、クマゼミが増えていたということが分かりました。そしてその原因を調べるためにいろいろなことが調査されました。みなさんもこれからそういった調査をしていく上では、まず仮説を立てることが大切になります。こちらの図を見てみましょう。（**図１～図５**）

**あきお**：たくさんグラフがありますね。

**はるき**：**図４**の「－２１℃」というのは何ですか。

**先　生**：それは０度よりも２１度低い温度であるということを表しています。数字が大きくなるほど、低い温度ということです。

**なつよ**：**図５**の「実験せず」というのは何ですか。

**先　生**：それは硬（かた）い土から順番に実験したところ、クマゼミは３番目に硬い土でほとんどがもぐれたことから、次の一番やわらかい土では全部もぐれるだろうと予想して、実験を省略したということです。

**ふゆみ**：実験結果だけでなく、気温や湿度（しつど）の記録もあるのですね。

**先　生**：はい。これらの図はクマゼミが増えてきたことについていくつかの仮説が立てられ、それを確かめるために行われた調査の結果です。
セミについての説明を補足（ほそく）しておきますが、セミは地上の木に卵をうみ、卵で冬をこします。卵から生まれることをふ化といいますが、暖（あたた）かくなって地上でふ化した幼虫は、雨がふった後など、土がしめっているときに地中に入り、その後数年間地中で過ごし、地上に出てきて羽化（うか）して成虫になるのです。
では、仮説を立てる練習として、すでに大阪で調査された結果をもとに、どのような仮説が立てられるだろうかということを、みなさんで考えてみましょう。

〔問題３〕　次の**図１～図５**の中から必要なものを二つ選び、クマゼミが増えた原因について、選んだ図から読み取れることをもとに、どのような仮説が考えられるかを説明しなさい。
　解答用紙には、選んだ図の記号とその図から読み取れることをそれぞれ書き、考えた仮説を書くこと。

**図1**　大阪における１月の平均気温の変化

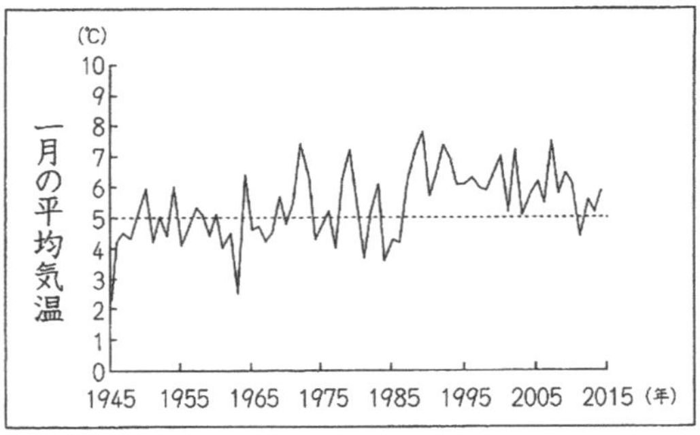


(沼田英治「クマゼミから地球温暖化を考える」より作成)

**図2**　大阪における１年間の平均湿度の変化

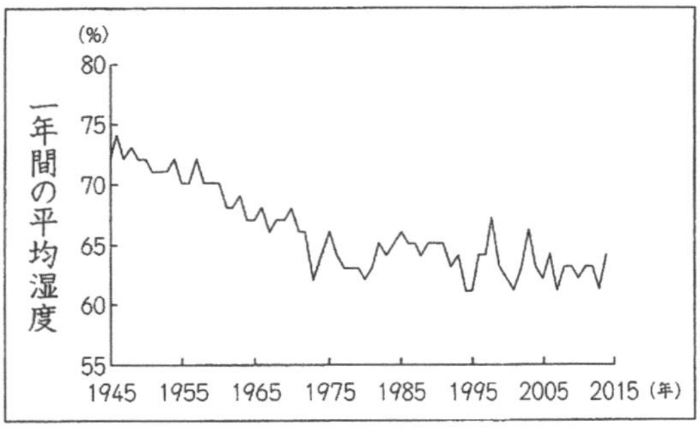


(沼田英治「クマゼミから地球温暖化を考える」より作成)

**図3**　クマゼミとアブラゼミのふ化直前の卵を、それぞれ異なる湿度にした日数とふ化率の関係

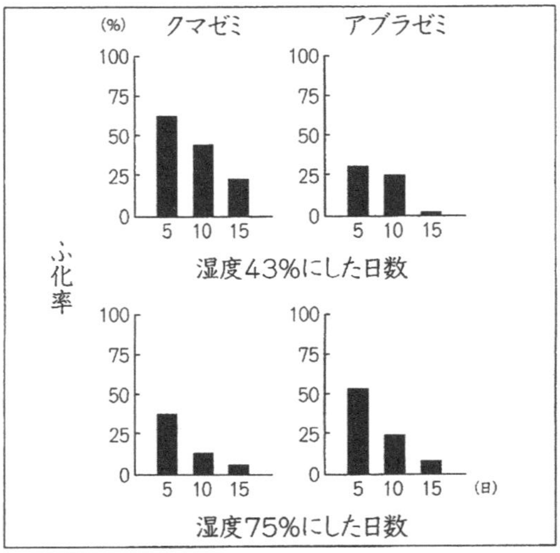


(沼田英治「クマゼミから地球温暖化を考える」より作成)

**図4**　クマゼミとアブラゼミの卵を低温の状態にしたときの、それぞれの温度での死亡率

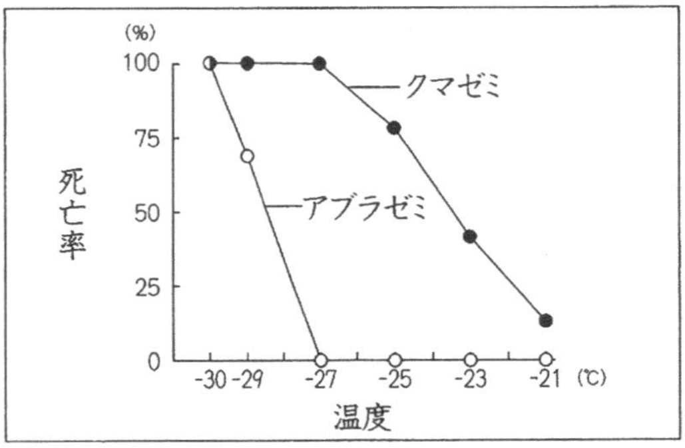


(沼田英治「クマゼミから地球温暖化を考える」より作成)

**図5**　数種類のふ化したばかりのセミの幼虫が、異なる硬さの土に置かれたときに、１時間以内に土の中にもぐることができた割合

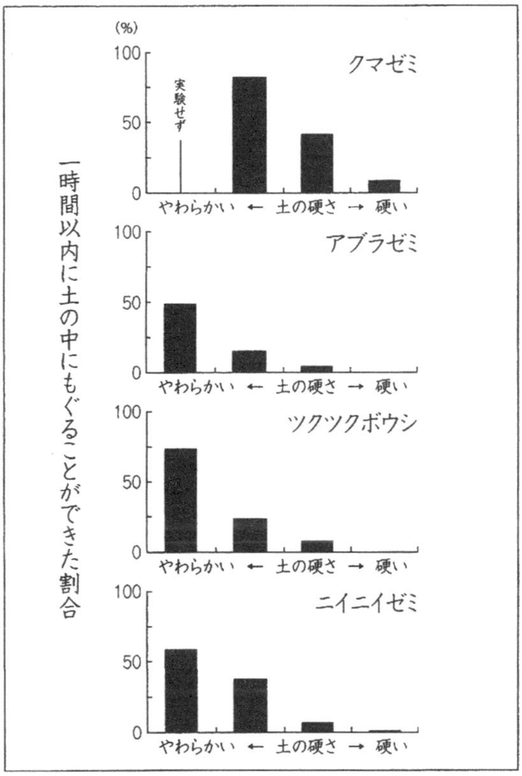


(沼田英治「クマゼミから地球温暖化を考える」より作成)

②

# 適性検査Ｉ

注意

1 問題は **1** のみで、**5ページ**にわたって印刷してあります。
2 検査時間は**四十五分**で、終わりは**午前九時四十五分**です。
3 声を出して読んではいけません。
4 答えは全て解答用紙に明確に記入し、**解答用紙だけを提出しなさい。**
5 答えを直すときは、きれいに消してから、新しい答えを書きなさい。
6 **受検番号**を解答用紙の決められたらんに記入しなさい。

東京都立武蔵高等学校附属中学校

**1** 次の **文章1** と **文章2** とを読み、あとの問題に答えなさい。
（*印の付いている言葉には、本文のあとに〈注〉があります。）

**文章1**

（T大学で植物学の研究をしている本村紗英は、研究室の仲間や出入りの洋食店店員である藤丸陽太とともに、構内の植え込みの一角に植えられているサツマイモの収穫を手伝うことになった。自分もこれまで何度となく目にしていた植え込みにサツマイモが植えられているとは思いもしなかったことに気づき、本村はもっと植物というものに敏感にならなければ、と考える。）

反省した本村は、しゃがみこんで植え込みのサツマイモの葉を眺めた。地表に近い場所で、大小の葉が一生懸命に太陽へ顔を向けている。ひしめきあいながらも、互いの邪魔にならぬようにということなのか、*葉柄の長さはさまざまだ。長い葉柄を持ち、周囲の葉から飛びだしたもの。葉柄は短いけれど、ほかの葉のあいだからうまく顔を覗かせているもの。

けなげだ、とつい*擬人化して感情移入してしまう。頭がいいなあ、と感心もする。植物に脳はないから、頭もお尻もないわけだが、それでもうまく調和して、生存のための工夫をこらす。人間よりもよっぽど頭がいいなと思うことしきりだ。

だが、植物と人間のあいだの断絶も感じる。本村は人間だから、なんとなく人間の理屈や感情に引きつけて、植物を解釈しようとする癖が抜けない。けれど、脳も感情もない植物は、本村のそんな思惑とはまったく*隔絶したところで、ただ淡々と葉を繁らせ、葉柄の長さを互いに調節し、地中深くへと根をのばす。より多く光と水と養分を取りこみ、次代に命をつなぐために。言葉も表情も身振りも使わずに、人間には推し量りきれない複雑な機構を稼働させて。

そう考えると、どれだけ望んでも本村には永遠に理解できない、気味悪く得体の知れぬ生き物のように、植物が思われてくるのだった。サツマイモの葉っぱのほうは、本村が「ちょっとこわいな」と思っていることなど、もちろんまるで感知していないだろう。これからイモを掘られるとは*微塵も予想せず、この瞬間も元気に光合成を行っている様子だ。

本村とは少し距離を置き、㋐藤丸もしゃがんでサツマイモの葉を眺めていた。「うお」と藤丸が小さく声を上げたので、本村は顔をそちらに向けた。

「葉っぱの筋がサツマイモの皮の色してる。すげえ」

藤丸は独り言のようにつぶやき、よりいっそう葉に顔を近づけて、何枚かを熱心に見比べている。

本村は手もとの葉を改めて眺めた。言われてみれば、たしかに。ハート型の葉に張りめぐらされた*葉脈は、ほのかな臙脂色だった。「こういう色のイモが、土のなかで育ってますよ」と予告するみたいに。

血管のような葉脈を見ていたら、*最前感じた気味の悪さは薄らいだ。たしかに植物は、ひととはまったくちがう仕組みを持っている。人間の

「常識」が通じない世界を生きている。けれど、同じ地球上で進化してきた生き物だから、当然ながら共通する点も多々あるのだ。

自分の理解が及ばないもの、自分とは異なる部分があるものを、すぐに「気味が悪い」「なんだかこわい」と締めだし遠ざけようとしてしまうのは、私の悪いところだ。ううん、人類全般に通じる、悪いところかもしれない。本村はまたも反省した。人間に感情と思考があるからこそ生じる悪癖だと言えるが、「気味が悪い」「なんだかこわい」という気持ちを乗り越えて、相手を真に理解するために必要なのもまた、感情と思考だろう。どうして「私」と「あなた」はちがうのか、分析し受け入れるためには理性と知性が要求される。ちがいを認めあうためには、相手を思いやる感情が不可欠だ。

植物みたいに、脳も愛もない生き物になれれば、一番面倒がなくて気楽なんだけど。本村はため息をつく。思考も感情もないはずの植物が、人間よりも他者を受容し、*飄々と生きているように見えるのはなんとも皮肉だ。

それにしても、藤丸さんはすごい。と本村は思った。私がうだうだ考えているそばで、藤丸さんはサツマイモの葉っぱをあるがまま受け止め、イモの皮の色がそこに映しだされていることを発見した。なんてのびやかで、でも鋭い観察眼なんだろう。きっと(イ)藤丸さんは、だれかを、なにかを、「気味悪い」なんて思わないはずだ。一瞬そう感じることがあったとしても、「いやいや、待てよ」と熱心に観察し、いろいろ考えて、最終的には相手をそのまま受け止めるのだろう。おおらかで優しいひとだから。

*感嘆をこめて藤丸を見ていると、視線に気づいた藤丸が顔を上げ、照れたように笑った。

（三浦しをん「愛なき世界」による）

〔注〕
葉柄――葉の一部。柄のように細くなったところ。（図1）
擬人化して――人間以外のものを人間と同じに見立てて。
隔絶した――かけはなれた。
微塵も――すこしも。
葉脈――葉の根もとからこまかく分かれ出て、水分や養分の通路となっている筋。（図2）
最前――さきほど。さっき。
飄々と――こだわりをもたず、自分のペースで。
感嘆をこめて――感心し、ほめたたえたいような気持ちになって。

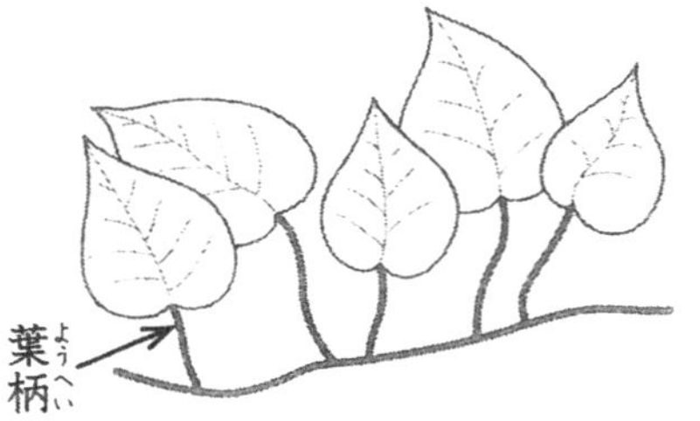

図1

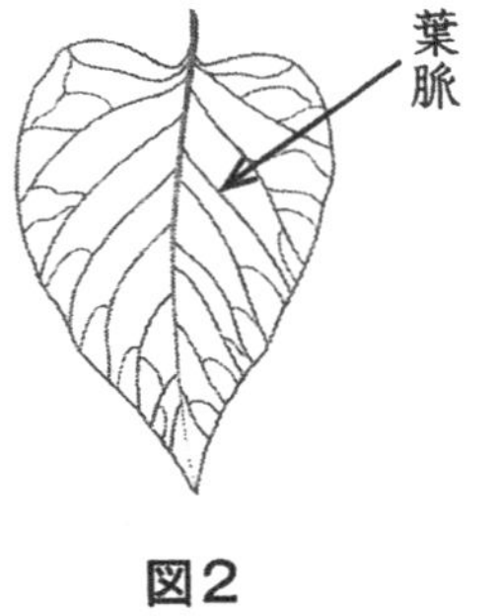

図2

**文章2**

ぼくは昔からガという虫が好きだ。そもそも、なぜ昼間飛ばないで夜飛ぶのだろうというところに興味がある。

昼間飛んだらいいじゃないか。暗いと敵がいなくて安全だというが、夜に出てきてエサを探す敵もいる。暗ければ安全とは決していえないだろう。

実際に、昼間飛ぶガもいる。それは夜飛ぶガの苦労はしていないはずだ。それでも夜飛ぶなら、昼間飛ぶよりどこがいいのだろう、などと考えているとますますなぜ夜飛ぶのか、わからなくなってくる。

それぞれに、それぞれの生き方があるのだ、といういいかげんな答えしか残らない。

それなりに苦労しているんだ、としかいいようがない。

しかし、それなりに、どういう苦労をしているのだろうということを、いろいろ考えてみるのがおもしろい。それは*哲学的な思考実験に似ている。

*エポフィルスにせよ、ガにせよ、苦労するには苦労するだけの原因があり、仕組みがある。それは何かということを探るのだ。

たとえば*節足動物は、なぜ節足動物になってしまったか、ということから考える。たまたま祖先がそうだったから、彼らは*体節を連ねる外骨格の動物になっていった。

すると体の構造上、頭の中を食道が通り抜けることになり、脳を発達させると食道にしわ寄せがいくようになった。ではどうしたらいいか。樹液や体液、血液といった液状のエサを採ることにした。それが、その形で何とか生き延びる方法だった。節足動物といういきものは、そういう苦労をしている。

動物学では、現在の動物の形が必ずしも最善とは考えない。

そうならざるをえない原因があり、その形で何とか生きているのだと考える。

なぜそういう格好をして生きているのか、その結果、どういう生き方をしているのか。そういった根本の問題を追究するのが動物学という学問なのだと思う。

いろいろないきものを見ていくと、こんな生き方もできるんだなあ、そのためにはこういう仕組みがあって、こういう苦労があるのか、なるほど、それでやっと生きていられるのか、ということが、それぞれにわかる。

わかってみると感激する。その形でしか生きていけない理由を、たくさん知れば知るほど感心する。

その感激は、原始的といわれるクラゲのような*腔腸動物でも、高等といわれるほ乳類でもまったく同じだ。

このごろ、よく、*生物多様性はなぜ大事なのですかと聞かれる。ぼくは、簡単に説明するときはこんなふうにいう。

*生態系の豊かさが失われると人間の食べものもなくなります。食べものも、もとは全部いきもので、人間がそれを一から作れるわけではないのですから、いろんなものがいなければいけないのです、と。

ただそれは少し説明を省略したいい方で、ほんとうは、あらゆるいきものにはそれぞれに生きる理由があるからだと思っている。

理由がわかって何の役に立つ、といわれれば、別に何の役にも立ちませんよ、というほかない。しかし役に立てるためだったら、こんな格好をしていないほうがいいというものがたくさんある。

人間も、今こういう格好をしているが、それが優れた形かどうかはわからない。これでも生きていけるという説明はつくけれども。

だからこそ動物学では、海の底のいきものも人間も、どちらが進化していてどちらが上、という発想をしない。

㋒いろんないきものの生き方をたくさん勉強するといいと思う。ぼくはそれでとてもおもしろかったし、そうすることで、不思議に広く深く、静かなものの見方ができるようになるだろう。

いきものは全部、いろいろあるんだな、あっていいんだな、ということになる。つまりそれが、生物多様性ということなのだと思う。

（日高敏隆「世界を、こんなふうに見てごらん」による）

〈注〉

思考実験——（起こりにくいことが）もし実際に起こったらどうなるか、考えてみること。

エポフィルス——カメムシの仲間。水中に住みながら空気呼吸をする。

節足動物——ガやクモなど、足にたくさんの節をもつ動物。

体節を連ねる外骨格の動物——体のじくに沿って連なった、からやこうでおおわれている動物。

腔腸動物——クラゲやサンゴなど、口から体内までの空所をもつ、かさやつつのような形をした水中の動物。

生物多様性——いろいろなちがった種類の生物が存在すること。

生態系——生物とまわりの環境とから成り立つ、たがいにつながりのある全体。

〈問題1〉　㋐藤丸（ふじまる）、㋑藤丸さん　というように、同一の人物について、書き分けがされていますが、その理由について、四十五字程度で分かりやすくまとめなさい。

〈問題2〉　㋒いろんないきものの生き方をたくさん勉強するといいと思う。とありますが、筆者がそう思うのは、どのようなものの見方ができるようになるからでしょうか。**文章1**の表現を用いて、解答らんに合うよう四十字程度で答えなさい。

〈問題3〉　次に示すのは、**文章1**と**文章2**についての、**ひかる**さんと**かおる**さんのやりとりです。このやりとりを読んだ上で、あなたの考えを四百字以上四百四十字以内で書きなさい。ただし、下の条件と〈**きまり**〉にしたがうこと。

| |
|---|
| **ひかる**――**文章1**を読んで、「ちがい」ということについて、いろいろと考えさせられました。<br>**かおる**――「ちがい」という言葉が直接使われてはいませんが、**文章2**にもそういったことが書いてあると思います。<br>**ひかる**――わたしも、みんなはそれぞれちがっていると感じるときがあります。<br>**かおる**――学校生活のなかでも、「ちがい」を生かしていった方がよい場面がありそうですね。 |

条件　次の三段落構成（さんだんらくこうせい）にまとめて書くこと

①第一段落では、**文章1**、**文章2**それぞれの、「ちがい」に対する向き合い方について、まとめる。

②第二段落では、「ちがい」がなく、みなが全く同じになってしまった場合、どのような問題が起こると思うか、考えを書く。

③第三段落では、①と②の内容に関連づけて、これからの学校生活のなかで「ちがい」を生かして活動していくとしたら、あなたはどのような場面で、どのような言動をとるか、考えを書く。

〈**きまり**〉

○題名は書きません。

○最初の行から書き始めます。

○各段落（だんらく）の最初の字は一字下げて書きます。

○行をかえるのは、段落をかえるときだけとします。

○、や。や」なども それぞれ字数に数えます。これらの記号が行の先頭に来るときには、前の行の最後の字と同じますめに書きます。（ますめの下に書いてもかまいません。）

○。と」が続く場合には、同じますめに書いてもかまいません。この場合、。」で一字と数えます。

○段落をかえたときの残りのますめは、字数として数えます。

○最後の段落の残りのますめは、字数として数えません。

# 適性検査Ⅱ

注　　意

1　問題は **1** から **3** までで、１７ページにわたって印刷してあります。

2　検査時間は４５分で、終わりは**午前１１時００分**です。

3　声を出して読んではいけません。

4　計算が必要なときは、この問題用紙の余白を利用しなさい。

5　答えは全て解答用紙に明確に記入し、**解答用紙だけを提出しなさい。**

6　答えを直すときは、きれいに消してから、新しい答えを書きなさい。

7　**受検番号**を解答用紙の決められたらんに記入しなさい。

東京都立武蔵高等学校附属中学校

**1**　**先生**、**花子**さん、**太郎**さんが、校内の６年生と４年生との交流会に向けて話をしています。

**先　生**：今度、学校で４年生との交流会が開かれます。６年生５９人は、制作した作品を展示して見てもらいます。また、４年生といっしょにゲームをします。

**花　子**：楽しそうですね。私たち６年生は、この交流会に向けて一人１枚画用紙に動物の絵をかいたので、それを見てもらうのですね。絵を展示する計画を立てましょう。

**先　生**：みんなが絵をかいたときに使った画用紙の辺の長さは、短い方が４０ｃｍ、長い方が５０ｃｍです。画用紙を横向きに使って絵をかいたものを横向きの画用紙、画用紙を縦向きに使って絵をかいたものを縦向きの画用紙とよぶことにします。

**太　郎**：**図１**の横向きの画用紙と、**図２**の縦向きの画用紙は、それぞれ何枚ずつあるか数えてみよう。

**花　子**：横向きの画用紙は３８枚あります。縦向きの画用紙は２１枚です。全部で５９枚ですね。

**太　郎**：先生、画用紙はどこにはればよいですか。

**先　生**：学校に、**図３**のような縦２ｍ、横１．４ｍのパネルがあるので、そこにはります。
絵はパネルの両面にはることができます。

**花　子**：分かりました。ところで、画用紙をはるときの約束はどうしますか。

**先　生**：作品が見やすいように、画用紙をはることができるとよいですね。昨年は、次の〔**約束**〕にしたがってはりました。

**図１**　横向きの画用紙

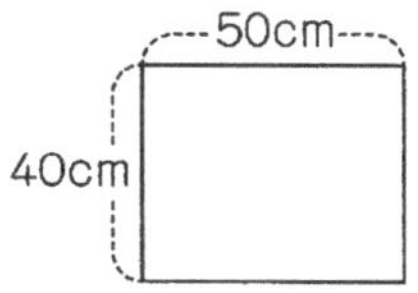


**図２**　縦向きの画用紙

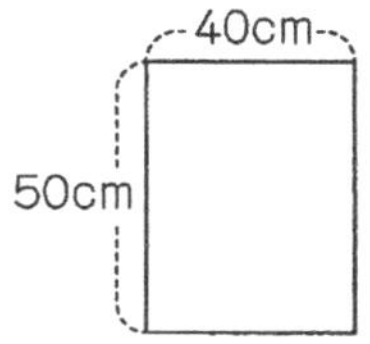


**図３**　パネル

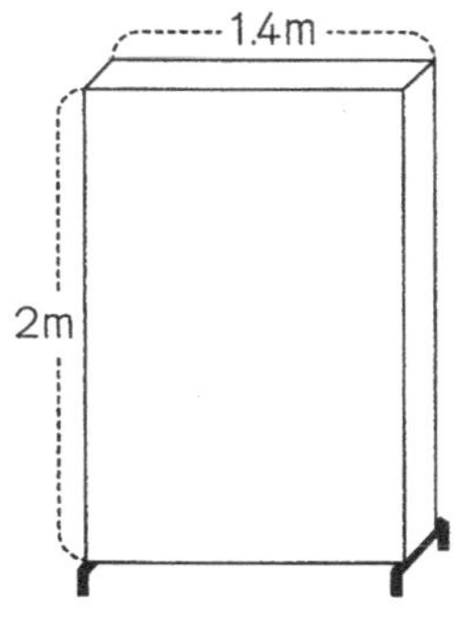

〔約束〕

(1) **図4**のように、画用紙はパネルの外にはみ出さないように、まっすぐにはる。

(2) パネルの一つの面について、どの行（横のならび）にも同じ枚数（まいすう）の画用紙をはる。また、どの列（縦（たて）のならび）にも同じ枚数の画用紙をはる。

(3) １台のパネルに、はる面は２面ある。一つの面には、横向きの画用紙と縦向きの画用紙を混ぜてはらないようにする。

(4) パネルの左右のはしと画用紙の間の長さを①、左の画用紙と右の画用紙の間の長さを②、パネルの上下のはしと画用紙の間の長さを③、上の画用紙と下の画用紙の間の長さを④とする。

**図4**　画用紙のはり方

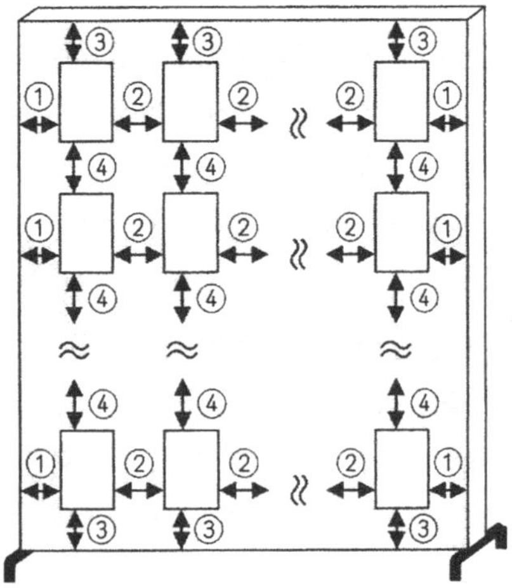


(5) 長さ①どうし、長さ②どうし、長さ③どうし、長さ④どうしはそれぞれ同じ長さとする。

(6) 長さ①～④はどれも５ｃｍ以上で、５の倍数の長さ（ｃｍ）とする。

(7) 長さ①～④は、面によって変えてもよい。

(8) 一つの面にはる画用紙の枚数は、面によって変えてもよい。

**花　子**：今年も、昨年の**〔約束〕**と同じように、パネルにはることにしましょう。

**太　郎**：そうだね。例えば、**図2**の縦向きの画用紙６枚を、パネルの一つの面にはってみよう。いろいろなはり方がありそうですね。

〔問題１〕**〔約束〕**にしたがって、**図3**のパネルの一つの面に、**図2**で示した縦向（たてむ）きの画用紙６枚（まい）をはるとき、あなたなら、はるときの長さ①～④をそれぞれ何ｃｍにしますか。

**花　子**：次に、６年生の作品の、横向きの画用紙３８枚と、縦向きの画用紙２１枚のはり方を考えていきましょう。

**太　郎**：横向きの画用紙をパネルにはるときも、**〔約束〕**にしたがってはればよいですね。

**花　子**：先生、パネルは何台ありますか。

**先　生**：全部で８台あります。しかし、交流会のときと同じ時期に、５年生もパネルを使うので、交流会で使うパネルの台数はなるべく少ないほうがよいですね。

**太　郎**：パネルの台数を最も少なくするために、パネルの面にどのように画用紙をはればよいか考えましょう。

〔問題２〕**〔約束〕**にしたがって、６年生の作品５９枚をはるとき、パネルの台数が最も少なくなるときのはり方について考えます。そのときのパネルの台数を答えなさい。

また、その理由を、それぞれのパネルの面に、どの向きの画用紙を何枚ずつはるか具体的に示し、文章で説明しなさい。なお、長さ①～④については説明しなくてよい。

**先　生**：次は４年生といっしょに取り組むゲームを考えていきましょう。何かアイデアはありますか。

**花　子**：はい。図画工作の授業で、**図５**のような玉に竹ひごをさした立体を作りました。

この立体を使って、何かゲームができるとよいですね。

**太　郎**：授業のあと、この立体を使ったゲームを考えていたのですが、しょうかいしてもいいですか。

**図５**　玉に竹ひごをさした立体

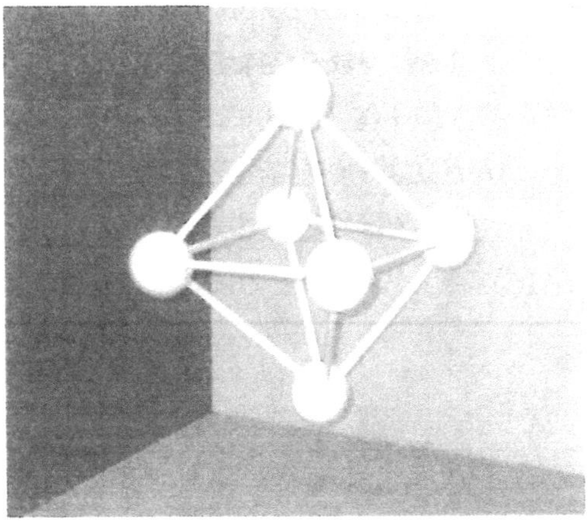

花　子：太郎さんは、どんなゲームを考えたのですか。

太　郎：図6のように、6個の玉に、**あ**から**か**まで一つずつ記号を書きます。また、12本の竹ひごに、0、1、2、3の数を書きます。**あ**からスタートして、サイコロをふって出た目の数によって進んでいくゲームです。

花　子：サイコロには**1**、**2**、**3**、**4**、**5**、**6** の目がありますが、竹ひごに書いた数は0、1、2、3です。どのように進むのですか。

太　郎：それでは、ゲームの〔ルール〕を説明します。

**図6**　記号と数を書いた立体

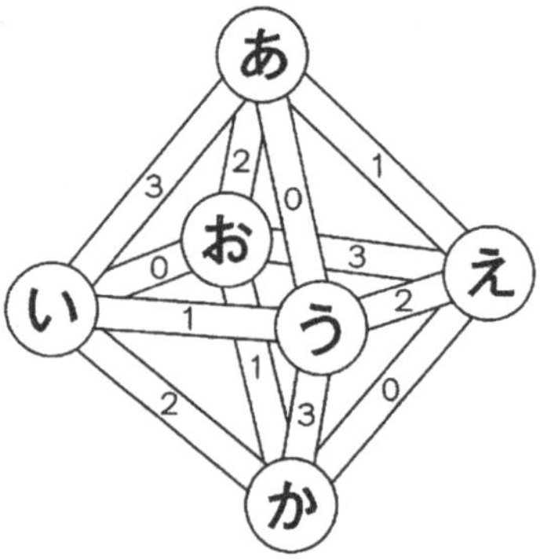


〔ルール〕

(1)　**あ**をスタート地点とする。

(2)　六つある面に、**1**～**6**の目があるサイコロを1回ふる。

(3)　(2)で出た目の数に20を足し、その数を4で割ったときの余りの数を求める。

(4)　(3)で求めた余りの数が書かれている竹ひごを通り、次の玉へ進む。また、竹ひごに書かれた数を記録する。

(5)　(2)～(4)をくり返し、**か**に着いたらゲームは終わる。
ただし、一度通った玉にもどるような目が出たときには、先に進まずに、その時点でゲームは終わる。

(6)　ゲームが終わるまでに記録した数の合計が得点となる。

**太　郎**：例えば、サイコロをふって出た目が**1**、**3** の順のとき、**あ→え→お**と進みます。その次に出た目が**5**のときは、**か**に進み、ゲームは終わります。そのときの得点は５点となります。

**花　子**：**5**ではなく、**6**の目が出たときはどうなるのですか。

**太　郎**：そのときは、**あ**にもどることになるので、先に進まずに、**お**でゲームは終わります。得点は４点となります。それでは、３人でやってみましょう。
まず私がやってみます。サイコロをふって出た目は、**1**、**3**、**4**、**5**、**3** の順だったので、サイコロを５回ふって、ゲームは終わりました。得点は８点でした。

**先　生**：私がサイコロをふって出た目は、**1**、**2**、**5**、**1** の順だったので、サイコロを４回ふって、ゲームは終わりました。得点は［　**ア**　］点でした。

**花　子**：最後に私がやってみます。
サイコロをふって出た目は、［**イ**、**ウ**、**エ**、**オ**］の順だったので、サイコロを４回ふって、ゲームは終わりました。得点は７点でした。３人のうちでは、太郎さんの得点が一番高くなりますね。

**先　生**：では、これを交流会のゲームにしましょうか。

**花　子**：はい。太郎さんがしょうかいしたゲームがよいと思います。

**太　郎**：ありがとうございます。交流会では、４年生と６年生で協力してできるとよいですね。４年生が楽しめるように、準備していきましょう。

〔問題３〕**〔ルール〕**と会話から考えられる［　**ア**　］に入る数を答えなさい。また、［**イ**、**ウ**、**エ**、**オ**］にあてはまるものとして考えられるサイコロの目の数を答えなさい。

**2**　ある日の**武蔵**さんと**お父さん**の会話です。

**武　蔵**：最近、日本人は魚より肉を食べることが増えたようだね。
**父**　：確かに、十数年前に比べると、あまり魚を食べなくなってきたね。近年では、魚の消費量より肉の消費量の方が増えているね（**図1**）。

**図1**　魚類と肉類の一人につき１年当たりの消費量の変化

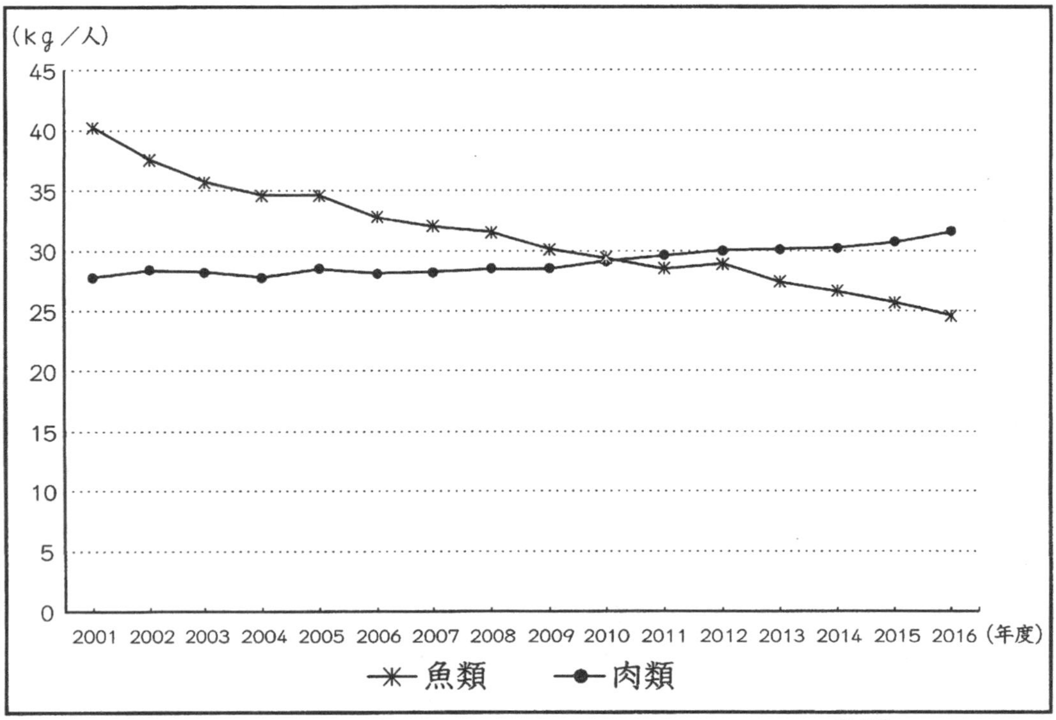


（農林水産省「食料需給表」より作成）

**武　蔵**：魚類と肉類の消費量は、年代によってもちがいはあるのかな。調べてみよう。

**表1**　魚類と肉類の一人につき１日当たりの消費量の変化（単位：g）

| 調査年 | ７～１４才 | | １５～１９才 | | ４０～４９才 | | ６０～６９才 | |
|---|---|---|---|---|---|---|---|---|
| | 魚類 | 肉類 | 魚類 | 肉類 | 魚類 | 肉類 | 魚類 | 肉類 |
| ２００７年 | 55 | 100 | 60 | 140 | 74 | 97 | 105 | 64 |
| ２０１７年 | 45 | 110 | 50 | 160 | 53 | 115 | 80 | 92 |

（厚生労働省「国民健康・栄養調査報告」より作成）

**父**　：２００７年と２０１７年を比べてみると、どの年代でも魚類の消費量が減っているね。一方、肉類の消費量は、どの年代でも増加しているよ（**表1**）。

武蔵さんは、**表１**をもとに**図２**を作成しました。

**図２**　魚類と肉類の一人につき１日当たりの消費量の変化

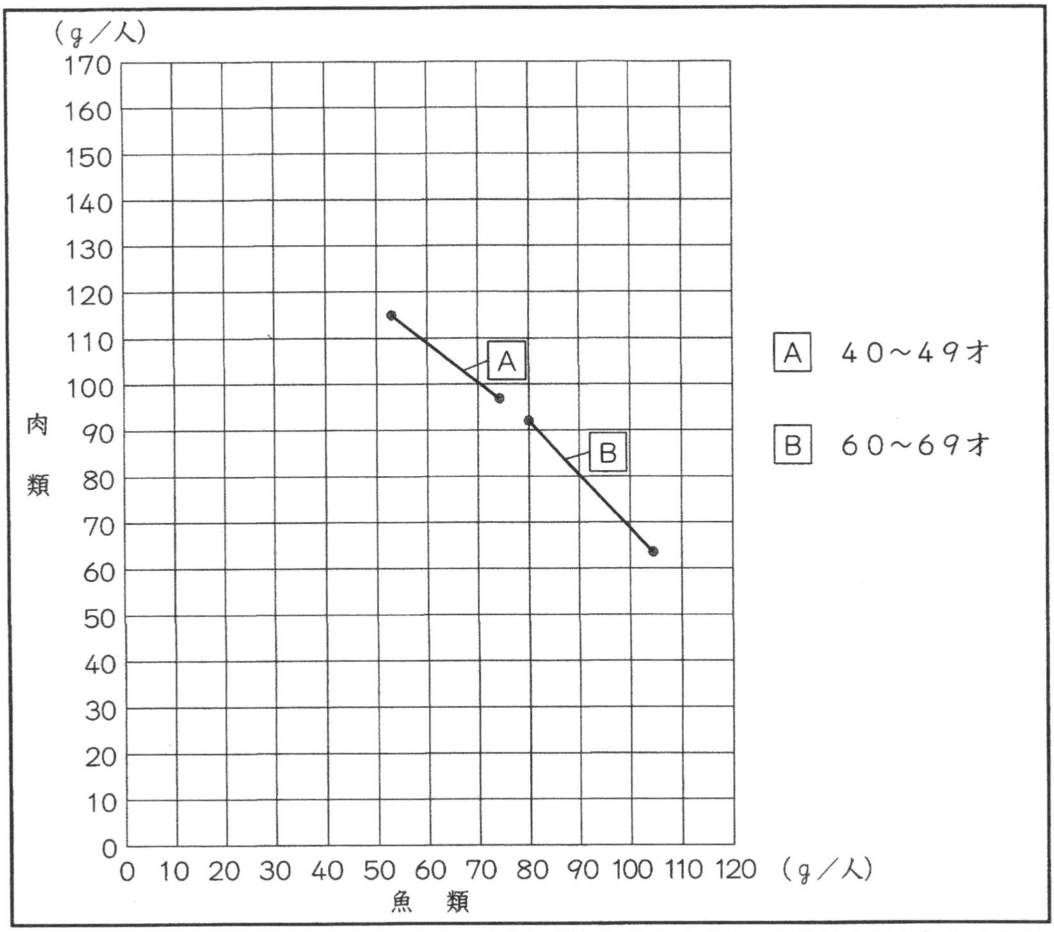


（厚生労働省「国民健康・栄養調査報告」より作成）

〔問題１〕（１）　**表１**から A 40～49才か B 60～69才のどちらかを選び、2007年と2017年の魚類と肉類の消費量を比べて、それぞれどのように変化したか、割合を求めて、解答らんの（　　）に百分率で表した数を入れなさい。ただし、計算で割り切れない場合は、小数第四位を四捨五入して小数第三位まで求め、求めた数を百分率で表しなさい。なお、解答らんの選んだ年代の □ には、40～49才を選んだ場合はAを、60～69才を選んだ場合はBを入れなさい。

（２）　**図２**中の A 40～49才と B 60～69才の魚類と肉類の消費量の変化を表した線を参考にし、**表１**から7～14才または15～19才のどちらかを選び、図の中に魚類と肉類の消費量の変化を表した線を引きなさい。なお、解答らんの選んだ年代の □ には、7～14才を選んだ場合にはCを、15～19才を選んだ場合にはDを入れなさい。

**武　蔵**：魚の生産量は減っているのかな。

**父**　：太平洋やインド洋などで、数か月から１年くらいかけて、マグロやカツオなどをとる遠洋(えんよう)漁業は、１９５０年ころから急速に生産量を増やしてきたんだ。だけど、１９７３年ころから船の燃料費が大きな負担(ふたん)となったことや、１９７７年ころから日本をふくめ海に面する国が海岸から２００海里（約３７０ｋｍ）の海で、他国の漁船がとる魚の種類や量をきびしく制限するようになったことなどにより、生産量は急速に減ったんだ（**図３**、**表２**）。

**武　蔵**：マイワシ、サバなどをとる沖合(おきあい)漁業も同じかな。

**父**　：２００海里以内で、数日かけて行われる沖合漁業は、１９７０年代から８０年代半ばくらいにかけて生産量を増やして、日本の漁業の中心になったよ。だけど、１９８０年代後半から急激(きゅうげき)に生産量を減らしてきているんだ。その理由の一つに、数十年規模(きぼ)で起こる海水温の変動の中で、１９９０年代以降(いこう)は海水温が温かくなったため、寒冷を好むマイワシの生産量が減少したとも言われているんだ（**図３**、**表２**）。

**武　蔵**：沿岸(えんがん)漁業はどうなの。

**父**　：海岸近くの海で行う漁業では、漁船が小型であるか、漁船を使用しない場合もあるので、あまり燃料の石油の値上(ねあ)がりにはえいきょうを受けず、生産量はほぼ横ばいのような状態だったけれど、自然かん境の変化などで１９８５年ころから少しずつ減少けいこうにあるね（**図３**、**表２**）。

**図３**　漁業種類別（遠洋(えんよう)漁業、沖合(おきあい)漁業、沿岸(えんがん)漁業、養しょく業）の生産量とマイワシの生産量の変化

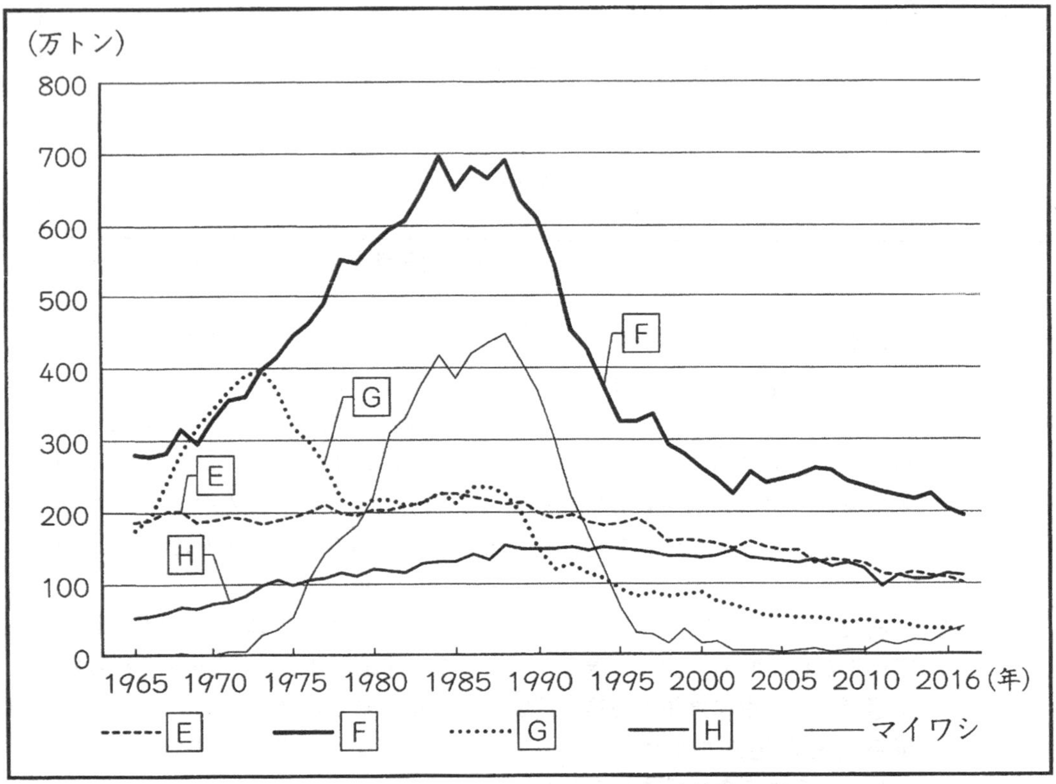


（農林水産省「漁業・養殖(ようしょく)業生産統計」などより作成）

**表2**　日本の漁業に関連する年表

| 年 | できごと |
|---|---|
| 1973 | 産油国が石油価格を引き上げたため、日本でも船の燃料費が上がる。 |
| 1988 | 海水温が上しょうしたために、マイワシのち魚の死亡率が上がってしまい、マイワシの数が減少する。 |
| 1996 | 魚をとりすぎないように法律が制定され、サバなどいくつかの魚の種類については、1年間にとる量が決められる。 |

（水産庁「水産白書」などより作成）

〔問題2〕（1）　遠洋漁業か沿岸漁業のどちらかを選び、武蔵さんとお父さんの会話をふまえて、選んだ漁業の生産量の変化に当てはまるものを**図3**中の E 、F 、G 、H から一つ選び、記号で答えなさい。なお、解答らんの選んだ漁業の（　　）には遠洋漁業を選んだ場合はア、沿岸漁業を選んだ場合はイを入れなさい。

（2）　ある時期から**図3**の F の漁業は急激に生産量が減り、日本全体の漁業の生産量も減りつつある。**表2**と、武蔵さんとお父さんの会話をふまえて、なぜ F の漁業の生産量が減ってきたか、考えられる理由を二つあげなさい。

**武　蔵**：漁業の生産量が減ってきたんだね。生産量を増やすため、漁業を行う人たちはどんな取り組みをしているの。

**父**　：最近は、これまでの「とる漁業」だけでなく「育てる漁業」として養しょく業やさいばい漁業にも力を入れているんだよ。

**武　蔵**：天然魚と比べて養しょく魚に対する消費者の評価（イメージ）はどうなのかな。

**図4**　消費者による天然魚と比べた養しょく魚の評価（イメージ）

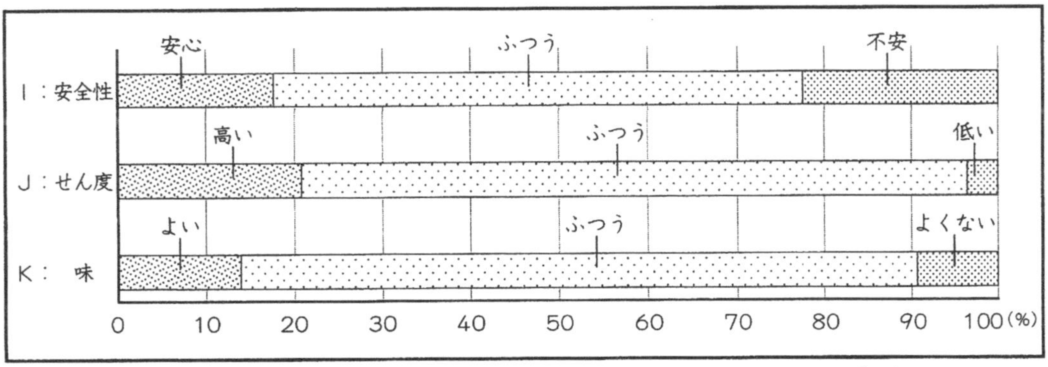


（農林水産省「水産物に関する意識・意向調査」（2014年2月実施）より作成）

**父**　：調査した年の十年前から比べると養しょく魚の評価（イメージ）は全体的には上がってきているんだ。だけど、実際に魚を買う時には、天然魚であるか養しょく魚であるかを意識する消費者の割合が高いという調査結果もあるんだ。

**武　蔵**：消費者が養しょく魚に対して、特に気にしている評価（イメージ）はなんだろう。

**父**　：特に安全性に不安を感じたり、味がよくないと思っている消費者も少なからずいて、この二つの点については、まだまだ品質の向上が求められているんだよ（**図4**）。

**武　蔵**：こうした消費者の要求に対して、生産者がかかえている問題点はどこにあるの。

**父**　：養しょく場がせまいと、魚の運動量が減り、あぶらっこい肉質になってしまい、味がよくない魚になってしまうんだ。また魚が密集（みっしゅう）していると病気にも感せんしやすくなるよ。

**武　蔵**：運動量を増やすことで、あぶらっこさがなくなり、味もよくなるんだね。

**父**　：安全でおいしい魚を育てるには、えさも重要なんだ。かつてはイワシなどの生きたえさを使用していたので、えさの魚のにおいのする養しょく魚という評価が定着してしまったんだ。それに食べ残されたえさやふんによって、養しょく場のかん境が悪くなり、魚の健康に悪いえいきょうをあたえてしまうんだ。

**武　蔵**：生産者は、こうした問題点を解決するためにどのような取り組みをしているの。

**父**　：養しょく場で育てる魚の数を減らしたり、より広い養しょく場にしたりして、魚の運動量を増やすことで、病気を防ぎ、安全でおいしい魚を育てようと取り組んでいるんだ。また、えさも改良され、人体にえいきょうをあたえるのではないかと思われている水産用医薬品の使用を縮小（しゅくしょう）する一方、法律（ほうりつ）に基（もと）づく国の承認（しょうにん）や検定をうけた配合飼料等を進んで使用したり、病気予防のためのワクチンを使用したりするように取り組んでいるんだよ。

**武　蔵**：生産者は安全でおいしい魚を育てるために、いろいろな取り組みをしているんだね。

〔問題３〕　養しょく魚を天然魚と比べた場合、**図４**と武蔵さんとお父さんの会話をふまえて、養しょく魚に対して消費者がさらなる品質の向上を求めている点を**図４**中のＩ、Ｊ、Ｋより一つ選び、解答らんの（　　）に記号をいれなさい。また、選んだ記号に対する生産者側がかかえる問題点とその問題が起きる理由、問題を解決するための取り組みをそれぞれ説明しなさい。

このページには問題は印刷されていません。

**3** **花子**さん、**太郎**さん、**先生**が車の模型について話をしています。

**花　子**：モーターで走る車の模型を作りたいな。

**太　郎**：プロペラを使って車の模型を作ることができますか。

**先　生**：プロペラとモーターとかん電池を組み合わせて、**図1**のように風を起こして走る車の模型を作ることができます。

**花　子**：どのようなプロペラがよく風を起こしているのかな。

**太　郎**：それについて調べる実験はありますか。

**先　生**：電子てんびんを使って、**実験1**で調べることができます。

**花　子**：**実験1**は、どのようなものですか。

**先　生**：まず、**図2**のように台に固定したモーターを用意します。それを電子てんびんではかります。

**太　郎**：はかったら、５４．１gになりました。

**先　生**：次に、**図3**のようにスイッチがついたかん電池ボックスにかん電池を入れます。それを電子てんびんではかります。

**花　子**：これは、４８．６gでした。

**先　生**：さらに、プロペラを**図2**の台に固定したモーターにつけ、そのモーターに**図3**のボックスに入ったかん電池をつなげます。それらを電子てんびんではかります。その後、電子てんびんにのせたままの状態でスイッチを入れると、プロペラが回り、電子てんびんの示す値が変わります。ちがいが大きいほど、風を多く起こしているといえます。

**太　郎**：**表1**の**A**～**D**の４種類のプロペラを使って、**実験1**をやってみましょう。

**図1**　風を起こして走る車の模型

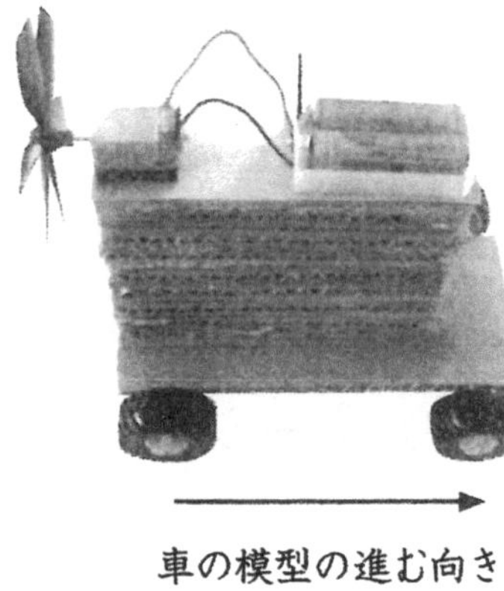


**図2**　台に固定したモーター

**図3**　ボックスに入ったかん電池

**表1**　４種類のプロペラ

| | A | B | C | D |
|---|---|---|---|---|
| プロペラ |  |  |  |  |
| 中心から羽根のはしまでの長さ（ｃｍ） | ５．４ | ４．９ | ４．２ | ２．９ |
| 重さ（ｇ） | ７．５ | ２．７ | ３．３ | ４．２ |

スイッチを入れてプロペラが回っていたときの電子てんびんの示す値は、**表2**のようになりました。

**表2**　プロペラが回っていたときの電子てんびんの示す値

| プロペラ | A | B | C | D |
|---|---|---|---|---|
| 電子てんびんの示す値（ｇ） | １２３．５ | １２３．２ | １２０．９ | １１１．８ |

〔問題１〕 **表1**の**A**～**D**のプロペラのうちから一つ選び、そのプロペラが止まっていたときに比べて、回っていたときの電子てんびんの示す値は何ｇちがうか求めなさい。

花　子：**図１**の車の模型から、モーターの種類やプロペラの種類の組み合わせをかえて、**図４**のような車の模型を作ると、速さはどうなるのかな。

太　郎：どのようなプロペラを使っても、①モーターが軽くなればなるほど、速く走ると思うよ。

花　子：どのようなモーターを使っても、②プロペラの中心から羽根のはしまでの長さが長くなればなるほど、速く走ると思うよ。

**図４**　車の模型

太　郎：どのように調べたらよいですか。

先　生：**表３**の**ア**～**エ**の４種類のモーターと、**表４**の**Ｅ**～**Ｈ**の４種類のプロペラを用意して、次のような**実験２**を行います。まず、モーターとプロペラを一つずつ選び、**図４**のような車の模型を作ります。そして、それを体育館で走らせ、走り始めてから、５ｍ地点と１０ｍ地点の間を走りぬけるのにかかる時間をストップウォッチではかります。

**表３**　４種類のモーター

| | **ア** | **イ** | **ウ** | **エ** |
|---|---|---|---|---|
| モーター |  |  |  |  |
| 重さ（ｇ） | １８ | ２１ | ３０ | ４４ |

**表４**　４種類のプロペラ

| | **Ｅ** | **Ｆ** | **Ｇ** | **Ｈ** |
|---|---|---|---|---|
| プロペラ |  |  |  |  |
| 中心から羽根のはしまでの長さ（ｃｍ） | ４．０ | ５．３ | ５．８ | ９．０ |

**花　子**：モーターとプロペラの組み合わせをいろいろかえて、**実験２**をやってみましょう。

**実験２**で走りぬけるのにかかった時間は、**表５**のようになりました。

**表５**　５m地点から１０m地点まで走りぬけるのにかかった時間（秒）

| | | モーター | | | |
|---|---|---|---|---|---|
| | | ア | イ | ウ | エ |
| プロペラ | E | 3.8 | 3.1 | 3.6 | 7.5 |
| | F | 3.3 | 2.9 | 3.2 | 5.2 |
| | G | 3.8 | 3.1 | 3.1 | 3.9 |
| | H | 4.8 | 4.0 | 2.8 | 4.8 |

〔問題２〕（１）**表５**において、車の模型が最も速かったときのモーターとプロペラの組み合わせを書きなさい。

（２）**表５**から、①の予想か②の予想が正しくなる場合があるかどうかを考えます。

太郎さんは、「①モーターが軽くなればなるほど、速く走ると思うよ。」と予想しました。①の予想が正しくなるプロペラは**E**～**H**の中にありますか。

花子さんは、「②プロペラの中心から羽根のはしまでの長さが長くなればなるほど、速く走ると思うよ。」と予想しました。②の予想が正しくなるモーターは**ア**～**エ**の中にありますか。

①の予想と②の予想のどちらかを選んで解答らんに書き、その予想が正しくなる場合があるかどうか、解答らんの「あります」か「ありません」のどちらかを丸で囲みなさい。また、そのように判断した理由を説明しなさい。

太　郎：モーターとプロペラを使わずに、ほを立てた車に風を当てると、動くよね。

花　子：風を車のななめ前から当てたときでも、車が前に動くことはないのかな。調べる方法は何かありますか。

先　生：**図5**のようにレールと車輪を使い、長方形の車の土台を動きやすくします。そして、**図6**のように、ほとして使う三角柱を用意します。次に、車の土台の上に**図6**の三角柱を立てて、**図7**のようにドライヤーの冷風を当てると、車の動きを調べることができます。

太　郎：車の動きを調べてみましょう。

二人は先生のアドバイスを受けながら、次のような１～４の手順で**実験３**をしました。

１　工作用紙で**図６**の三角柱を作る。その三角柱の側面が車の土台と垂直になるように底面を固定し、車を作る。そして、車をレールにのせる。

２　**図８**のように、三角柱の底面の最も長い辺のある方を車の後ろとする。また、真上から見て、車の土台の長い辺に対してドライヤーの風を当てる角度を㋐とする。さらに、車の土台の短い辺と、三角柱の底面の最も長い辺との間の角度を㋑とする。

３　㋐が２０°になるようにドライヤーを固定し、㋑を１０°から７０°まで１０°ずつ変え、三角柱に風を当てたときの車の動きを調べる。

４　㋐を３０°から８０°まで１０°ごとに固定し、㋑を手順3のように変えて車の動きを調べる。

**実験３**の結果を、車が前に動いたときには○、後ろに動いたときには×、３秒間風を当てても動かなかったときには△という記号を用いてまとめると、**表６**のようになりました。

**図５**　レールと車輪と車の土台

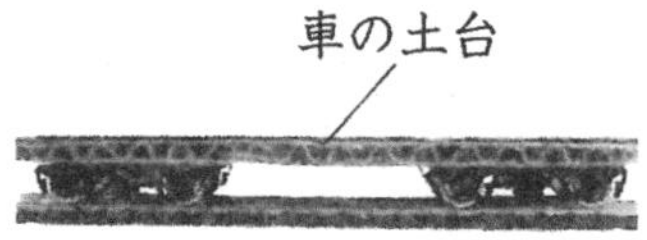


**図６**　ほとして使う三角柱

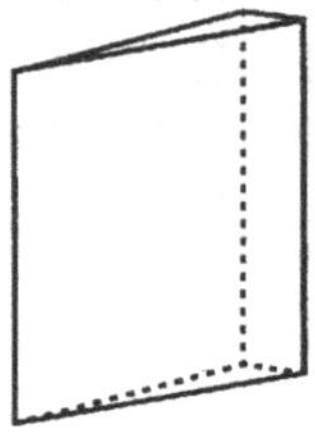

**図７**　車とドライヤー

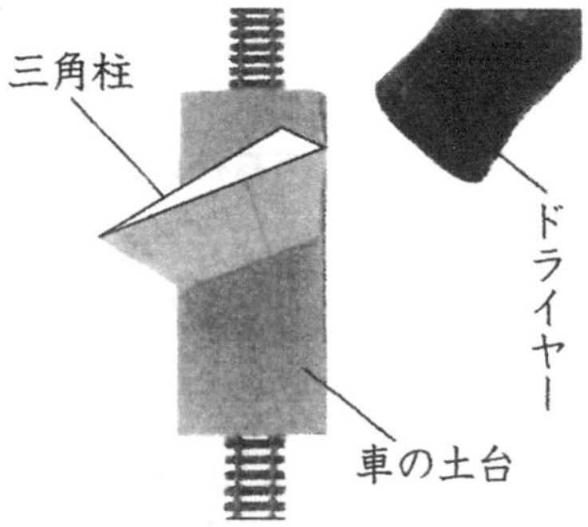


**図８**　**実験３**を真上から表した図

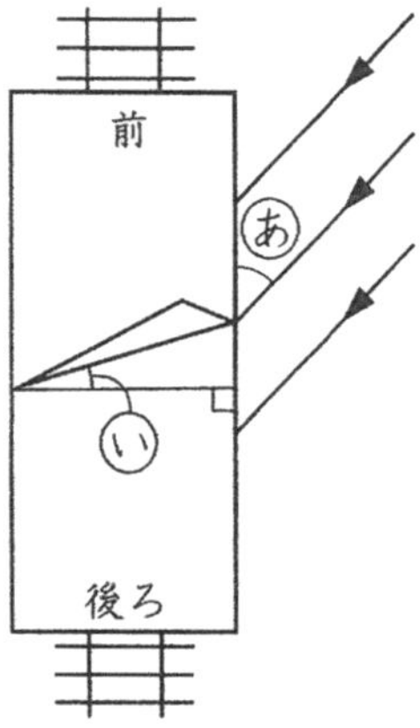

**表6　実験3**の結果

| | | Ⓘ | | | | | | |
|---|---|---|---|---|---|---|---|---|
| | | 10° | 20° | 30° | 40° | 50° | 60° | 70° |
| Ⓐ | 20° | × | × | × | × | × | × | × |
| | 30° | × | × | × | × | × | × | × |
| | 40° | × | × | × | × | △ | △ | △ |
| | 50° | × | × | × | △ | ○ | ○ | ○ |
| | 60° | × | × | △ | ○ | ○ | ○ | ○ |
| | 70° | × | △ | ○ | ○ | ○ | ○ | ○ |
| | 80° | △ | ○ | ○ | ○ | ○ | ○ | ○ |

**花　子**：風をななめ前から当てたときでも、車が前に動く場合があったね。
**太　郎**：車が前に動く条件は、どのようなことに注目したら分かりますか。
**先　生**：Ⓐと Ⓘの和に注目するとよいです。
**花　子**：**表7**の空らんに、○か×か△のいずれかの記号を入れてまとめてみよう。

**表7**　車の動き

| | | Ⓐと Ⓘの和 | | | | | |
|---|---|---|---|---|---|---|---|
| | | 60° | 70° | 80° | 90° | 100° | 110° |
| Ⓐ | 20° | | | | | | |
| | 30° | | | | | | |
| | 40° | | | | | | |
| | 50° | | | | | | |
| | 60° | | ★ | | | | |
| | 70° | | | | | | |
| | 80° | | | | | | |

〔問題3〕（1）　**表7**の★に当てはまる記号を○か×か△の中から一つ選び、書きなさい。
（2）　**実験3**の結果から、風をななめ前から当てたときに車が前に動く条件を、あなたが作成した**表7**をふまえて説明しなさい。

# 適 性 検 査 Ⅲ

注　　意

1　問題は **1** から **2** までで、**9**ページにわたって印刷してあります。

2　検査時間は**４５分**で、終わりは**午後０時１５分**です。

3　声を出して読んではいけません。

4　計算が必要なときは、この問題用紙の余白を利用しなさい。

5　答えは全て解答用紙に明確に記入し、**解答用紙だけを提出しなさい。**

6　答えを直すときは、きれいに消してから、新しい答えを書きなさい。

7　**受検番号**を解答用紙の決められたらんに記入しなさい。

東京都立武蔵高等学校附属中学校

**1**　**はるき**さん、**なつよ**さん、**あきお**さん、**ふゆみ**さんの４人が放課後の教室で、間もなく始まる作品展(さくひんてん)のお知らせのけい示を見て話をしています。

**はるき：** 学校で配られる紙や、けい示に使われる紙には大きさが何種類かあるみたいだね。

**なつよ：** 紙の形はどれも長方形だけれど、大きさにはＡ３サイズとかＡ４サイズ、Ｂ４サイズとか聞いたことがあるよ。

**あきお：** 何か大きさには決まりがあるのかな。

**ふゆみ：** 例えば**図１**のように、Ａ３サイズの紙を辺の長い方で半分に切るとＡ４サイズの大きさになるみたいだよ。

**なつよ：** Ｂ４サイズも同じように辺の長い方で紙を半分に切るとＢ５サイズの大きさになるみたい。

**はるき：** 他にも何か大きさに決まりがある紙があるのかな。

**なつよ：** 電車の定期券やカード類には、決まった形と大きさのものが多いと聞いたことがあるよ。

**あきお：** どんな形と大きさがあるか調べてみよう。

**図１**

４人は図書館に行き、カードなどの決まった形と大きさの紙について調べています。

**ふゆみ：** 電車の定期券やカード類の形に使われている大きさは、縦(たて)の長さを１としたときに、横の長さがおよそ１．６１８になる長方形が多く使われているようだよ。

**はるき：** この長方形は、正方形ができるように辺の長い方で切ると、残った部分に、辺の長さが、また１とおよそ１．６１８の比率の大きさになるみたいだね。

〔問題１〕　縦(たて)の長さを１としたときの横の長さが１．６１８になる長方形の紙について、**図２**のように２つの正方形（①、②）を切り取ったときの残った長方形（③）の面積は何ｃｍ$^2$になりますか。紙の縦の長さを５ｃｍから１０ｃｍの間の整数で決め、そのときの面積を答えなさい。

**図２**

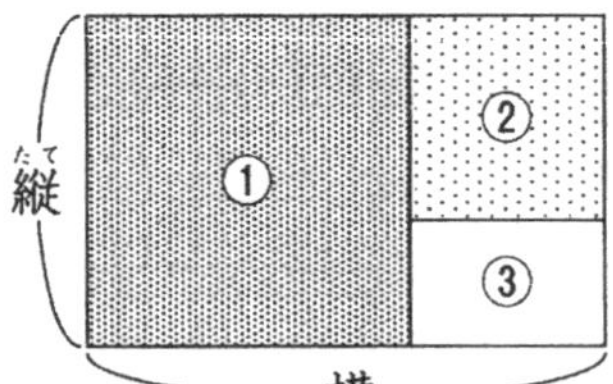

はるき：今度は、形と面積が同じ２枚の紙を**図３**のように辺**アイ**と辺**ウエ**が平行になるように縦向きと横向きに重ねたときの重なっている部分（④）と重なっていない部分（⑤、⑥）の形や面積について考えてみよう。

なつよ：紙の重ね方によって、重なっている部分（④）の面積と重なっていない部分（⑤、⑥）の面積の和は変わるね。

ふゆみ：他にも重ね方によっては、重なっていない部分が三つや四つに分かれることもあるね。

あきお：重なっている部分の面積と重なっていない部分の面積が同じになるのはどんなときなのかな。

**図３**

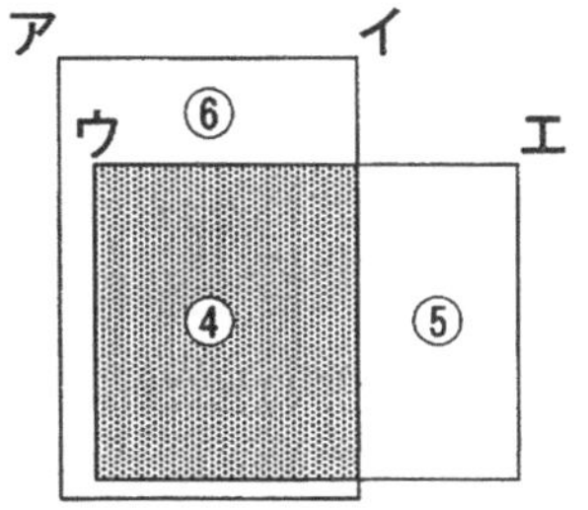


はるき：他にも重なっている部分と重なっていない部分の面積について考えてみよう。

ふゆみ：**図４**のように、１枚の紙を重なる部分が直角三角形になるように点線で折ったときの重なっている部分（⑦）にできた三角形の面積と、重なっていない部分（⑧、⑨）の面積の和とが同じになるにはどこで折ったらいいのかな。

はるき：あれ、この紙はどこで折っても重なっている部分と重なっていない部分の面積が同じになるよ。

なつよ：私の紙では、面積が同じにはならないみたい。

ふゆみ：紙の大きさや形によって、同じ面積になるときとならないときがあるみたいだね。同じ面積になるときには、どこで折っても重なっている部分の面積と、重なっていない部分の面積の和とが同じになるみたいだね。

**図４**

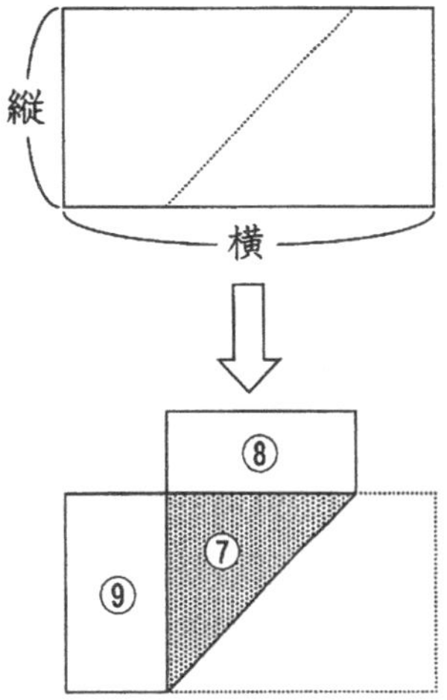


あきお：例えば、縦の長さが１０ｃｍの紙の場合、横の長さが何ｃｍだと重なった部分（⑦）の面積と、重なっていない部分（⑧、⑨）の面積の和とを同じにできるのかな。

〔問題２〕（１）　２枚の同じ大きさの長方形の紙を**図３**のように縦向きと横向きに重ねたとき、重なった部分（④）の面積と、重なっていない部分（⑤、⑥）の面積の和とが同じになるようにするには、あなたならどのような大きさの紙をどのように重ねますか。重ねたときの様子を、縦が１５ｃｍ、横が１５ｃｍの解答らんの方眼紙に収まるようにかきなさい。ただし、２枚の長方形の紙の形と大きさは同じものとし、長方形の紙の辺の長さは整数、１枚の長方形の紙の面積は８０ｃｍ$^2$以上２００ｃｍ$^2$以下とする。なお、解答らんの方眼紙の一ますは１辺の長さが１ｃｍの正方形とする。

（２）　**図４**のように、縦の長さが１０ｃｍの紙を折ったときに、重なった部分（⑦）の面積と、重なっていない部分（⑧、⑨）の面積の和とが同じになるとき、紙の横の長さは何ｃｍになるでしょうか。何ｃｍか答え、なぜその長さになるのか、図や、言葉、式を使ってあなたの考えを説明しなさい。ただし、⑦は直角三角形、⑧、⑨は長方形になるように折ることとする。

４人は作品展に向けて話し合っています。

**はるき**：作品展が近づいてきたね。

**なつよ**：作品展とは別に、見にきた人に楽しんでもらう展示も考えるみたいだね。

**はるき**：直方体の箱の外側に、下の底面を除いた五つの方向から見た絵をはって、箱を開けると、その絵を組み合わせてできる立体模型が中にあったら見にきてくれた人も楽しみながら作品展に参加できるかな。

**あきお**：直方体の箱を使えば、四つの側面と真上からの合計５枚の絵から立体模型を考えられそうだね。

**ふゆみ**：立体模型の体積を考えると見にきた人がいろいろ考えながら楽しんでくれそうだね。

**はるき**：立体模型の形は、１辺が１０ｃｍの立方体をいくつか組み合わせて作られた立体にしよう（**図５**）。

**図５**　４個の立方体で作った例

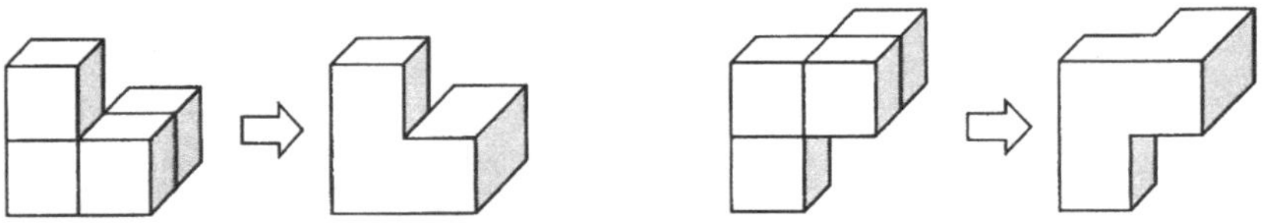

〔問題３〕 **図６**のように直方体の下の底面を除いた五つの平面のうち、三つの平面に内側にある立体模型を表した図がかかれている。五つの平面にかかれた図からできる内側にある立体模型の体積が１５０００ｃｍ$^3$であるとき、二つの平面**アオカイ**と平面**イカキウ**にどのような図をかきますか。解答らんの方眼を活用してかきなさい。ただし、解答らんの方眼は一ますが１辺１０ｃｍの正方形であり、平面にかかれた図や立体模型は次のルールに従って作られているものとする。

**図６**

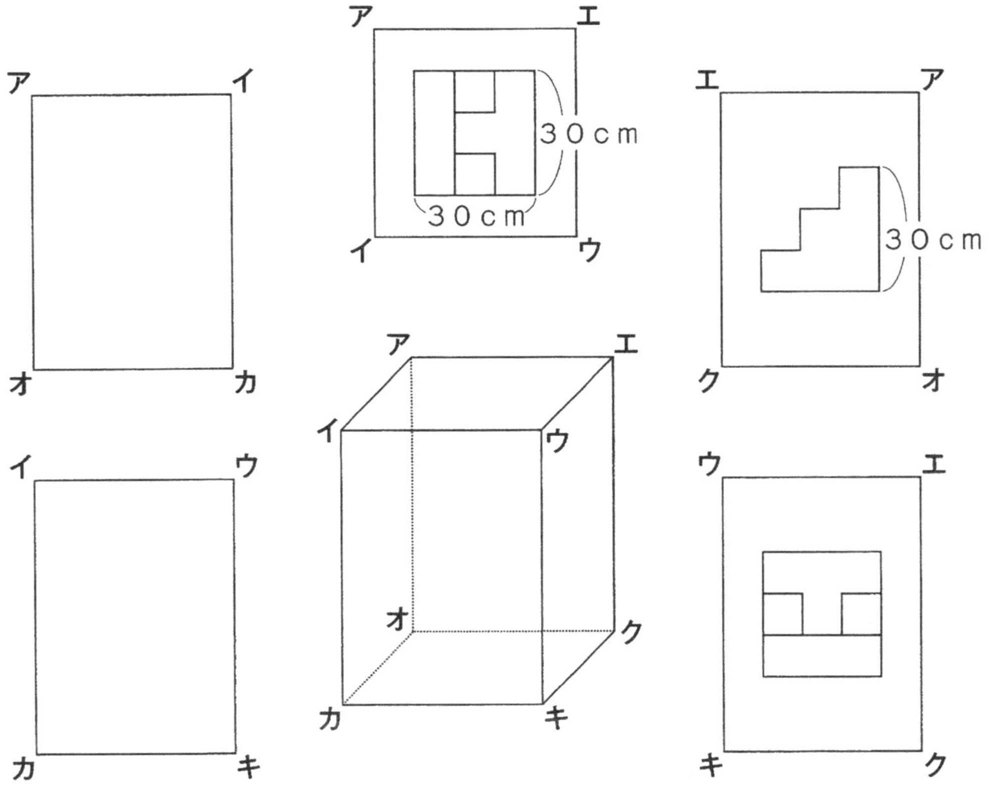


ルール

１、できあがる立体模型は１辺が１０ｃｍの立方体を組み合わせてできたものとする。

２、平面にかかれたそれぞれの図は、その立体模型を一つの方向から見たときに見える図を表しているものとし、直方体の頂点の記号と平面の頂点の記号は対応しているものとする。

３、平面にかかれた図中では高さやおくゆきがちがう部分は線で区切って表している。

４、立体模型の真下の内側部分や内部などの外側から見えない所には、平面にかかれた図から判断できるもの以外、空どうや欠けている部分はないものとする。

**2** **はるき**さん、**なつよ**さん、**あきお**さん、**ふゆみ**さんの４人は、身近な生き物について話し合っています。

**はるき**：毎年春に私の家の近くの池にたくさんヒキガエルのオタマジャクシがいるんだ。だけど、冬にはその池に親のヒキガエルはいなくて、冬が終わり暖かくなると、また池に集まって卵をうんでいるみたいなんだ。

**なつよ**：それで、なかまをふやすためにうまれた池に集まっているのかな。

**あきお**：でも、どうやってうまれた池にもどってくるのだろう。

**ふゆみ**：不思議だから調べてみましょう。

**はるき**：どうやって調べたらいいかな。

**なつよ**：調べ方を先生に相談してみましょう。

ヒキガエルがどのようにして自分のうまれた池にもどってくるのか、不思議に思った４人は先生に相談してみることにしました。

**先　生**：なるほど、疑問に思って調べてみようとすることはいいですね。観察して疑問に思ったことに対し、仮説を立てて、それを調べるための方法を考えて、実際に調べてみるという順序になります。ですが、自然の生き物を調べるのはなかなか難しいです。ここに、ある場所でヒキガエルについて調査した結果がありますから、それを参考にしながら、どのように調べていけばよいかをいっしょに考えていきましょう。

**あきお**：分かりました。さっそくみんなでヒキガエルを観察してみたいです。

**はるき**：そういえば、私が見たときは、その日によってヒキガエルがたくさんいたり、少なかったりしていたよ。

**ふゆみ**：暖かいほうが活発だと思うので、きっとその日の気温が関係しているのではないかな。

**先　生**：よく気が付きましたね。そもそも、調べたい生き物が活動している様子を観察するにはどうしたらよいのかということが大切になります。ある場所でどれくらいのヒキガエルが活動しているかということを、温度だけでなく、温度としつ度両方との関係を調べた結果から、けい向を表したものがこのグラフです（**図1**）。

# 解答用紙　適性検査Ⅰ

1

〔問題1〕

45

50

40　20

10点

※

〔問題2〕

45

ものの見方。

40　20

20点

※

〔問題3〕

20

70点

※

※

※100点満点

| 受検番号 |
| --- |
| |

| 得点 |
| --- |
| ※ |

※のらんには何も記入しないこと。

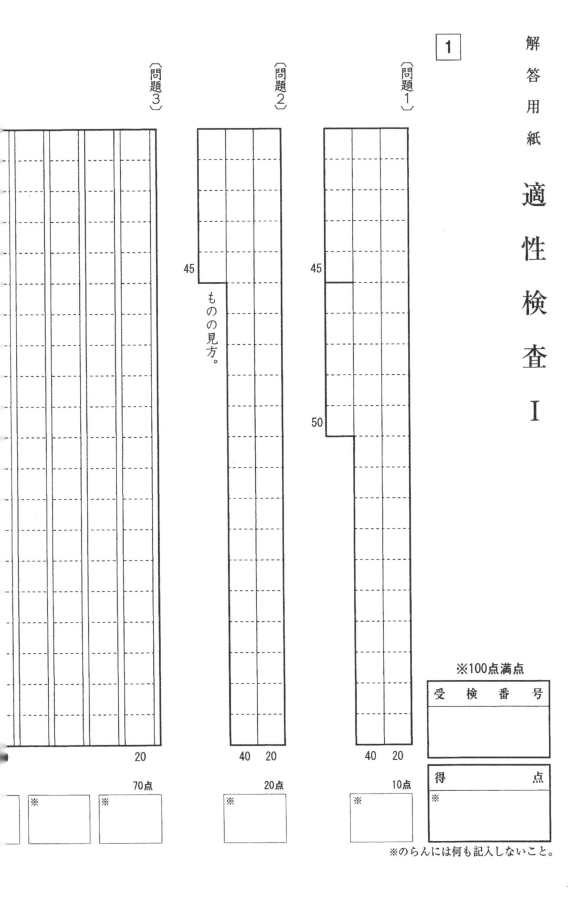

# 解答用紙　適性検査Ⅱ

※100点満点

| 受検番号 |
| --- |
| |

| 得点 |
| --- |
| ※ |

※のらんには、記入しないこと

**1**

〔問題１〕 8点

| ① | ② | ③ | ④ |
|---|---|---|---|
| ｃｍ | ｃｍ | ｃｍ | ｃｍ |

※

〔問題２〕 10点

〔必要なパネルの台数〕

台

〔説明〕

※

〔問題３〕 12点

〔ア に入る数〕

点

| 〔イ に入る数〕 | 〔ウ に入る数〕 | 〔エ に入る数〕 | 〔オ に入る数〕 |
|---|---|---|---|
| | | | |

※

# 解答用紙　適性検査Ⅲ

※100点満点

| 受検番号 | 得点 |
|---|---|
| | ※ |

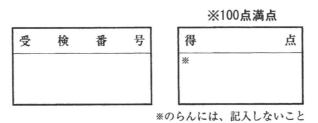

※のらんには、記入しないこと

# 1

〔問題１〕 10点

| 紙の縦の長さ | 紙の面積 | ※ |
|---|---|---|
| ｃｍ | $cm^2$ | |

〔問題２〕 20点

| | | |
|---|---|---|
| （１） | 方眼紙 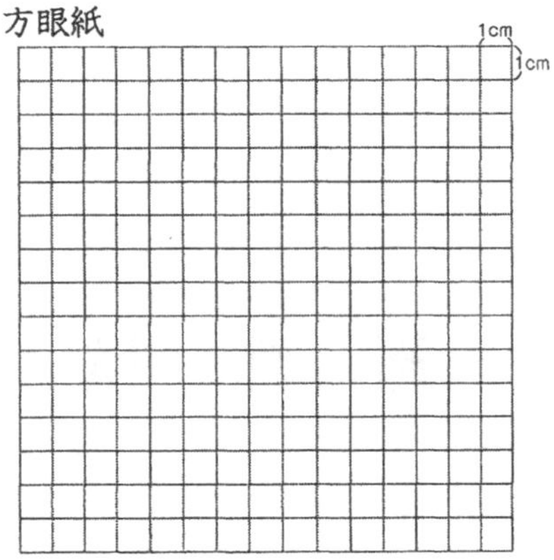 | ※ |
| （２） | 紙の横の長さ　ｃｍ | |
| | 説明 | ※ |

〔問題３〕 20点

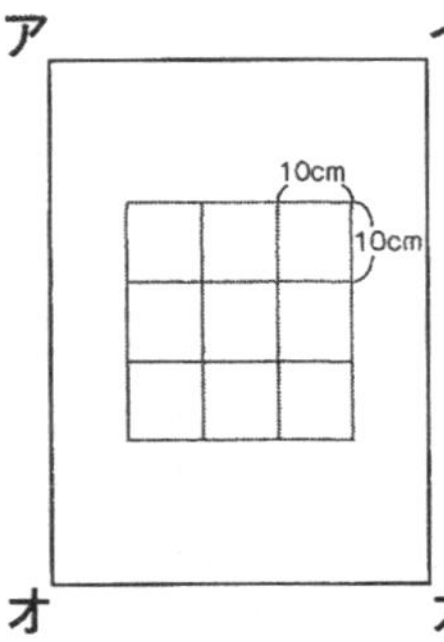


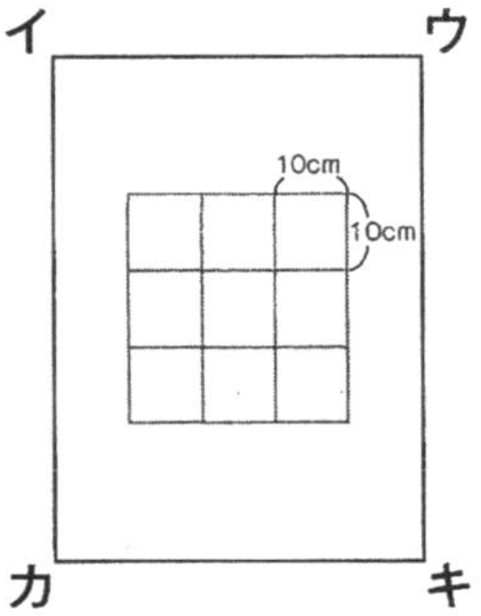


※

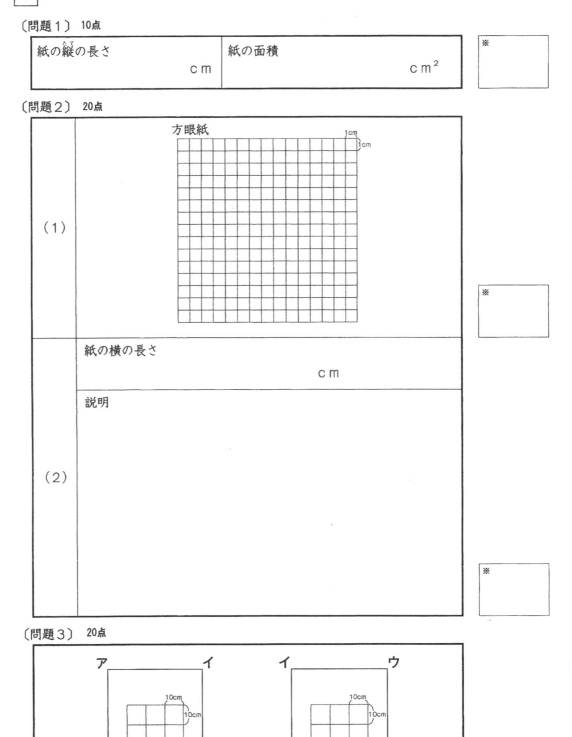

問題１〕 10点

| ① | ② | ③ | ④ | ⑤ |
| --- | --- | --- | --- | --- |
| | | | | |

※

問題２〕 20点

図（　　　）より、仮説（　　　）は正しくない。

理由：

※

問題３〕 20点

仮説（　　　）について

実験方法：

仮説が正しい場合の結果：

仮説が正しくない場合の結果：

※

## 2

12点

〔問題１〕（１）

| | |
|---|---|
| 選んだ年代： | 魚の消費量が（　　　　　　　）％減少している一方、<br>肉の消費量は（　　　　　　　）％増加している。 |

※

（２）

選んだ年代：

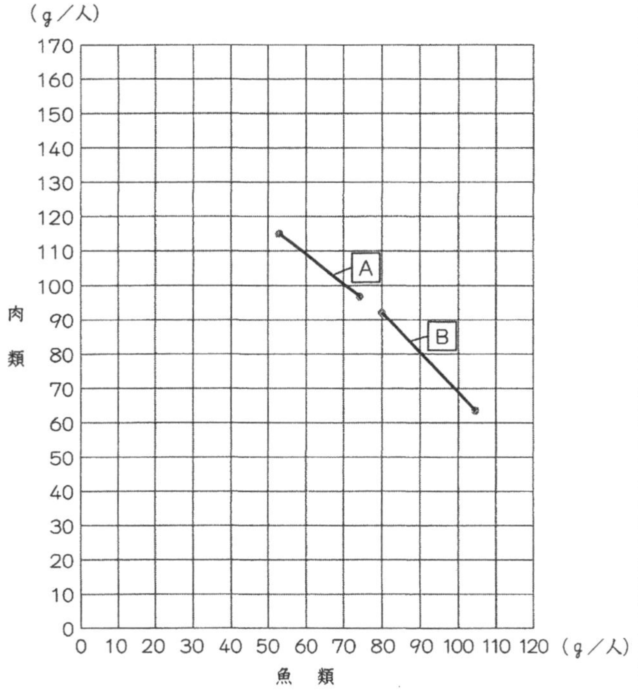


※

16点

〔問題２〕（１）

| | |
|---|---|
| 選んだ漁業：（　　） | 図３： |

※

（２）

[理由１]

[理由２]

※

〔問題３〕 12点

選んだ記号：（　　）

[問題点とその理由]

[取り組み]

※

**3**

〔問題１〕 6点

| |
|---|
| 〔選んだプロペラ〕 |
| 〔示す値(あたい)のちがい〕　　　　　　g |

※

〔問題２〕 14点

| | |
|---|---|
| (1) 〔モーター〕 | 〔プロペラ〕 |
| (2) 〔選んだ予想〕 | の予想 |
| 〔予想が正しくなる場合〕 | あります　・　ありません |
| 〔理由〕 | |

※

〔問題３〕 10点

| |
|---|
| (1) |
| (2) |

※

（2　武蔵）

440 400 300 200

※

**図１**　温度およびしつ度と、活動しているヒキガエルの数の割合との関係

著作権に関係する弊社の都合により
省略いたします。

**教英出版編集部**

（石居進「カエルの鼻」より作成）

**あきお：**見たことのない形のグラフですね。読み取るのが難しそうです。

**先　生：**このグラフは縦じくにしつ度、横じくに温度をとり、しゃ線（＼）とそこに書いてある数字が、ヒキガエル全体に対して活動しているヒキガエルの数の割合を示しています。たとえばグラフ中に示した点Ａ（●）はどう読み取れますか。

**なつよ：**温度が１３℃でしつ度が４０％のときは、２０％のヒキガエルが活動しているということですか。

**先　生：**そのとおりです。

**はるき：**このグラフを見ると、温度がちがっても、しつ度によっては活動しているヒキガエルの割合が同じことがあるのですね。

**ふゆみ：**そうですね、たとえば温度が［　①　］℃でしつ度が［　②　］％のときと、温度が［　③　］℃でしつ度が［　④　］％のときでは、どちらも活動しているヒキガエルの数の割合が［　⑤　］％ということになりますね。

**あきお：**なるほど。こういう表し方があるんですね。

〔問題１〕　**図１**のグラフから、ふゆみさんの話したことの［　①　］から［　⑤　］まであてはまる数字を、以下の［　　］の中から選んで答えなさい。ただし、同じ数字を何回選んでもかまいません。

| |
|---|
| １１、１４、１７、１８、２０、２３、２４、４０、５２、６２、６３、６４、６８、７２ |

**はるき：**実際に観察ができるようになったら、次は仮説の立て方ですね。

**先　生：**観察して得られた結果からどのような仮説が立てられるのか、考えてみましょう。
ある場所でのヒキガエルについて**観察した結果**は以下のようになっていました。

**【観察した結果】**
- ・春になり暖かくなってくると、ねるところから出てきて行動を始め、なかまをふやすために自分がうまれた池を目指す。
- ・一日ですぐにうまれた池にたどり着くのではなく、移動しては、ねるところを探（さが）すことをくり返し、何日間かかけてうまれた池にたどり着いていた。

**はるき：**ヒキガエルが自分のうまれた池にもどることについて、どんな仮説が考えられるかな。

**あきお：**池から自分のねるところまでの道のりを覚えているといえるのではないかな。

**ふゆみ：**他のヒキガエルが鳴き声で呼（よ）んでいるということかもしれないね。

**先　生：**そうですね。ある場所で行われたヒキガエルの調査でも、あきおさんやふゆみさんの言ったような仮説がたてられました。そして、もう一つ、でたらめに移動して、たまたま池にたどり着いているのではないかという仮説も立てられました。
その三つをまとめると次のようになります。

仮説１：池の方向はわかっておらず、でたらめに移動することをくり返し、たまたまたどり着く。
仮説２：何らかの方法で池の方向がわかっていて、そこに向かって移動する。
仮説３：仮説１もしくは仮説２の方法でたどりついた最初の一ぴきが他のなかまを呼ぶ。

**はるき：**どの仮説が正しいのかな。

**先　生：**これらの仮説については、先ほどのヒキガエルの**観察した結果**と、次のような結果から、仮説１と仮説３は正しくないということが考えられました。二つのグラフを見てみましょう（**図2**、**図3**）。

**なつよ：**これは棒（ぼう）グラフですね。この移動角度というのは何ですか。

**先　生：**それはヒキガエルが池に近づいているかどうかを、ヒキガエルの進行方向と、ヒキガエルから池の中心までの方向それぞれに線を引き、その線の間の角度で表すことにしたものです。また、時間帯によって活動しているヒキガエルの数が異（こと）なっているため、**図2**の３日間の合計と**図3**のヒキガエルの数の合計が同じにはなりません。

**ふゆみ：**なるほど。角度が0°に近づくと、池に近づいていることを表し、１８０°に近づくと池から遠ざかっていることを表すのですね。では、私たちもこの結果から考えてみましょう。

**図2**　移動したヒキガエルの、一晩の移動角度の分布

著作権に関係する弊社の都合により省略いたします。

**教英出版編集部**

（石居進「カエルの鼻」より作成）

**図3**　移動したヒキガエルの、２０分ごとの移動角度の変化

著作権に関係する弊社の都合により省略いたします。

**教英出版編集部**

（石居進「カエルの鼻」より作成）

〔問題２〕　**図２**または**図３**のうち、どちらかを用いて、仮説１または仮説３が正しくないということを説明しなさい。なお、解答らんの（　　　）には図と仮説の番号をそれぞれ一つずつ選んで記入しなさい。また、理由のらんには、もしも仮説が正しい場合に予想される結果と、実際の結果とを比かくして、あなたが考えた理由を記入しなさい。

はるき：観察結果から考えるというのはなかなか難しいですね。

あきお：カエルはみんな自分たちがうまれた池の方向を覚えていて、もどることができるのかな。

先　生：それは、カエルの種類や、そのカエルがすんでいる場所によってもちがうかもしれません。だからこそ、実際に調べてみることが大切なのですね。

なつよ：でもどうして池の方向がわかるのだろう。

ふゆみ：それも不思議ですね。

はるき：どういう実験をしたらそれが調べられるかな。

先　生：そうですね、では最後に、どういう方法で実験をするかということを考えてみましょう。一から考えるのは難しいですから、これもある場所でのヒキガエルの調査結果を参考にして考えてみましょう。
その調査では、ヒキガエルがどうして自分がうまれた池に向かうことができるのか、次の三つの仮説が考えられました。

仮説４：月や星など夜空の天体を基準として、自分から池までの方向を理解している。
仮説５：池から発生するにおいを覚えており、そのにおいをたよりに池に向かって移動する。
仮説６：池のまわりの風景など、池までの通る道のりを覚えていて、その記おくをたよりに池に向かって移動する。

あきお：どの仮説が正しいのだろう。

なつよ：どうやったらそれが確かめられるかな。

ふゆみ：今度はそれを自分たちで考えてみましょう。

〔問題３〕　ある調査の結果、ヒキガエルは池の方向を分かっていて、自分がうまれた池に向かっていました。では、どのようにして池の方向に向かうことができるのでしょうか。
　仮説４から仮説６のうち、一つを選び解答らんの（　　　）に記入しなさい。そして、その仮説が正しいのか、あるいは正しくないのかということを確かめるには、どのような実験をしたらよいか、あなたの考える実験方法を記入しなさい。また、その実験をしたときに、選んだ仮説が正しい場合と正しくない場合に予想される結果を記入しなさい。ただし、実験を計画する際には以下の注意を守ること。

注意
① ヒキガエルを傷（きず）つけたり、危害（きがい）を加えたりするようなことはしない。
② ヒキガエルを実験室などの他の場所につれて行くことはせず、うまれた池の周辺で実験を行う。

【適

31

# 適性検査Ⅰ

注意

1 問題は 1 のみで、**8ページ**にわたって印刷してあります。
2 検査時間は**四十五分**で、終わりは**午前九時四十五分**です。
3 声を出して読んではいけません。
4 答えは全て解答用紙に明確に記入し、**解答用紙だけを提出しなさい。**
5 答えを直すときは、きれいに消してから、新しい答えを書きなさい。
6 **受検番号**を解答用紙の決められたらんに記入しなさい。

☆

東京都立武蔵高等学校附属中学校

問題は次のページからです。

**1** 次の **文章1** は、絵本作家のかこさとしさんと、聞き手である林公代さんとの対話です。（——は林さんの発言を表します。）これと、あとに続く **文章2** を読んで、あとの問題に答えなさい。（＊印の付いている言葉には、本文のあとに〔注〕があります。）

**文章1**

お詫び
著作権上の都合により、文章は掲載しておりません。
ご不便をおかけし、誠に申し訳ございません。

お詫び
著作権上の都合により、文章は掲載しておりません。
ご不便をおかけし、誠に申し訳ございません。

お詫び

著作権上の都合により、文章は掲載しておりません。
ご不便をおかけし、誠に申し訳ございません。

お詫び

著作権上の都合により、文章は掲載しておりません。
ご不便をおかけし、誠に申し訳ございません。

お詫び
著作権上の都合により、文章は掲載しておりません。
ご不便をおかけし、誠に申し訳ございません。

お詫び
著作権上の都合により、文章は掲載しておりません。
ご不便をおかけし、誠に申し訳ございません。

（かこさとし［談］・林公代［聞き手］「科学の本の作り方」による）

〈注〉

拝読した――――読ませていただいた。
動的に――――変化するものとして。
論文――――意見や研究の結果を、筋道を立ててのべた文章。
プレートテクトニクス論――地球のつくりに関する理論。
妥当――――実情によく当てはまっていること。
学会――――学問研究のための学者の団体やその会合。
仰せつかって――――命じられて。
ことに――――中でも。特に。
技術のことをかじった端くれ――――技術のことを少しでも学んだ者。
原理原則――――基本的な決まり。
匹敵する――――同じ程度の。
羅列したり――――ならべたり。
真っ当な――――まともな。
喚起すれば――――よび起こせば。
ちゃちな――――いいかげんで内容がない。
エンジン――――原動力。
琴線に触れる――――心の奥底を刺激し感動させる。

**文章2**

とかく科学の本というと、肩がこる、知識が覚えられる、学校の成績に少しでも役立つ――というような意識が先にたちがちですが、私の場合、(1)おもしろくて、(2)総合的で、(3)発展的な内容を、これからの科学の本の軸にしたいと心がけています。

おもしろいというのは、一冊の本をよみ通し、よく理解してゆく原動力になるだけでなく、もっとよく調べたり、もっと違うものをよんだりするというように、積極的な行動にかりたてるもっとも大事なエネルギーとなるものです。よい本だけれど一頁よんだらねむくなったとかいうのでは残念なきわみなので、私は内容がよければよいほど、おもしろさというものが必要だと考えています。しかし、おもしろさと一口にいっても、子どもだからとて、いや子どもだからこそ、いつも下品でゲラゲラくすぐりだけをよろこぶわけではありません。必ずしだいに内容の深い次元の高いものに興味を発展させ昇華してゆくものと、私は考えています。

二番目の総合性に関連していえば、個々の分野ではすばらしく深い精緻な本が多いのですが、それらは分化し細分化されたまま、その本質や全体像が明示されていないうらみがありました。日本の科学技術の泣き所の一つに、やはり総合力のなさや学界の断層の問題が多くの方から指摘されています。したがって、こまかな個々の分野は他の方におまかせして、私はあまり他の方がおやりにならない総合性をめざしてみたいと考えているものです。

第三の発展性については、今日の科学技術の様相を、ただ現状だけとか、いまいえる限りといったように静的に提示するだけでは十分でありません。なぜそのようになってきたかという姿勢の延長としての未来、どう臨むのが好ましいのかという態度、そうした科学観や社会への視点、未来への洞察といった点が、これからの科学の本、しかも、(イ)これからの将来に生きる子どもたちのための本としては不可欠であると私は考えています。そのことは、好むと好まざるとにかかわらず、作者に態度を明確にすることを迫るでしょう。

（かこさとし『地球』解説　福音館書店による）

〈注〉
- 残念なきわみ――非常に残念。
- くすぐり――笑わせようとすること。
- 昇華してゆく――高めてゆく。
- 精緻な――くわしくて細かい。
- うらみ――残念な点。
- 泣き所――弱点。
- 学界――学問の世界。
- 断層――意見などの食いちがい。
- 様相――ありさま。
- 静的に――変化のない、あるいは少ないものとして。
- 洞察――見通し。

このページには問題は印刷されていません。

〈問題1〉 ㋐＊真っ当な面白さにぶつかる とありますが、「真っ当な面白さにぶつかる」と、子どもはどうなるとかこさんは考えているでしょうか。**文章2** の中から探し、解答らんに合うように二十四字以上三十五字以内で答えなさい。（、や。も字数に数えます。）

〈問題2〉 ㋑これからの将来に生きる子どもたちのための本 とありますが、そのためにかこさんはどのような態度で本を書いているのでしょうか。**文章1** のかこさんの発言の中から探し、解答らんに合うように二十四字以上三十五字以内で答えなさい。（、や。も字数に数えます。）

〈問題3〉 下に示すのは、**文章1** と **文章2** を読んだ後の、**ひかる**さんとある**友だち**とのやりとりです。このやりとりのあと、**ひかる**さんが示したと思われる考えを、四百字以上四百四十字以内で書きなさい。ただし、下の条件と次ページの〈**きまり**〉にしたがうこと。

---

**ひかる**――**文章1** と **文章2** を読んで、科学の本を読んでみたくなりました。

**友だち**――たしかに、かこさんが、むずかしそうな専門知識まで調べた上で本を作っていることはよくわかりました。でも、それだと、私たち子ども向けの本としてはつまらない本になってしまうと思います。

**ひかる**――それは誤解のような気がします。それに、私はかこさんの考えを知って、本を読むときに心がけたいこともできました。

**友だち**――そうですか。**ひかる**さんの考えをくわしく教えてください。

---

条件　次の三段落構成にまとめて書くこと

① 第一段落では、**友だち**の発言の中で誤解をしていると思う点を指摘する。

② 第二段落では、①で示した点について、**文章1** と **文章2** にもとづいて説明する。

③ 第三段落には、①と②とをふまえ、**ひかる**さんがこれから本を読むときに心がけようと思っている点を書く。

〈きまり〉

○題名は書きません。
○最初の行から書き始めます。
○各段落の最初の字は一字下げて書きます。
○行をかえるのは、段落をかえるときだけとします。
○、や。や」なども、それぞれ字数に数えます。これらの記号が行の先頭に来るときには、前の行の最後の字と同じますめに書きます。（ますめの下に書いてもかまいません。）
○。と」が続く場合には、同じますめに書いてもかまいません。この場合、。」で一字と数えます。
○段落をかえたときの残りのますめは、字数として数えます。
○最後の段落の残りのますめは、字数として数えません。

# 適性検査Ⅱ

**注　　意**

1　問題は **1** から **3** までで、**１８**ページにわたって印刷してあります。

2　検査時間は**４５分**で、終わりは**午前１１時００分**です。

3　声を出して読んではいけません。

4　計算が必要なときは、この問題用紙の余白を利用しなさい。

5　答えは全て解答用紙に明確に記入し、**解答用紙だけを提出しなさい。**

6　答えを直すときは、きれいに消してから、新しい答えを書きなさい。

7　**受検番号**を解答用紙の決められたらんに記入しなさい。

東京都立武蔵高等学校附属中学校

問題を解くときに、問題用紙や解答用紙、ティッシュペーパーなどを実際に折ったり切ったりしてはいけません。

**1**　**先生**、**太郎**さん、**花子**さんが、学校生活最後のお楽しみ会の準備をしています。

**先　生**：お楽しみ会では、クラスのみなさんでできる遊びを行いましょう。遊び方をしおりにまとめて、クラスのみなさんに配ろうと思います。１枚の紙の片面から左とじのしおり（**図１**）を作りましょう。

**太　郎**：１枚の紙の片面からしおりを作ることができるのですか。

**花　子**：しおりの作り方（**図２**）によると、１枚の紙を ----- で折り、━━━ を切って、折りたたむと、しおりを作ることができるみたいよ。

**図１**　左とじのしおり

**図２**　しおりの作り方

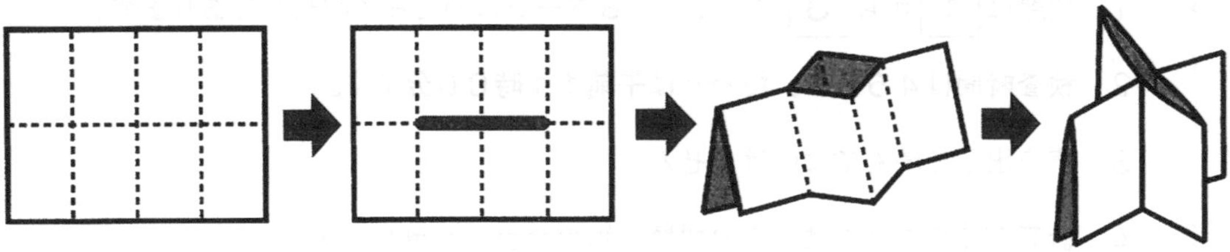

**先　生**：お楽しみ会では二つの遊びを行います。しおりができたら、表紙を１ページとして、最初の遊びの説明を２ページから４ページに、次の遊びの説明を５ページから７ページにのせましょう。８ページは裏表紙になります。

**太　郎**：折りたたみ方によって、しおりの表紙がくる位置や５ページがくる位置が変わってくるね。

**花　子**：それに、文字の上下の向きも変わってくるね。しおりにしたときにすべてのページの文字の向きがそろうように書かないといけないね。

**先　生**：そうですね。では、１枚の紙を折りたたみ、しおりにする前の状態（**図３**）で、しおりの表紙や５ページがどの位置にくるのか、またそれぞれ上下どの向きで文字を書けばよいのかを下書き用の用紙に書いて確かめておきましょう。

〔問題1〕　１枚の紙を折りたたみ、左とじのしおり（**図1**）を作るとき、しおりの表紙と５ページは、しおりにする前の状態（**図3**）ではどの位置にくるのでしょうか。また、それぞれ上下どちらの向きで文字を書けばよいですか。

解答用紙の図の中に、表紙の位置には「表」という文字を、５ページの位置には「五」という文字を**図4**のように文字の上下の向きも考え、書き入れなさい。

**図3**　しおりにする前の状態

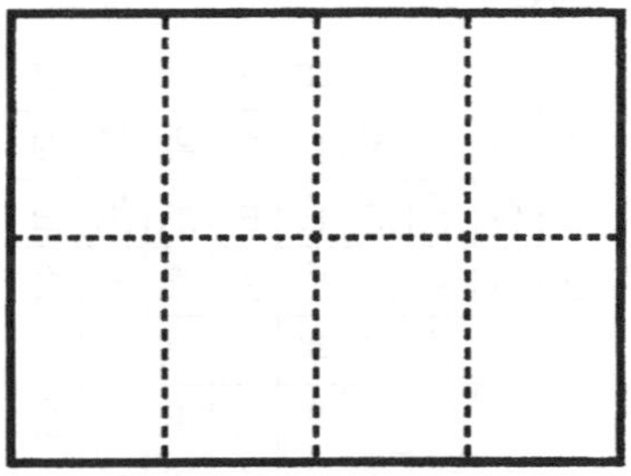

**図4**　文字の書き方

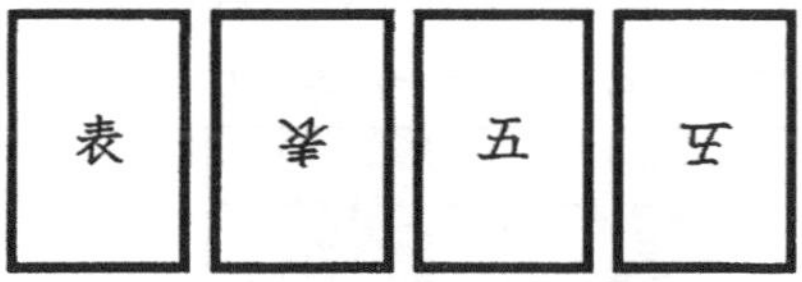

先　生：しおりの２ページから４ページには、「白と黒の２色でぬられた模様を漢字や数字で相手に伝える遊び方」の説明をのせます。

花　子：どのような遊びですか。

先　生：例えば、伝える人は模様（**図5**）を漢字で表現（**図6**）します。答える人は、伝えられた表現から模様を当てるという遊びです。横の並びを「行」といい、縦の並びを「列」といいます。

**図5**　白と黒の２色でぬられた模様

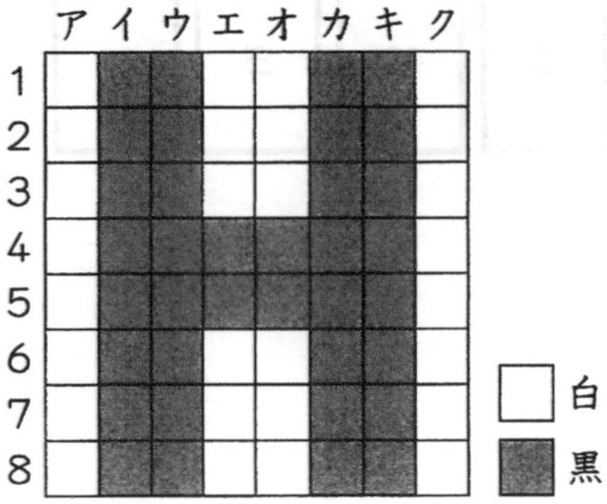


**図6**　漢字で表現した模様

| | ア | イ | ウ | エ | オ | カ | キ | ク |
|---|---|---|---|---|---|---|---|---|
| 1 | 白 | 黒 | 黒 | 白 | 白 | 黒 | 黒 | 白 |
| 2 | 白 | 黒 | 黒 | 白 | 白 | 黒 | 黒 | 白 |
| 3 | 白 | 黒 | 黒 | 白 | 白 | 黒 | 黒 | 白 |
| 4 | 白 | 黒 | 黒 | 黒 | 黒 | 黒 | 黒 | 白 |
| 5 | 白 | 黒 | 黒 | 黒 | 黒 | 黒 | 黒 | 白 |
| 6 | 白 | 黒 | 黒 | 白 | 白 | 黒 | 黒 | 白 |
| 7 | 白 | 黒 | 黒 | 白 | 白 | 黒 | 黒 | 白 |
| 8 | 白 | 黒 | 黒 | 白 | 白 | 黒 | 黒 | 白 |

太　郎：全部で６４個の漢字を使って模様を表現していますね。６４個も答える人に伝えるのは大変ではないでしょうか。

先　生：そうですね。ではここで、数字も取り入れて、１行ずつ考えていくと（約束１）、より少ない漢字と数字の個数で模様を表現することができますよ。

> 約束１
> ①上から１行ごとに、左から順にますの漢字を見る。
> ②漢字が白から始まるときは「白」、黒から始まるときは「黒」と最初だけ漢字を書く。
> ③白または黒の漢字が続く個数を数字で書く。

花　子：**図6**の模様については、１行めは白から始まるから、最初の漢字は「白」になりますね。左から白が１個、黒が２個、白が２個、黒が２個、白が１個だから、

白１２２２１

という表現になります。漢字と数字を合わせて６個の文字で表現できますね。２行めと３行めも１行めと同じ表現になりますね。

先　生：そうですね。４行めと５行めは、白から始まり、白が１個、黒が６個、白が１個ですから、

白１６１

という表現になります。

**太　郎**：６行めから８行めも１行めと同じ表現になりますね。そうすると、漢字と数字を合わせて４４個の文字で**図６**の模様を表現できました(**図７**)。［約束１］を使うと**図６**よりも２０個も文字を少なくできましたね。漢字と数字の合計の個数をもっと少なくすることはできないのかな。

**先　生**：別の約束を使うこともできますよ。今度は、１列ずつ考えていきます（［約束２］）。

**図７**　［約束１］を使った表現

白１２２２１
白１２２２１
白１２２２１
白１６１
白１６１
白１２２２１
白１２２２１
白１２２２１

［約束２］

①ア列から１列ごとに、上から順にますの漢字を見る。
②文字が白から始まるときは「白」、黒から始まるときは「黒」と最初だけ漢字を書く。
③白または黒の漢字が続く個数を数字で書く。

**花　子**：**図６**の模様については、**図８**のように表現できるから、漢字と数字を合わせて２０個の文字で模様を表現できました。［約束１］に比べて［約束２］を使ったほうが、２４個も文字を少なくできましたね。
伝える人は、［約束２］を使って答える人に模様を伝えるのがよいと思います。

**先　生**：どのような模様であっても［約束２］で表現するのがよいのでしょうか。別の模様でも考えてみましょう。

**図８**　［約束２］を使った表現

| | | | | | | | |
|---|---|---|---|---|---|---|---|
| 白 | 黒 | 黒 | 白 | 白 | 黒 | 黒 | 白 |
| ８ | ８ | ８ | ３ | ３ | ８ | ８ | ８ |
| | | | ２ | ２ | | | |
| | | | ３ | ３ | | | |

〔問題２〕　**図９**はある模様を［約束１］で表現したものです。この模様を［約束２］で表現したとき、漢字と数字の合計の個数がいくつになるのかを答えなさい。

　また、［約束１］と［約束２］のどちらを使ったほうが表現する漢字と数字の合計の個数が少なくできるのか答えなさい。さらに、少なくできる理由を説明しなさい。考えるときに**図１０**を使ってもよい。

**図９**　［約束１］を使った表現

白８
黒７１
黒１７
白１１６
白２１５
白１１６
黒１７
黒８

**図１０**

| | ア | イ | ウ | エ | オ | カ | キ | ク |
|---|---|---|---|---|---|---|---|---|
| １ | | | | | | | | |
| ２ | | | | | | | | |
| ３ | | | | | | | | |
| ４ | | | | | | | | |
| ５ | | | | | | | | |
| ６ | | | | | | | | |
| ７ | | | | | | | | |
| ８ | | | | | | | | |

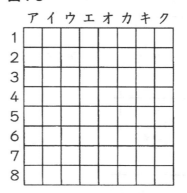

**先　生**：しおりの５ページから７ページには、**図１１**のような「磁石がついているおもちゃ（てんとう虫型）を鉄製の箱の表面で動かす遊び方」の説明をのせます。
**図１２**のように鉄製の箱の表面にはますがかかれていて、使う面は前面と上面と右面だけです。

**図１１**

**図１２**

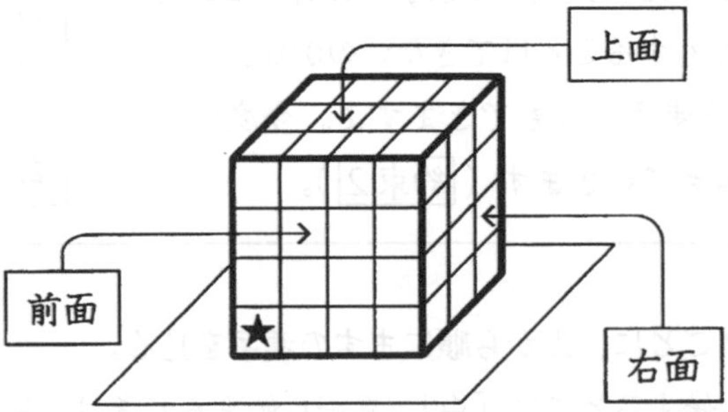


**太　郎**：どのような遊びですか。

**先　生**：**表１**にあるカードを使って、「★」の位置から目的の位置まで、指定されたカードの枚数でちょうど着くようにおもちゃを動かす遊びです。最初に、おもちゃを置く向きを決めます。次に、おもちゃを動かすカードの並べ方を考えます。同じカードを何枚使ってもかまいませんし、使わないカードがあってもかまいません。では、まずはカードの枚数を気にしないでやってみましょう。例えば、目的の位置を「う」の位置とします（**図１３**）。**表１**をよく読んで、おもちゃの動かし方を考えてみてください。

**表1**

| カード番号 | カード | おもちゃの動かし方 |
|---|---|---|
| ① |  | 同じ面で１ます前に動かす |
| ② |  | 同じ面で２ます前に動かす |
| ③ |  | そのままで右に９０度回転させる |
| ④ |  | そのままで左に９０度回転させる |
| ⑤ |  | 面を変えながら１ます前に動かす |

**図１３**

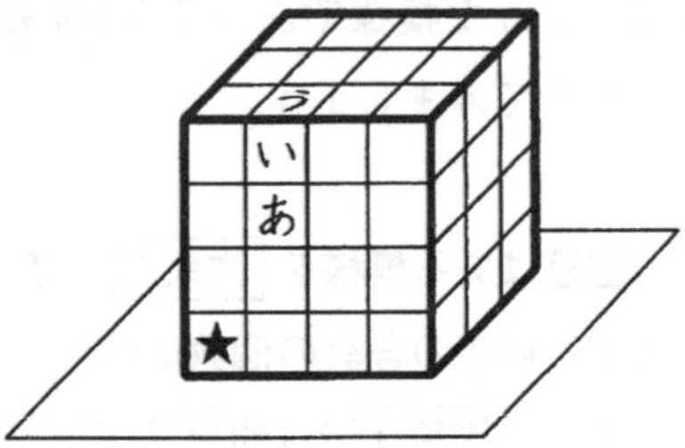


**太　郎**：私は、最初におもちゃを**図１４**のように置いて、このように考えました。

**図１４**

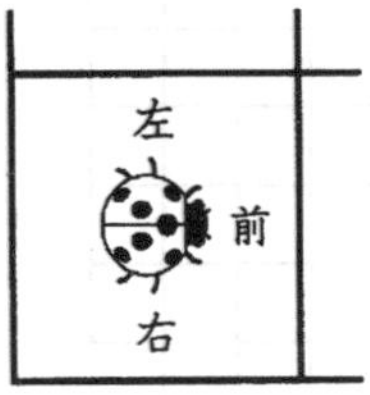

（カード番号　①　④　②　①　⑤　）

**先　生**：そうですね。「あ」の位置でまず  のカードを使って「い」の位置に動かし、それから  のカードを使って面を変えながら１ます前に動かすことで「う」の位置にたどりつきます。

**花　子**：私は、最初におもちゃを**図１５**のように置いて、このように考えました。

**図１５**

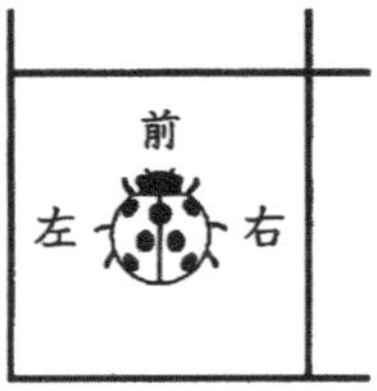

（カード番号　②　①　③　①　④　⑤　）

**先　生**：そうですね。花子さんの並べ方では、「い」の位置でまず  のカードを使っておもちゃの向きを変え、それから  のカードを使って面を変えながら１ます前に動かすことで「う」の位置にたどりつきます。

**花　子**：お楽しみ会ではカードの枚数を指定して遊びましょう。

**太　郎**：お楽しみ会の日が待ち遠しいですね。

〔問題３〕 **図１６**のように「★」の位置から「え」の位置を必ず通るようにして、「お」の位置までおもちゃを動かします。**表１**のカードを１０枚使って、おもちゃを動かすとき、使うカードの種類とカードの並(なら)べ方を考えなさい。

最初に、「★」の位置に置くおもちゃの向きを**図１７**から選び、解答用紙の（　）内に○をつけなさい。

次に、おもちゃを動かすカードの並べ方を、**表１**にある①から⑤のカード番号を使って左から順に書きなさい。

**図１６**

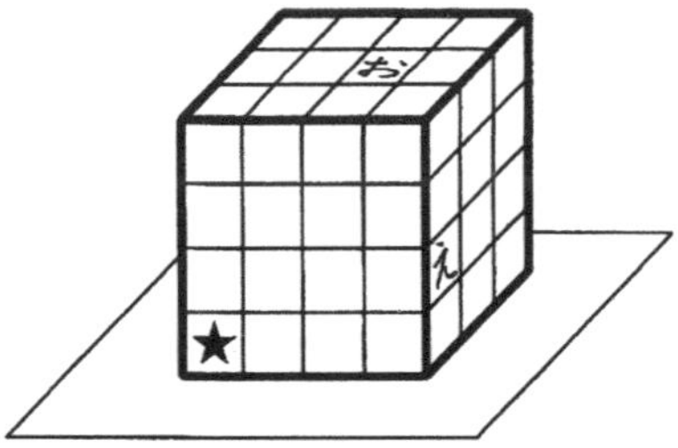


**図１７**

（　　）

（　　）

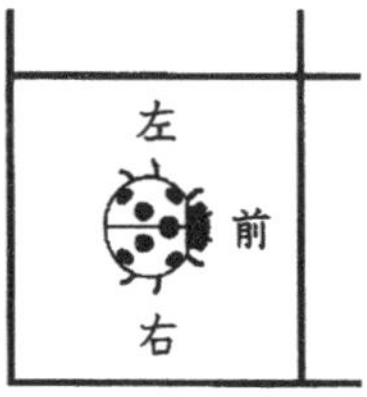

このページには問題は印刷されていません。

**2**　ある日の**武蔵**さんと**お父さん**の会話です。

**父**　：今日はペットボトルの回収日だね。
**武蔵**：そうだね。缶やペットボトルはリサイクルに回されるんだよね。
**父**　：リサイクルは「じゅんかん型社会」の実現に向けて、大切なことなんだ。
**武蔵**：「じゅんかん型社会」って、どういう意味なの。
**父**　：材料やエネルギーを大切にし、くり返し使う社会を「じゅんかん型社会」と言うんだよ。
**武蔵**：リサイクルをすることでごみを減らすこともできるね。消費者のリサイクルの意識は高いのかな。年代によってもちがいそうだね。
**父**　：毎日のくらしの中で、ごみを少なくする配りょやリサイクルを実施しているかを年代別に聞いた調査結果があるよ（**図1**）。２０歳代と４０歳代や６０歳代の年代と比べてみると、年代によるちがいが分かるね。

**図1**　日本国内におけるごみを少なくする配りょやリサイクルの実施について

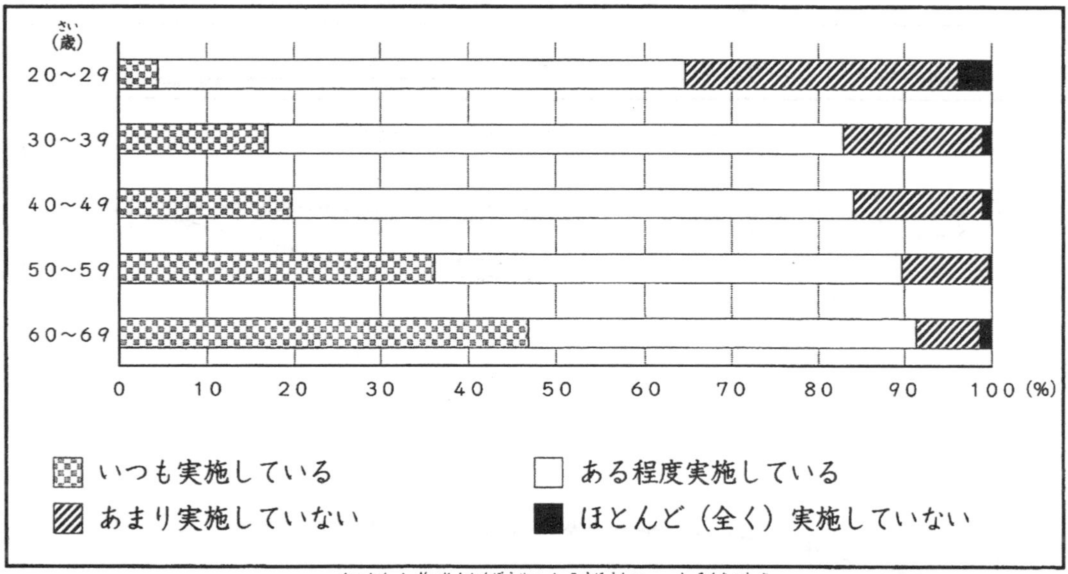


（内閣府大臣官房政府広報室　世論調査（２０１２年）より作成）

〔問題１〕　**図1**から、４０歳代、または６０歳代のどちらかを選び、２０歳代と比べて二つの年代にどのようなちがいがあるか、解答らんの（　　）にあてはまる数字を入れ、説明しなさい。なお、数字は１０、２０というように一の位を０とする数字を使用しなさい。

**武蔵**：ところで、ペットボトルのようにリサイクルができる容器は、毎年どのくらいはん売されて、どのくらいリサイクルをしているんだろう。

武蔵さんは日本国内におけるアルミ缶、スチール缶、ペットボトルそれぞれのはん売量を**図2**に、**図2**の三つの容器と紙パックをふくめた各容器のリサイクル率（または回収率）を**図3**に、調べてまとめてみました。

**図2**　日本国内における各容器のはん売量

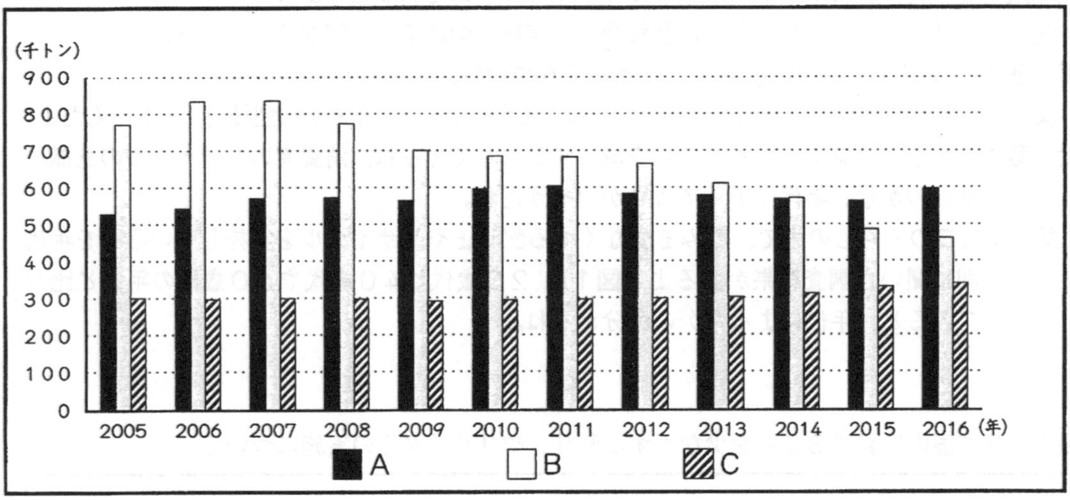


**図3**　日本国内における各容器のリサイクル率（または回収率）

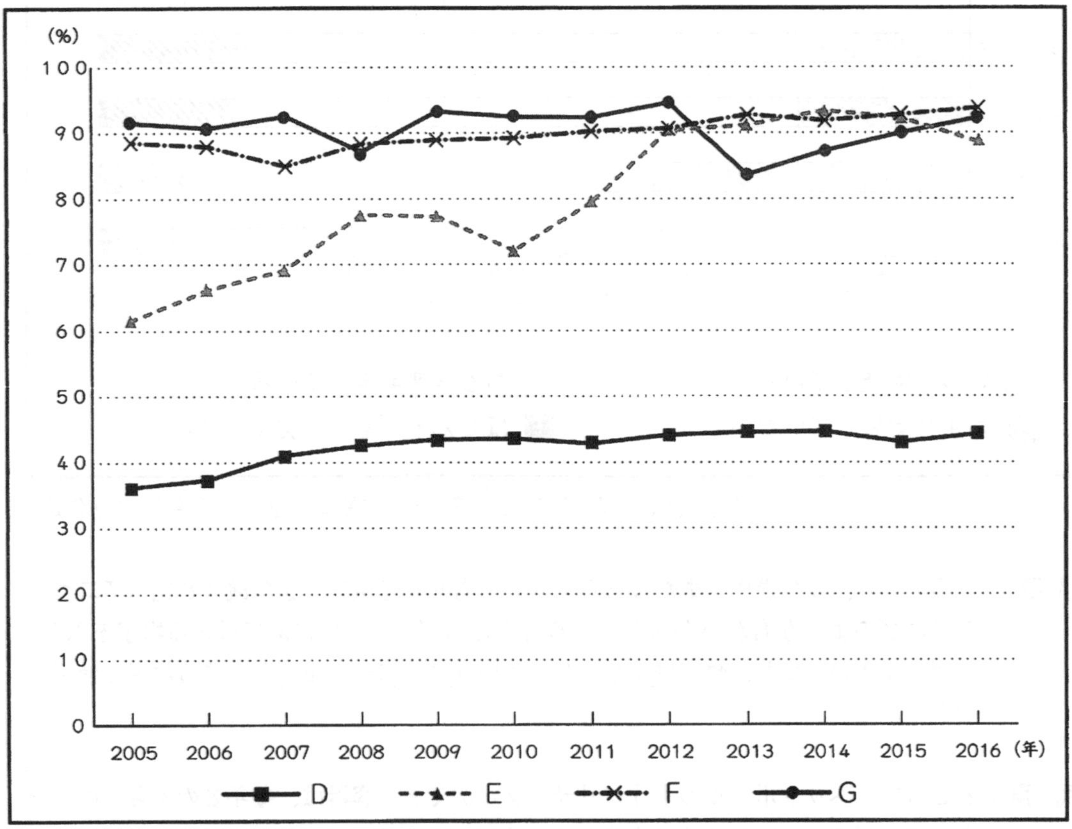


※アルミ缶とスチール缶はリサイクル率、ペットボトルと紙パックは回収率を示す。

（**図2**、**図3**はスチール缶リサイクル協会、アルミ缶リサイクル協会などの各資料より作成）

父　：はん売量もリサイクル率（または回収率）も容器によって変化の様子にちがいがあるね。

武　蔵：アルミ缶のはん売量は、２０１３年にはスチール缶のおよそ半分しかなかったけれど、２０１６年には3分の２以上になっているね。アルミ缶のリサイクル率は２０１３年に一時下がったけれど、翌年（よくねん）から少しずつ高くなってきているよ。

父　：アルミ缶はさびにくい性質をもっているし、熱をよく伝えて、温めたり、冷やしたりすることが短い時間でできる利点があるね。

武　蔵：スチール缶のはん売量は、２００７年が一番多く、その後は毎年減ってきているよ。スチール缶のリサイクル率は毎年ほとんど変わらず高く、２０１６年は他の容器と比べて一番高いね。

父　：リサイクル率が高い理由として、スチール缶を分別の対象にしている市町村が、約９７%と高い割合（わりあい）をしめていることがあげられるよ。それに集められた使用済（ず）みのスチール缶は、全国にある多くの製鉄工場でいろいろな鉄製品に再生されているんだ。

武　蔵：ペットボトルのはん売量は、２０１１年以降（いこう）少しずつ減ってきたけれど、2016年には増えているよ。ペットボトルの回収率は２０１４年以降少しずつ下がってきているね。

父　：ペットボトルの回収率が下がっているのは、手軽に持ち運びでき、回収されずに捨（す）てられてしまうことも考えられるね。それに回収に出す時はラベルをはがし、キャップをはずさないといけないよね。こうした手間がかかることが回収率を下げている理由の一つとも言われているよ。

武　蔵：牛乳（ぎゅうにゅう）などの紙パックも洗（あら）って、開（ひら）いて、かわかしてから回収に出すよね。手間がかかるから、回収率は低いのかな。

父　：それもあるだろうね。

武　蔵：回収に出さずに、他の紙くずといっしょにごみとして出してしまうこともあるよね。

父　：雑紙（ざつがみ）や雑誌類（ざっしるい）など他の古紙といっしょに回収されてしまい、回収後に資源化（しげんか）されながらも、回収量に加えられないものもあるようだよ。それに他の容器に比べて回収場所が少ないこともあるね。

武　蔵：紙パックは再生されてトイレットペーパーやティッシュペーパーなどになるから、ごみとして出さずに、大切な資源として考えないといけないね。

〔問題２〕（１）　アルミ缶（かん）、スチール缶、ペットボトルの三つの容器から一つ選び、武蔵さんとお父さんの会話文をふまえて、選んだ容器のはん売量に当てはまるものを**図２**中のA、B、Cから一つ、リサイクル率（または回収率）に当てはまるものを**図３**中のD、E、F、Gから一つ選び、記号で答えなさい。なお、**図３**には紙パックがふくまれている。

（２）　**図３**中のDの容器のリサイクル率（または回収率）が他の容器に比べて、なぜ低いのか、武蔵さんとお父さんの会話文をふまえて、その理由を書きなさい。

武　蔵：各容器のリサイクルの状きょうが分かったけれど、ごみの量は減っているのかな。

父　：これまでのごみの総はい出量を調べてまとめてみたよ（**図４**）。

**図4**　日本国内における各年度のごみの総はい出量

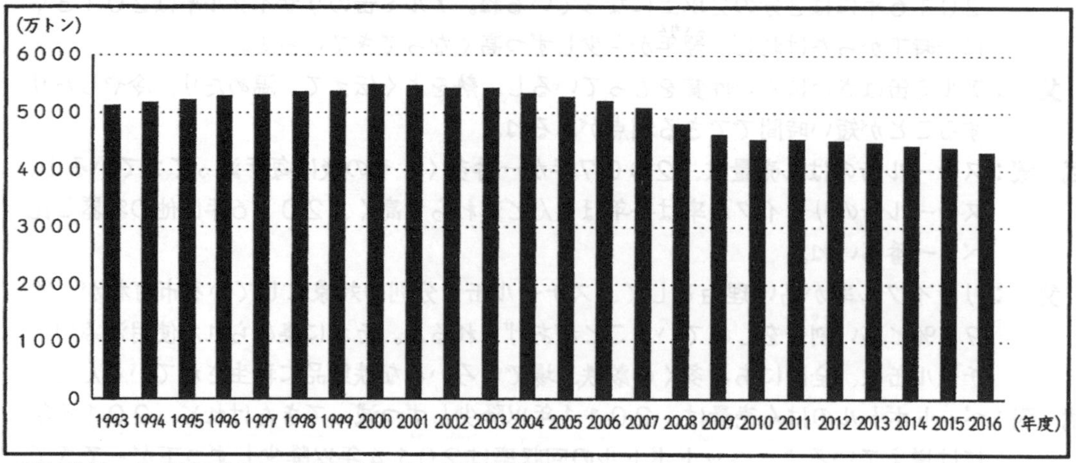


（環境省「一般廃棄物の排出及び処理状況等（２０１６年度）について」などより作成）

**武　蔵**：図4の２０００年度と２０１６年度を比べると、ごみの総はい出量は減っていることが分かるね。どうして減ったのだろう。

**父**　：２０００年頃に国がリサイクルをすすめるための法律をつぎつぎと制定したことと、国民にリサイクルやごみの減量化の意識が広がってきたことが関係ありそうだね。

**武　蔵**：消費者が、容器包装のリサイクルを意識するようになった要因はなにかな（**図5**）。

**図5**　消費者が容器包装のリサイクルを意識するようになった要因（複数回答）

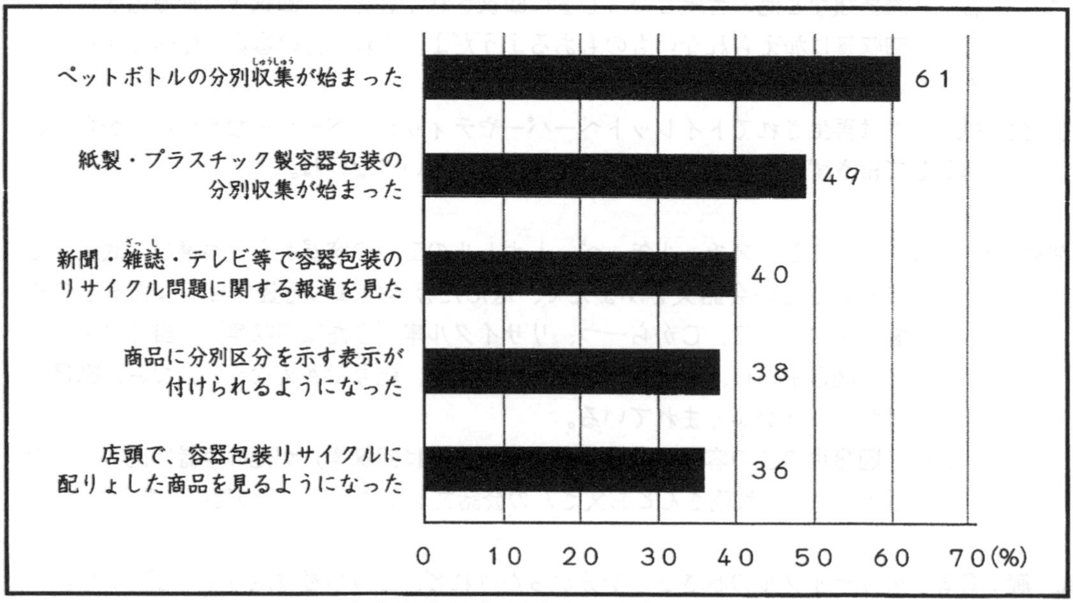


（経済産業省産業構造審議会の資料（２００５年）より作成）

父　：しだいに消費者がむだなものを買わない、もらわないように心がけるようになってきたんだね。それに消費者が買い物をする時に、ごみになる量が少ない製品や食品を選んで買うこともごみの減量化につながるね。

武　蔵：ごみを回収する各市町村はごみの減量化のために、なにか工夫（くふう）しているのかな。

父　：それぞれの市町村が、ごみ出しを有料化することやごみの分別を徹底（てってい）させているね。そのまま捨ててしまえばごみとなるものも分別することで再利用できるので、ごみの減量化になるね。

武　蔵：生産者側はどうだろう。製品をつくる際、ごみを減らすことを考えて作っているのかな。

父　：そうだよ。生産者も容器の素材や大きさを見直して、できるだけ容器の厚みをうすくしたり、小さくしたりして、軽量化をはかっているんだよ。軽量化することはごみの減量化につながるからね。また、使い終わった容器をもう一度原料にもどして製品に再生する、そのようなリサイクル製品を作る生産者の努力もみられるようになったね。

武　蔵：消費者、市町村、生産者、そして国、それぞれがごみを減らすことを考えて行動しているのかな。

〔問題３〕　市町村の立場または生産者の立場のどちらかを選び、なぜごみの総はい出量が減少したのか、**図５**の資料と、武蔵さんとお父さんの会話文をふまえて、あなたが選んだ立場から考えられる理由を三つあげなさい。

このページには問題は印刷されていません。

**3** **太郎**さん、**花子**さん、**先生**が先日の校外学習について話をしています。

**太　郎**：校外学習の紙すき体験で、和紙は水をよく吸うと教えてもらったね。
**花　子**：和紙と比べて、プリント用の紙、新聞紙、工作用紙などのふだん使っている紙は、水の吸いやすさにちがいがありそうだね。和紙と比べてみよう。

二人は先生のアドバイスを受けながら、和紙、プリント用の紙、新聞紙、工作用紙について、**実験１**をしました。

**実験１**　水の吸いやすさを調べる実験

1　実験で使う紙の面積と重さをはかる。
2　容器に水を入れ、水の入った容器全体の重さを電子てんびんではかる。
3　この容器の中の水に紙を１分間ひたす。
4　紙をピンセットで容器の上に持ち上げ、３０秒間水を落とした後に取り除く。
5　残った水の入った容器全体の重さを電子てんびんではかる。
6　２の重さと５の重さの差を求め、容器から減った水の重さを求める。

**太　郎**：**実験１**の結果を**表１**のようにまとめたよ。
**花　子**：容器から減った水の重さが多いほど、水を吸いやすい紙といえるのかな。
**太　郎**：実験で使った紙は、面積も重さもそろっていないから、水の吸いやすさを比べるにはどちらか一方を基準にしたほうがいいよね。
**花　子**：紙の面積と紙の重さのどちらを基準にしても、水の吸いやすさについて、比べることができるね。

**表１**　**実験１**の結果

| | 和紙 | プリント用の紙 | 新聞紙 | 工作用紙 |
|---|---|---|---|---|
| 紙の面積（$cm^2$） | ４０ | ８０ | ２００ | ５０ |
| 紙の重さ（g） | ０.２ | ０.５ | ０.８ | １.６ |
| 減った水の重さ（g） | ０.８ | ０.７ | ２.１ | ２ |

〔問題１〕　和紙の水の吸いやすさについて、あなたが比べたい紙をプリント用の紙、新聞紙、工作用紙のうちから一つ選びなさい。さらに、紙の面積と紙の重さのどちらを基準にするかを書き、あなたが比べたい紙に対して、和紙は水を何倍吸うかを**表１**から求め、小数で答えなさい。ただし、答えが割りきれない場合、答えは小数第二位を四捨五入して小数第一位までの数で表すこととする。

**花　子**：紙すき体験では、あみを和紙の原料が入った液に入れて、手であみを前後左右に動かしながら原料をすくったね。

**太　郎**：和紙の原料は、コウゾやミツマタなどの植物のせんいだったよ。

**花　子**：**図1**を見ると、和紙は、せんいの向きがあまりそろっていないことが分かるね。

**図1**　和紙のせんいの拡大写真

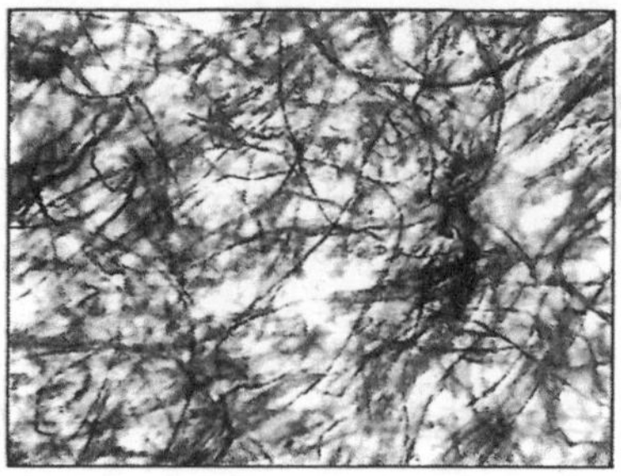

**太　郎**：ふだん使っている紙は、和紙とどのようにちがうのですか。

**先　生**：学校でふだん使っている紙の主な原料は、和紙とは別の植物のせんいです。また、機械を使って、あみを同じ向きに動かし、そこに原料をふきつけて紙を作っています。だから、和紙と比べると、より多くのせんいの向きがそろっています。

**花　子**：ふだん使っている紙のせんいの向きを調べてみたいです。

先生は、プリント用の紙、新聞紙、工作用紙のそれぞれについて、一つの角を選び、**A**方向・**B**方向と名前をつけて、**図2**のように示しました。

**図2**　方向の名前のつけ方

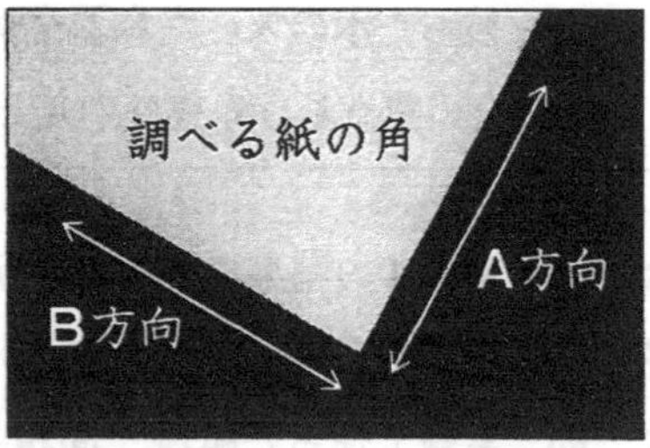


**太　郎**：それぞれの紙について、せんいの向きが**A**方向と**B**方向のどちらなのかを調べるには、どのような実験をしたらよいですか。

**先　生**：**実験2**と**実験3**があります。**実験2**は、紙の一方の面だけを水にぬらした時の紙の曲がり方を調べます。ぬらした時に曲がらない紙もありますが、曲がる紙については、曲がらない方向がせんいの向きです。

**花　子**：それぞれの紙について、先生が選んだ一つの角を使って同じ大きさの正方形に切り取り、**実験2**をやってみます。

**実験2**の結果は、**図3**のようになりました。

**図3**　**実験2**の結果

| プリント用の紙 | 新聞紙 | 工作用紙 |
|---|---|---|
| 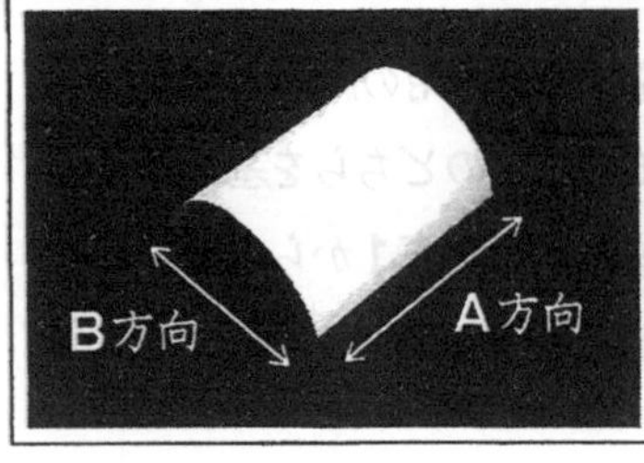 | 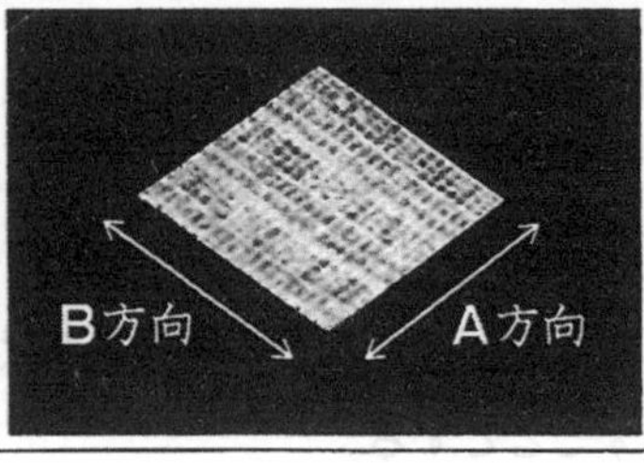 | 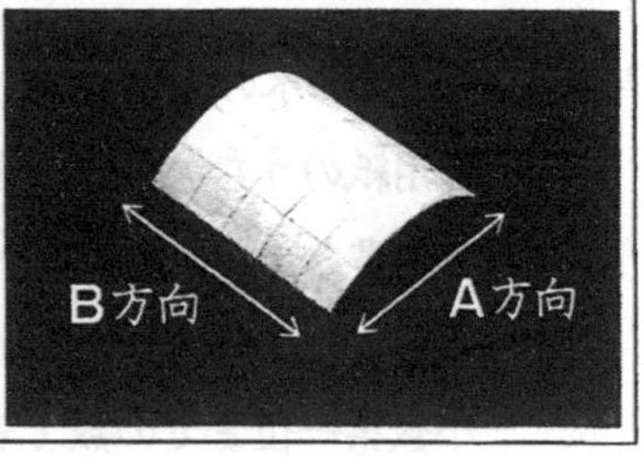 |

**花　子**：**実験3**はどのようなものですか。

**先　生**：短冊の形に切った紙の垂れ下がり方のちがいを調べます。紙には、せんいの向きに沿って長く切られた短冊の方が垂れ下がりにくくなる性質がありますが、ちがいが分からない紙もあります。

**太　郎**：短冊は、同じ大きさにそろえた方がいいよね。

**花　子**：**A**方向と**B**方向は、紙を裏返さずに**図2**で示された方向と同じにしないといけないね。

二人は、**図2**で先生が方向を示した紙について、**図4**のように**A**方向に長い短冊**A**と、**B**方向に長い短冊**B**を切り取りました。そして、それぞれの紙について**実験3**を行いました。その結果は、**図5**のようになりました。

**図4**　短冊の切り取り方

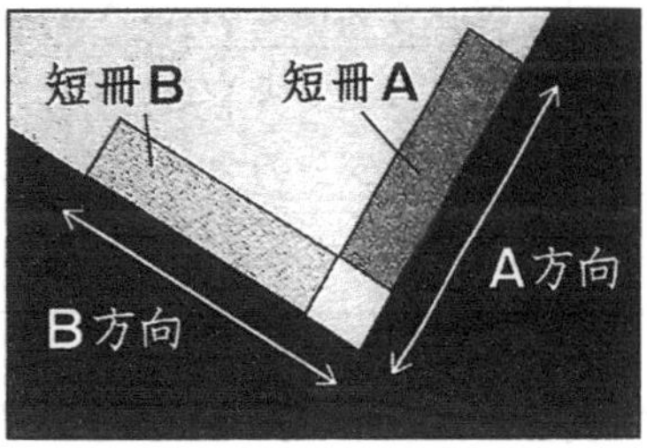


**図5**　**実験3**の結果

| | プリント用の紙 | 新聞紙 | 工作用紙 |
|---|---|---|---|
| 短冊A |  |  |  |
| 短冊B |  | 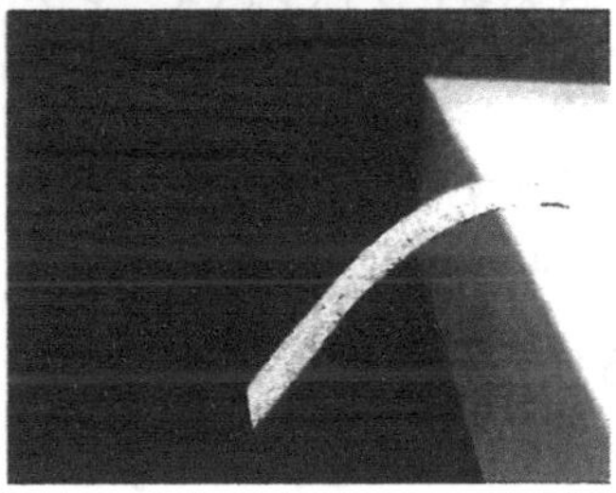 |  |

**太　郎**：**実験2**と**実験3**の結果を合わせれば、プリント用の紙、新聞紙、工作用紙のせんいの向きが分かりそうですね。

〔問題2〕　プリント用の紙、新聞紙、工作用紙のうちから一つ選び、選んだ紙のせんいの向きは、**図2**で示された**A**方向と**B**方向のどちらなのか答えなさい。また、そのように答えた理由を**実験2**の結果と**実験3**の結果にそれぞれふれて説明しなさい。

太　郎：私(わたし)たちが校外学習ですいた和紙を画用紙にはって、ろう下のかべに展示(てんじ)しようよ。

先　生：昔から使われているのりと同じようなのりを使うといいですよ。

花　子：どのようなのりを使っていたのですか。

先　生：でんぷんの粉と水で作られたのりです。それをはけでぬって使っていました。次のような手順でのりを作ることができます。

〔のりの作り方〕

1　紙コップに2gのでんぷんの粉を入れ、水を加える。
2　割(わ)りばしでよく混ぜて、紙コップを電子レンジに入れて20秒間加熱する。
3　電子レンジの中から紙コップを取り出す。
4　ふっとうするまで2と3をくり返し、3のときにふっとうしていたら、冷ます。

太　郎：加える水の重さは決まっていないのですか。

先　生：加える水の重さによって、紙をはりつけたときのはがれにくさが変わります。

花　子：<u>なるべく紙がはがれにくくなるのりを作るために加える水の重さ</u>を調べたいです。

先　生：そのためには、加える水の重さを変えてできたのりを使って、**実験4**を行うといいです。

太　郎：どのような実験ですか。

先　生：**実験4**は、和紙をのりで画用紙にはってから1日おいた後、**図6**のようにつけたおもりの数を調べる実験です。同じ重さのおもりを一つずつ増やし、和紙が画用紙からはがれたときのおもりの数を記録します。

花　子：おもりの数が多いほど、はがれにくいということですね。

先　生：その通りです。ここに実験をするためのでんぷんの粉が5回分ありますよ。はけでぬるためには、加える水の重さは1回あたり50g以上は必要です。また、紙コップからふきこぼれないように、150g以下にしておきましょう。

太　郎：のりしろは5回とも同じがいいですね。

**図6　実験4のようす**
**（横からの図）**

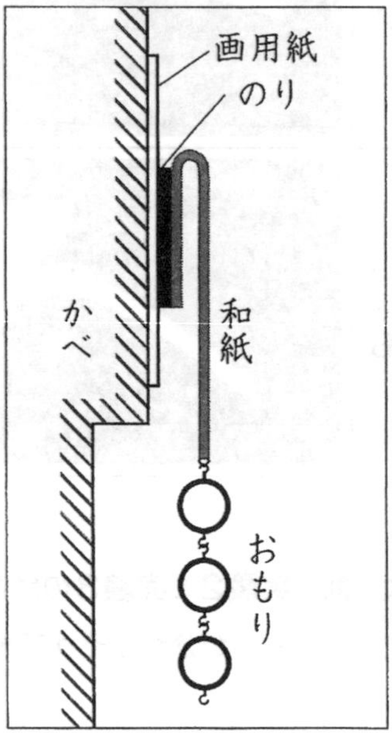


二人は、1回めとして、加える水の重さを50gにしてできたのりを使って、**実験4**を行いました。そして、2回めと3回めとして、加える水の重さをそれぞれ60gと70gにしてできたのりを使って、**実験4**を行いました。その結果は、**表2**のようになりました。

**表2**　１回めから３回めまでの**実験４**の結果

| | １回め | ２回め | ３回め |
|---|---|---|---|
| 加える水の重さ（g） | ５０ | ６０ | ７０ |
| おもりの数（個） | ４４ | ４６ | ５３ |

**花　子**：さらに加える水を増やしたら、どうなるのかな。たくさん実験したいけれども、でんぷんの粉はあと２回分しか残っていないよ。

**先　生**：では、あと２回の実験で、なるべく紙がはがれにくくなるのりを作るために加える水の重さを何gにすればよいか調べてみましょう。のりを作る手順は今までと同じにして、４回めと５回めの**実験４**の計画を立ててみてください。

**太　郎**：では、４回めは、加える水の重さを１００gにしてやってみようよ。

**花　子**：５回めは、加える水の重さを何gにしたらいいかな。

**太　郎**：それは、４回めの結果をふまえて考える必要があると思うよ。

**花　子**：なるほど。４回めで、もし、おもりの数が［ **(あ)** ］だとすると、次の５回めは、加える水の重さを［ **(い)** ］にするといいね。

**先　生**：なるべく紙がはがれにくくなるのりを作るために、見通しをもった実験の計画を立てることが大切ですね。

〔問題３〕（１）　５回めの**実験４**に使うのりを作るときに加える水の重さを考えます。あなたの考えにもっとも近い［ **(あ)** ］と［ **(い)** ］の組み合わせを、次の**A**～**D**のうちから一つ選び、記号で書きなさい。

**A**　**(あ)** ３５個　**(い)**　８０g
**B**　**(あ)** ４５個　**(い)** １１０g
**C**　**(あ)** ６０個　**(い)**　９０g
**D**　**(あ)** ７０個　**(い)** １３０g

（２）　あなたが（１）で選んだ組み合わせで実験を行うと、なぜ、なるべく紙がはがれにくくなるのりを作るために加える水の重さを調べることができるのですか。３回めの**実験４**の結果と関連付けて、理由を説明しなさい。

# 適性検査Ⅲ

**注　　意**

1　問題は 1 から 2 までで、１０ページにわたって印刷してあります。

2　検査時間は**４５分**で、終わりは**午後０時１５分**です。

3　声を出して読んではいけません。

4　計算が必要なときは、この問題用紙の余白を利用しなさい。

5　答えは全て解答用紙に明確に記入し、**解答用紙だけを提出しなさい。**

6　答えを直すときは、きれいに消してから、新しい答えを書きなさい。

7　**受検番号**を解答用紙の決められたらんに記入しなさい。

東京都立武蔵高等学校附属中学校

問題を解くときに、問題用紙や解答用紙、ティッシュペーパーなどを実際に折ったり切ったりしてはいけません。

**1** **はるき**さん、**なつよ**さん、**あきお**さん、**ふゆみ**さんの４人は、運動会で、入学する前の子供たちが参加する競技の景品を作っています。

**はるき**：さまざまな色の折り紙を細かく切って、丸く切りとった厚紙で作ったメダルにはると、きれいな模様になるから、参加する子供たちも喜んでくれそうだね。

**なつよ**：金や銀の他にも、さまざまな色の折り紙を使って作ろうよ。

４人は、さまざまな色の折り紙を細かく切りました。

**ふゆみ**：細かい紙がたくさんできてきたね。

**はるき**：切る前に紙の上に直線を引いて線に合わせて切ると切りやすいよ。

**なつよ**：２本の直線で四角形を分けると、直線の引き方によっては三つか四つの部分に分けることができそうだね（**図１**）。

**あきお**：３本だと四つから七つまでの部分に分けることができそうだね（**図２**）。直線の数を増やしていくとどうなるかな。

**図１**　２本で分けた例

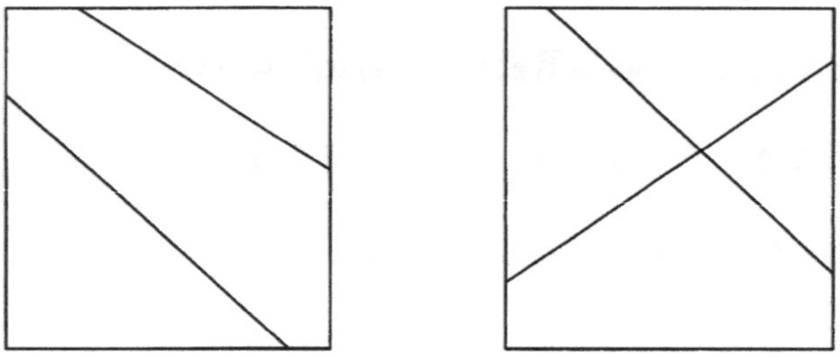

**図２**　３本で分けた例

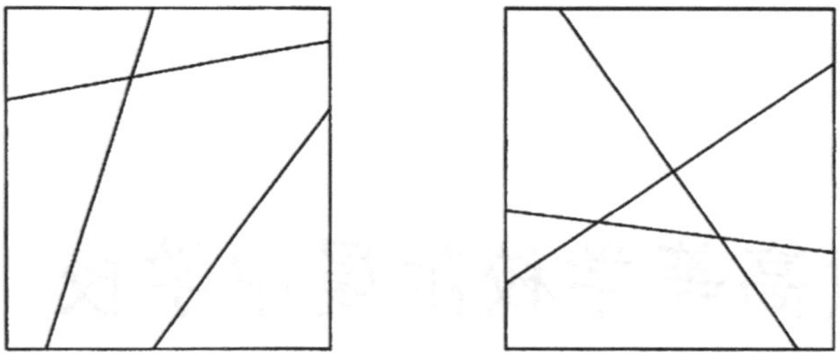

〔問題１〕　正方形の紙に直線を引いて、いくつかの部分に分けることを考えます。

（１）　紙に直線４本を引いて最も多く分けるとき、あなたならどのように線を引きますか。解答用紙の図に直線を４本引き、分けられる部分の数を答えなさい。

（２）　紙に直線７本を引いて最も少なく分けるとき、分けられる部分の数を答えなさい。また、どのように考えて直線を引いたのか、言葉で説明しなさい。

**あきお：**紙を細かく切るのは結構大変だね。

**ふゆみ：**折り紙を何回か折ってまとめて切ると、切る回数を少なくできそうだね。

**はるき：図３**のように谷折りで２回折って右上の部分を切ると４枚の細かい紙が切りとられるんだね。

**図３**

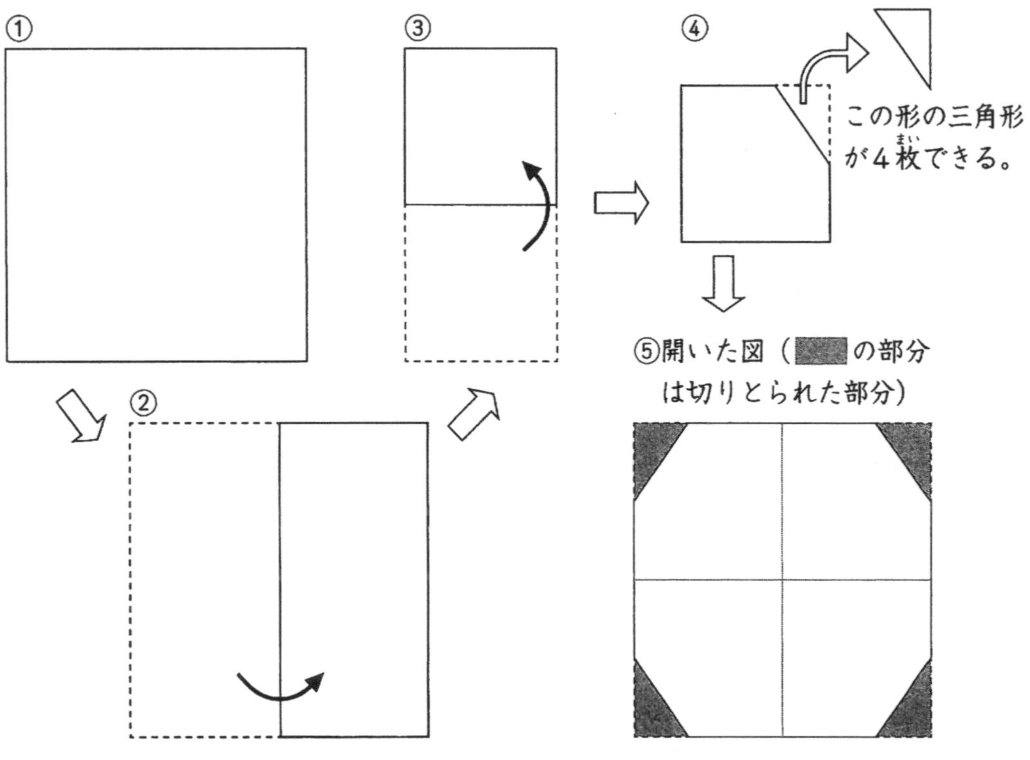

**なつよ**：折り紙を何回か折って切ると、切り方によっては折り紙を開いたときに、色々な形を作ることもできそうだね。

**あきお**：本当だ、上下左右対称な形ができるんだね。

**ふゆみ**：切り方によっては、残った紙の面積も変わるね。

**はるき**：紙の切る部分や切り方のルールを決めて、紙を切ってみよう。

〔問題２〕　１辺が２０ｃｍの正方形の紙を**図３**の②、③のように２回折りたたむ。折りたたんだときに、見えている面を四つの正方形に分け、それぞれの対角線が交わる点のうち３か所を「●」で示したものが、**図４**である。**図４**の点線部分の一部を下のルールに従って切り、折り紙を開くとどのような図形になっているか、解答用紙の図にかき、**ア**をふくむ紙の面積も答えなさい。

なお、**ア**をふくまない紙の切り取られた部分は、**図３**の⑤のようにぬりなさい。また、**ア**の「○」はもとの大きさの正方形の紙の中心を表している。

**図４**

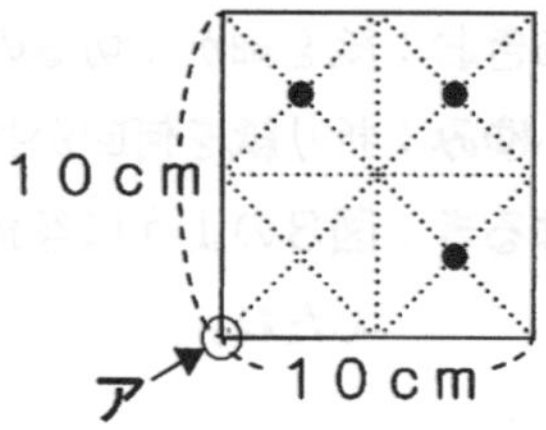


ルール

1　折り紙の切る部分は点線にそって線を引くこと

2　線は折れ線になってもよいが、一筆書きで線を引くこと

3　３か所の「●」の部分は全て通ること

4　紙を開いたときに、**ア**をふくみ、切り取られた部分をのぞく紙の面積が２４０ｃｍ$^2$以上になること

5　**図５**のように、紙が切り取られずに残るような切り方はしないこと

6　**図６**のように、切り取られる部分が囲まれるような切り方はしないこと

7　**ア**から切り始めたり、**ア**で切り終わったりしないこと

**図５**

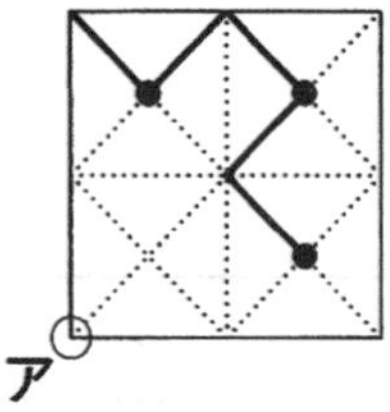


**図６**

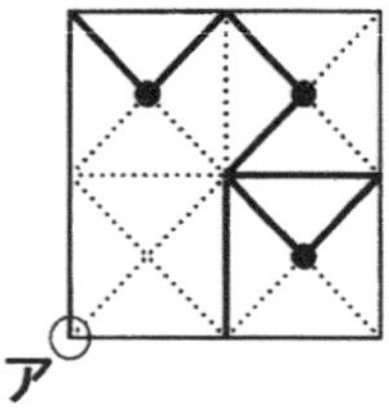

**ふゆみ：** 立体を切ることも考えてみよう。

**はるき：** **図７**のように、立方体（りっぽうたい）の一つの頂点（ちょうてん）に集まっている３辺のそれぞれの真ん中の点を結んだ線でできた面で切りはなすと、どんな図形ができるかな。

**ふゆみ：** 立方体は頂点が８個、辺が１２本あるから、各辺の真ん中の点を結んだ線でできた面で切りはなすと、**図８**のように、切りはなした後に、正方形の面が六つ、正三角形の面が八つある立体ができるね。

**図７**

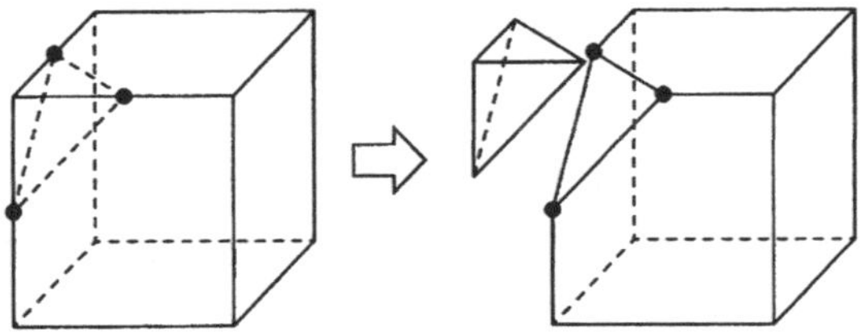

**図８**

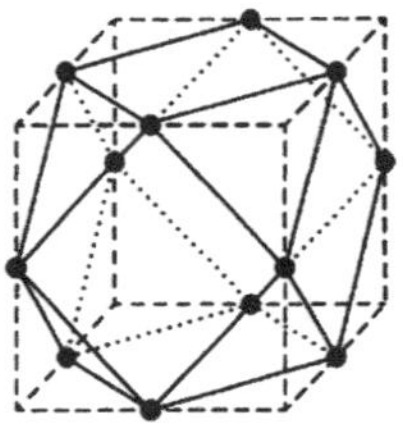

**なつよ：** 面の数は合わせて１４できるね。もとの立方体の面の数や頂点の数と、新しくできる面の数には何か規則がありそうだね。

**あきお：** **図８**の新しくできた図形にもう一度同じように各辺の真ん中の点を結んだ線でできた面を切りはなしていくとどうなるのかな。

**ふゆみ：** 面の数は合わせて２６になるね。

**はるき：** 同じ規則で面の数は増えそうだね。

**なつよ：** 三角柱でも同じように考えてみよう。

〔問題３〕　側面が正方形、二つの底面が正三角形である**図９**の三角柱について、９辺全ての辺の真ん中の点で、**図７**のように三角柱の６か所の頂点をふくむ部分を切りはなしてできた立体に、もう一度各辺の真ん中の点で立体の頂点をふくむ部分を切りはなしてできた立体について、面の数を答えなさい。

　また、どのように考えたのか言葉や式を使って説明しなさい。

**図９**

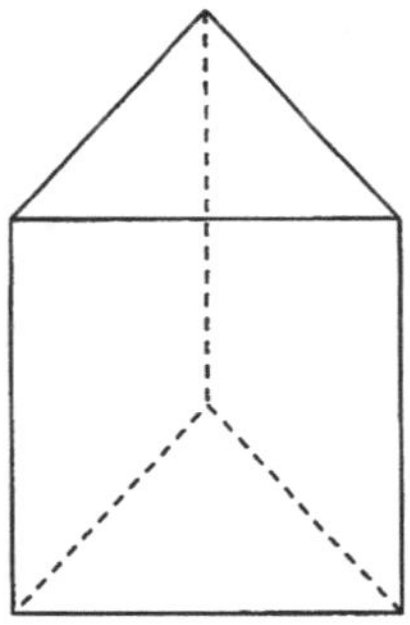

**2** **はるき**さんは、水がかかって文字がにじんでしまった紙を持って、**なつよ**さん、**あきお**さん、**ふゆみ**さんと４人で**先生**に質問に来ています。

**はるき：** ペンで文字を書いた紙に水がかかったら、文字の色がにじんでしまいました。
**先　生：** 水性ペンを使ったのですね。油性ペンで書いた文字は水がかかってもにじまないのですが、水性ペンで書いた文字はにじんでしまいます。
**なつよ：** だから、持ち物に名前を書くときには油性ペンが使われることが多いのですね。
**あきお：** 水性というのは水にとける性質という意味ですね。
**先　生：** その通りです。かわくと水にとけなくなるインクもありますが、水にとけやすいインクが使われている場合が多いようです。
**ふゆみ：** 茶色の水性ペンに水がかかったとき、いくつかの色に分かれたことがあります。
**先　生：** それはおもしろい経験をしましたね。茶色のペンには、もも色、黄色、だいだい色、青色の水性インクが混ぜられているものがあり、紙に水がかかると色が分かれることがあります。実験してみましょう。

先生は、長方形に切ったろ紙の下から少し上の部分に茶色の水性ペンで●印を一つ書き、少量の水が入ったビーカーの中にろ紙をたおれないように工夫(くふう)して、ろ紙の下から水をしみこませていきました（**図１**）。

**図１**　茶色の水性ペンに４種類の水性インクが混ざっていることを確かめる実験

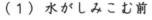

（１）水がしみこむ前　　　　（２）水がしみこんだ後

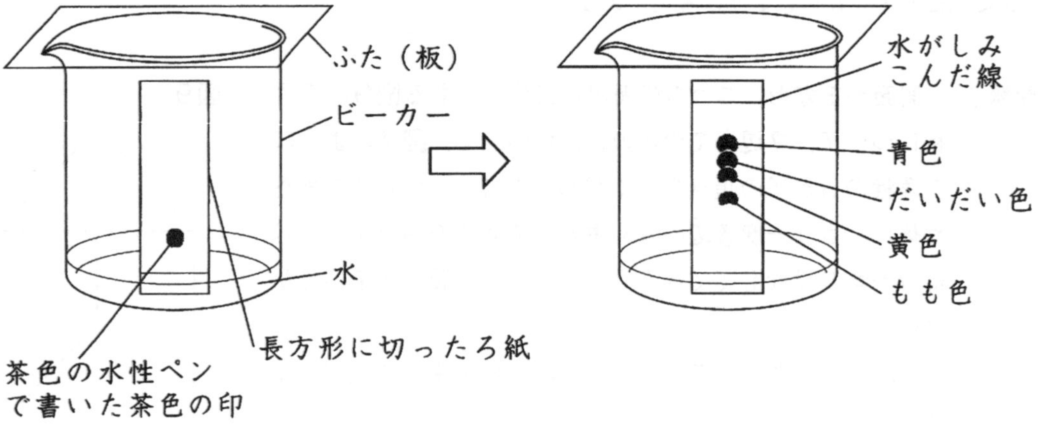

解答用紙

# 適性検査Ⅰ

1

〔問題1〕

24

35

ようになる。

20

10点

※

〔問題2〕

24

35

という態度。

20

20点

※

〔問題3〕

20

00

70点

※

※

※100点満点

| 受検番号 |
|---|
| |

| 得点 |
|---|
| ※ |

※のらんには何も記入しないこと。

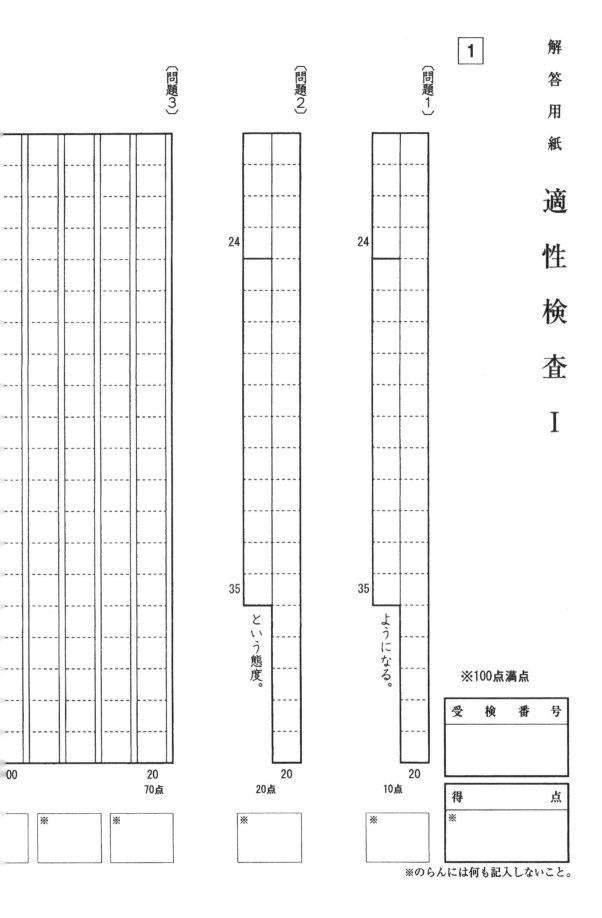

# 解答用紙　適性検査Ⅱ

※100点満点

| 受検番号 |
|---|
| |

| 得点 |
|---|
| ※ |

※のらんには、記入しないこと

# 1

〔問題1〕　6点

〔しおりにする前の状態〕

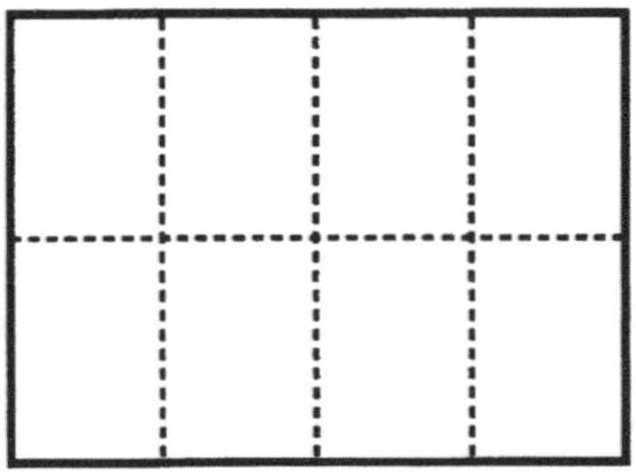

※ □

〔問題2〕　12点

| 約束2 で表現したときの漢字と数字の合計の個数 | 〔答え〕 個 |
|---|---|
| 漢字と数字の合計の個数が少ない約束 | 〔答え〕 約束 □ |
| 〔理由〕 | |

※ □

〔問題3〕　12点

〔「★」の位置に置くおもちゃの向き〕

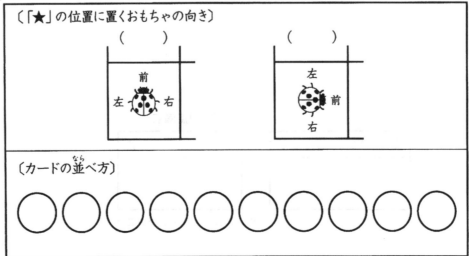

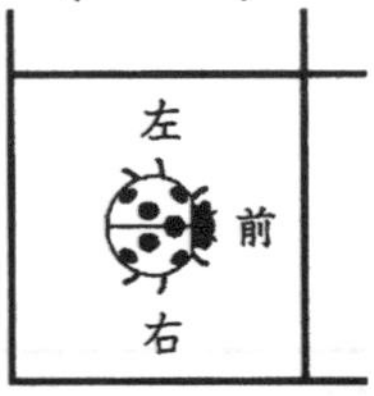

〔カードの並べ方〕

○ ○ ○ ○ ○ ○ ○ ○ ○ ○

※ □

# 解答用紙　適性検査Ⅲ

※100点満点

| 受検番号 |
| --- |
| |

| 得点 |
| --- |
| ※ |

※のらんには、記入しないこと

**1**

〔問題１〕 10点

（1）

分けられる部分の数

※

（2）

分けられる部分の数

説明

※

〔問題２〕 20点

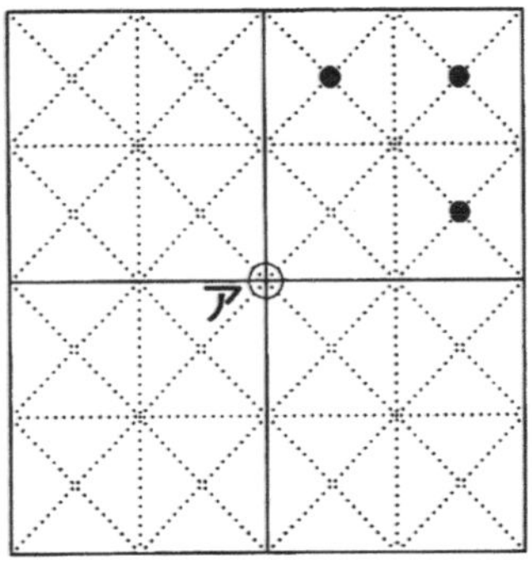


元の大きさに開いた図
（図の「●」は図４の「●」と同じ）

アをふくむ紙の面積

ｃｍ²

※

〔問題３〕 20点

面の数

説明

※

## 2

〔問題１〕 10点

（１）調べる手順

※

（２）結果

※

〔問題２〕 25点

（１）

① ② ③ ④ ⑤ ⑥ ⑦ ⑧ ⑨ ⑩

※

（２）

※

〔問題３〕 15点

（１）

見分けるための紙

↓

（２）

手順

結果

※

※

# 2

〔問題１〕 5点

| |
|---|
| 選んだ年代：(　　　) 歳代 |
| 「いつも実施している」、「ある程度実施している」の割合を合わせると２０歳代は６０％をこえ、(　　　) 歳代は (　　　) ％をこえている。また、「あまり実施していない」、「ほとんど（全く）実施していない」の割合を合わせると２０歳代は (　　　) ％をこえるが、(　　　) 歳代は (　　　) ％にも満たない。 |

※

〔問題２〕 17点

| | |
|---|---|
| （１）選んだ容器名<br>(　　　　　　　　　　) | **図２**の記号：(　　　　) <br> **図３**の記号：(　　　　) |
| （２） | |
| | |
| | |

※

※

〔問題３〕 18点

| |
|---|
| 選んだ立場：(　　　　　　　　　　) |
| [理由１] |
| |
| [理由２] |
| |
| [理由３] |
| |

※

3

〔問題1〕 6点

| |
|---|
| 〔比べたい紙〕 |
| 〔基準にするもの〕 |
| 〔和紙は水を何倍吸(す)うか〕　　　　　　　　　　　倍 |

※

〔問題2〕 12点

| |
|---|
| 〔選んだ紙〕 |
| 〔せんいの向き〕　　　　　　　　　　　方向 |
| 〔理由〕 |

※

〔問題3〕 12点

| |
|---|
| (1) |
| (2) |

※

440　400　300　200

※



【解答用

**はるき**：茶色の部分に水がしみこんでいくと、下から順に、もも色、黄色、だいだい色、青色の４種類に分かれていきますね。

**なつよ**：もも色からしばらく間が空いて、黄色、だいだい色、青色に分かれています。

**先　生**：これはクロマトグラフィーといって、混ざっていたものを分ける実験方法なのです。紙とくっつきにくく水でにじみやすい性質のものは、水といっしょにどんどん先に移動していきます。紙とくっつきやすく水でにじみにくい性質のものは、ゆっくりとしか移動しません。

**あきお**：この茶色のペンに混ざっているインクの場合、青色のインクの方がだいだい色や黄色のインクよりも紙とくっつきにくく、水でにじみやすいということですか。

**先　生**：そのようですね。

**ふゆみ**：無色のものでも分けることができますか。

**先　生**：無色のものでも分けられるものがあります。

**はるき**：無色のものは紙の上では見ることができないので、分かれたかどうかを調べるのがむずかしそうですね。

**先　生**：実験を工夫すれば確かめることができますよ。たとえば、無色の薬品**X**と薬品**Y**の２種類の固体がとけた液をクロマトグラフィーで分けたとします。水で分けた後の紙を水がしみこみはじめた方から順番に横に切っていけば調べることができますよ（**図2**）。

**図2**　薬品**X**と薬品**Y**がクロマトグラフィーで分けられた様子

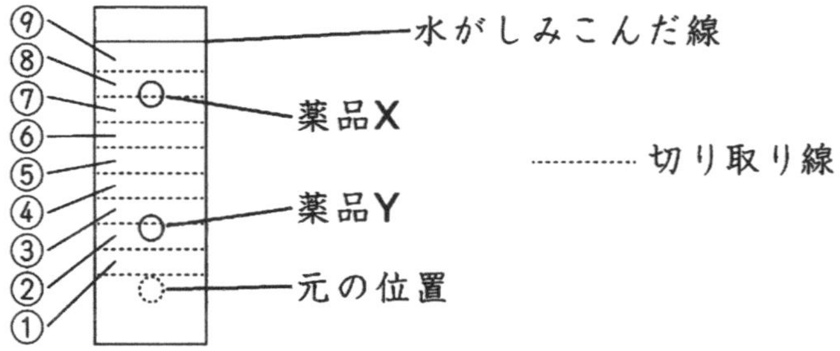


［問題１］　先生は「水で分けた後の紙を水がしみこみはじめた方から順番に横に切っていけば調べることができますよ。」と言っています。**図2**のように２種類の薬品**X**と薬品**Y**が分かれ、その紙を①～⑨の部分に切り取ったとします。

（１）　あなたなら薬品**X**と薬品**Y**が分かれたかどうかを、この後どのようにして調べますか。調べる手順を言葉で説明しなさい。ただし、無色の薬品**X**と薬品**Y**はともに水にとけ蒸発（じょうはつ）しにくい固体とします。また、調べるために使えるものは、水、蒸発皿、ビーカー、ピンセット、マッチだけとし、全てを使わなくても構いません。

（２）（１）で考えた手順で調べると、どのような結果になるかを言葉で説明しなさい。

**先　生：** ろ紙を切って調べる方法以外に、ガラス管に紙と同じ成分の粉をつめてインクを上からしみこませる方法があります。この方法だと、ろ紙を切らずに混ざっていたそれぞれの成分を取り出すことができます。

**なつよ：** この茶色のペンのインクでもできますか。

**先　生：** 茶色のインクを水にとかせば実験することができます。先を細くして水がゆっくりたれるようにしたガラス管と、紙と同じ成分の粉があるので実験してみましょう。

**あきお：** 先を細くしたガラス管の底に綿(わた)をつめ、その上に紙と同じ成分の粉を入れるのですね（**図3**）。

**先　生：** 綿は紙と同じ成分の粉がもれないように入れてあります。まず、はじめに分けたいものがとけた液を粉の上にしみこませて、その後に水をしみこませていきます。

**ふゆみ：** ガラス管の先から、水がぽたぽたと落ちてきました。

**先　生：** ガラス管の下においた試験管を順番に取りかえていけば、混ざっていたインクを分けることができますよ。

**はるき：** 時間がかかりそうですが、混ざったものを分けるのによい方法ですね。

**図3**　紙と同じ成分の粉を使ったクロマトグラフィー

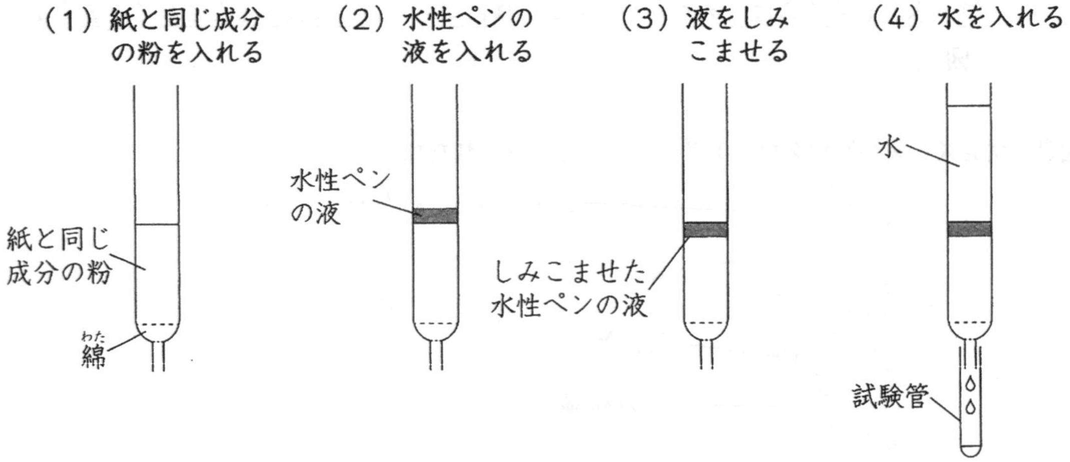


［問題２］　茶色の水性ペンの液をしみこませると、水またはインクのとけた水が落ちます。落ちてくる液を**図3**の（４）のように試験管に集め、１$cm^3$が集まったら試験管を取りかえていきます。４色のインクはそれぞれ別々の試験管に分け取られ、合わせて１０$cm^3$の水またはインクのとけた水を集め終わったときには、４色めのインクも全て試験管の中に出ていたとします。

（1） 試験管に集めた液の色はどのようになると思いますか。解答らんの図の中に、色のついている液の部分にしゃ線 を入れ、試験管の下にその色を書きなさい。ただし、はじめの試験管を①とします。

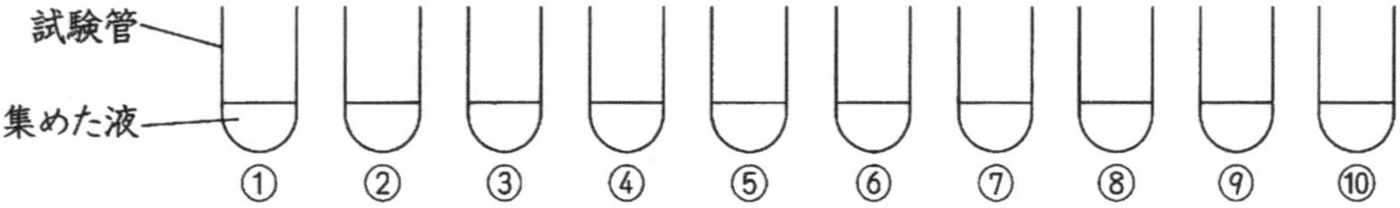


（2） ガラス管の先から落ちてくる水またはインクのとけた水１てきの体積が０．０４ｃｍ$^3$で、７秒ごとに１てきずつ落ちてくるものとします。（1）であなたが考えた図のように集められた場合、①の試験管に最初の１てきが落ちはじめてから４色めのインクがとけた水を集め終わる試験管に１ｃｍ$^3$の液がたまるまでに何分何秒かかりますか。どのように考えたのか言葉や式を使って説明しなさい。

**先　生：** にじむ速さが同じようなものでも、**図１**と同じ装置を使ってろ紙の表面に工夫をすることで分けることもできます。たとえば、にじむ速さが同じ薬品Ａと薬品Ｂの２種類が混ざった液があるとき、薬品Ａだけが結びつく薬品Ｃを紙の中央付近に帯状に取れないようにぬっておきます。薬品Ａと薬品Ｂの混ざった液がしみこんで薬品Ｃの部分を通過しようとするとき、薬品Ａだけが結びついて止まり、薬品Ｂは通過してしまいます。同じように薬品Ｂだけが結びつく薬品Ｄを紙の中央付近に帯状に取れないようにぬっておくと、薬品Ｂだけが結びついて止まり、薬品Ａは通過してしまいます。実際には薬品Ａ、薬品Ｂ、薬品Ｃ、薬品Ｄのつぶは非常に小さいのですが、わかりやすく表したものがこの図です（**図４**）。

**図４**　薬品Ａまたは薬品Ｂだけと結びつく薬品Ｃと薬品Ｄのはたらき

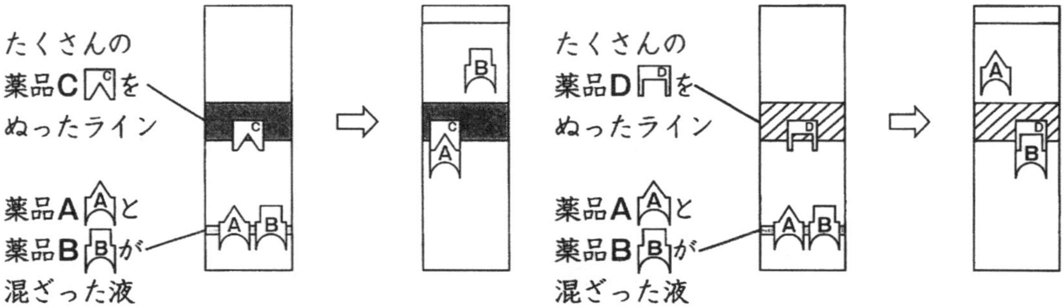


薬品Ａが薬品Ｃに結びつき
薬品Ｂは通過する

薬品Ｂが薬品Ｄに結びつき
薬品Ａは通過する

ふゆみ：うまく結びつかずに通りぬけてしまうものはないのですか。

先　生：帯状の部分にはたくさんの薬品Cまたは薬品Dがぬられているので、薬品Aは薬品Cに、薬品Bは薬品Dに必ず結びつきます。

はるき：決まった相手に結びつくことで薬品Aと薬品Bを分けるのですね。

先　生：その通りです。さらに、薬品Aに色素を付けておけば、薬品Cの部分に色素の付いた薬品Aがたまっていくので、薬品Cをぬった部分に色がつけば、調べた液の中に薬品Aが入っていることを判断できます。この方法は医りょうの検査にも利用されています。

［問題３］　色素Eは薬品Aとも薬品Bとも結びつく性質があります（**図5**）。また、薬品A、薬品B、色素Eは、いずれも紙とくっつきにくく水でにじみやすい性質をもっているものとします。

**図5**　色素Eと、色素Eが薬品Aと薬品Bに結びついた様子

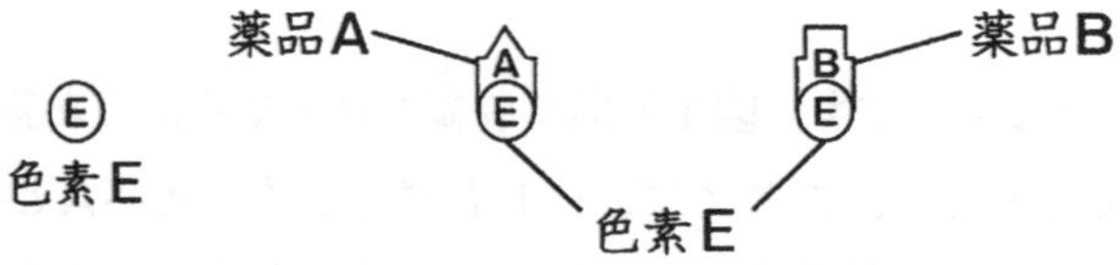


薬品Aと薬品Bのいずれかが入っている可能性がある液１てきと色素Eだけを使って、その液の中に薬品Aが入っているのか、薬品Bが入っているのか、どちらも入っていないのかを見分けたいと思います。

（1）　薬品Aと薬品Bを一回のクロマトグラフィーで見分けるための紙を考えなさい。答えは、解答らんのクロマトグラフィーで見分けるための紙の中に、薬品Cと薬品Dをどのようにぬっておけばよいのかを、帯状の位置とはん囲を考えて記入例のように示しなさい。ただし、薬品Cのラインは ▇ で、薬品Dのラインは ▨ で示すものとします（**図6**）。

**図6**

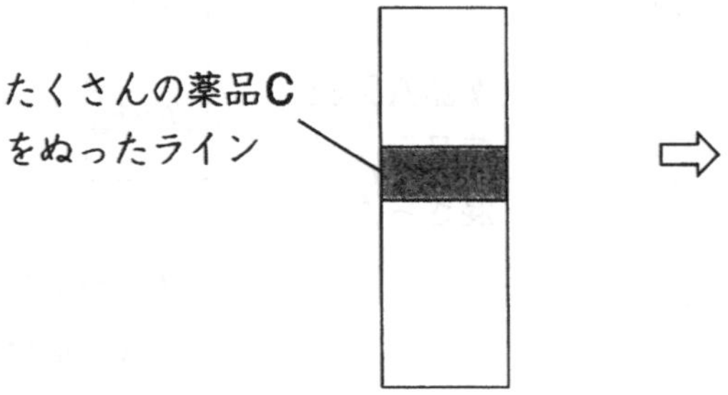


記入例

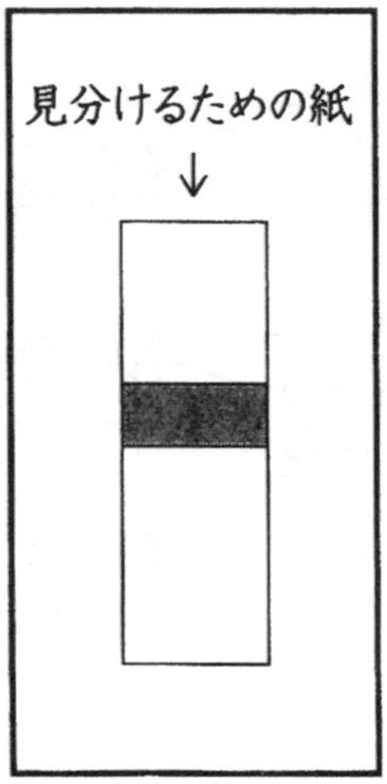

（2） その紙と色素**E**を使って、薬品**A**が入っているのか、薬品**B**が入っているのか、どちらも入っていないのかを見分ける手順と、それぞれの結果を説明しなさい。